Barbara Weber-Eisenmann

Kinder liebevoll stärken

Wie du dein Kind dabei unterstützt, selbstbewusst, mutig und innerlich stark zu werden

Für Eltern von 2- bis 6-Jährigen

humboldt

INHALT

VORWORT VON SUSANNE MIERAU

Dass du dieses Buch in den Händen hältst, ist wahrscheinlich dem wunderbaren Umstand geschuldet, dass du den Wunsch hast, dein Kind bestmöglich für sein Leben zu stärken. Gerade jetzt, in dieser Zeit der Herausforderungen, ist es vielen Eltern ein wichtiges Anliegen, ihr Kind optimal im Jetzt zu stärken und auf die ungewisse, aber wahrscheinlich mit vielen auch schwierigen Aufgaben versehene Zukunft vorzubereiten. Dass Eltern gerade jetzt besonders wünschen, dass ihr Kind einen guten Weg gehen kann, ist verständlich. Gleichzeitig stellt sich die Frage: Wie kann ich mein Kind auf eine Zukunft vorbereiten, von der wir gar nicht genau wissen, was sie mit sich bringen wird und wie die Herausforderungen, denen mein Kind begegnen wird, konkret aussehen?

Die Antwort auf diese Frage ist gleichsam einfach und kompliziert: Die beste Stärkung und der beste Schutz entstehen aus deinem Kind selbst heraus. Die Kinder haben eine gute Basis, um ihren Weg durch das Leben zu gehen, die verinnerlicht haben, dass sie gut und richtig als Mensch sind, dass sie liebenswert sind auf die Art, wie sie sind, und die lernen konnten, dass sie selbst aktiver Teil einer Gesellschaft sind, in der sie durch eigenes Handeln etwas bewegen können. Das bedeutet nicht, dass sie nicht scheitern werden, dass ihnen das Leben nicht dennoch Steine in den Weg legt, dass sie nicht trauern werden, nicht wütend sind, keine Ungerechtigkeit erfahren. Aber wir geben ihnen mit diesem sicheren Selbst ein Handwerkszeug mit auf dem Weg, mit dem sie gut mit Hindernissen umgehen können. Durch eine bestimmte Art respektvoller und liebevoller Begleitung können wir ihr Selbstwertgefühl und ihre Selbstwirksamkeit stärken. Sodass sie Problemen begegnen, Lösungen ausprobieren und Hilfe dort suchen, wo sie sie benötigen, und nicht allein weiterkommen.

Trotz allen Wissens aus der neuen Forschung in Pädagogik, Psychologie, Medizin und Neurobiologie ist in vielen Eltern noch immer der Gedanke verankert, dass wir unsere Kinder formen sollten, dass wir sie der Norm anpassen müssen. Aus der Erziehung der vergangenen Jahrzehnte hält sich hartnäckig der Gedanke, dass Konkurrenz, Wettbewerb und elterliche Strenge starke Kinder hervorbringen würden, die die Welt von morgen richtig formen. Dabei wissen wir aus den genannten Disziplinen, dass jedes Kind schon auf eine bestimmte Art zu uns kommt, mit unterschiedlichen Ausprägungen des Temperaments, ja sogar unterschiedlichen genetischen Variationen, die sich beispielsweise auf den Hormonhaushalt auswirken. Wir stärken unsere Kinder nicht, indem wir sie einer bestimmten Norm anpassen, sondern indem wir in den Blick nehmen und verstehen, wer unser Kind ist – ganz individuell. Von diesem Punkt, von diesem Verstehen und diesem Annehmen des Kindes aus, können wir uns auf den Weg machen, dieses individuelle Kind in seiner Wesensart zu begleiten. Wir können Stärken ausbauen und dem Kind zeigen, wie es mit Schwächen gut umgehen kann. Wir können vermitteln, dass unsere Gemeinschaft durch Vielfalt getragen wird und alle Menschen bestimmte Stärken haben, die sich ergänzen.

In diesem Buch werden Eltern an die Hand genommen, um diesen so wichtigen ressourcenorientierten Blick auf ihr Kind zu erlernen und es individuell zu begleiten. Die erfahrene Pädagogin Barbara Weber-Eisenmann erklärt anschaulich, leicht verständlich und mit vielen Beispielen, wie Eltern diesen respektvollen Blick auf ihr Kind entwickeln können, damit gelingt, was wir uns wünschen: unser Kind innerlich zu stärken für all die Facetten des bunten Lebens.

Susanne Mierau
Pädagogin, Familienbegleiterin und Bestsellerautorin

SO HILFT DIR DIESES BUCH

Du möchtest für dein Kind das Beste. Du möchtest alles dafür tun, dass aus diesem kleinen Wesen, das du liebst, eine eigenständige Persönlichkeit wird. Eine Persönlichkeit, die gut und sicher durch diese Welt gehen kann. Gewappnet für alle Herausforderungen, denen sie im Laufe der Zeit begegnet. Ein starkes Kind.

Aber was bedeutet dieses *stark* genau?

Das Adjektiv *stark* beschreibt unterschiedliche Eigenschaften. Eine davon ist die körperliche Stärke. Fragst du also Gewichtheber*innen, was sie unter stark verstehen, so werden sie dir sicherlich eine andere Antwort geben als Pädagog*innen oder Psycholog*innen.

Um die körperliche Definition von Stärke geht es in diesem Buch also nicht. Es geht auch nicht darum, aus allen Kindern Klassensprecher*innen oder Popstars zu machen. Auch ruhige, zurückhaltende und zögerliche Kinder können stark sein (und im Übrigen dennoch Klassensprecher*in oder Popstar werden, falls der Wunsch besteht).

Mir geht es um die innere Stärke, um das Selbstbewusstsein, das Selbstvertrauen und alle anderen Stärken, die ein Kind widerstandsfähig machen und dafür sorgen, dass es innerlich stark mit den unterschiedlichen Situationen des Lebens umgehen kann.

Fragen über Fragen

- Was, wenn du das Gefühl hast, dein Kind ist gar nicht stark?
- Wie kannst du es fördern und dabei unterstützen, eine innere Stärke zu entwickeln?

- Wie erkennst du, dass dein Kind bereits stark ist und vielleicht nur noch ein bisschen Begleitung in einzelnen Entwicklungsbereichen braucht?
- Was kann die Kita dazu beitragen, dein Kind zu stärken und eigene Stärken zu entwickeln?

Auf all diese Fragen gehe ich in diesem Ratgeber ein und möchte dir helfen, dein Kind bei der Entwicklung seiner Stärken zu begleiten und zu unterstützen.

Ich begleite dich dabei, dein Kind in seinen bereits vorhandenen Stärken zu sehen und gebe dir Tipps und Impulse, wie du dein Kind noch stärker machen kannst. Ich schaue mit dir auf deine Familie, auf dein Kind und auf Institutionen, die ebenfalls dazu beitragen können, Kinder zu stärken.

Das alles geschieht mit einem bindungs- und bedürfnisorientierten Blick, der liebevoll auf dich und dein Kind gerichtet ist. Mein Fokus liegt hierbei auf der Altersgruppe der 2–6-jährigen Kinder.

Zu bestimmten Themen habe ich Expert*innen miteingebunden, die ihre jahrelange Erfahrung mit uns teilen. Ich gehe mit dir durch typische Situationen, in denen dein Kind im Kita-Alter vor Herausforderungen steht. Mein Buch soll als Einladung verstanden werden, dich achtsam und liebevoll mit den Stärken deines Kindes zu beschäftigen.

Du wirst viele Beispiele aus dem Alltag mit Kindern finden. Erkennst du dich in den praktischen Beispielen nicht wieder, so verstehe diese als Impuls und Inspiration für die konkreten Situationen in eurem Familienleben, die du entsprechend mit einem neuen Blick auf dein Kind gestalten kannst.

Am Ende des Buches findest du viele Bilderbuchempfehlungen, die dein Kind beim Starkwerden unterstützen können. Immer wieder verweise ich auf die Möglichkeit, diese Bücher mit in den Alltag einzubauen. → „Starke Bücher für dich und dein Kind“

Nimm dir in erster Linie selbst den Druck – du kannst dein Kind nicht jeden Tag gleich gut stärken. Es wird dadurch nicht schwächer. Du unterstützt das Fundament, das bei deinem Kind bereits angelegt ist und baust darauf auf – Schritt für Schritt.

Bist du an einem Punkt, an dem du sagst, du brauchst dringend Hilfe für dich und dein Kind, die über einen Ratgeber hinausgeht, so findest du am Ende des Buches Anlaufstellen, die dir helfen können. → „Starke Adressen“

Das Wichtigste beim Starkwerden verrate ich dir aber schon ganz am Anfang: Bedingungslose Liebe ist die beste Grundlage für starke Kinder.

Viel Spaß beim Lesen und Stärken stärken!

IMPULS
Anregungen, um deine Situation zu reflektieren.
Halte hierzu Zettel und Stift bereit.

WICHTIG
Achtung, wichtiger Hinweis.
Diese Punkte sind essenziell.

BITTE NICHT
Was du lassen solltest.
Fehler, die du leicht vermeiden kannst,
wenn du sie kennst.

DEIN KIND IST STARK

Dein Kind ist einzigartig und in dieser Einzigartigkeit bereits jetzt stark. Ich möchte dich einladen, in diesem Kapitel auf die Stärken deines Kindes zu blicken. Bist du dir bewusst, welche Stärken dein Kind bereits hat? Kennt dein Kind diese Stärken ebenfalls? Vielleicht erlebst du dein Kind ganz neu, wenn du den Blickwinkel veränderst.

Schau genau hin! Nimm dir bewusst die Zeit dafür. Im Alltag ist es nicht immer einfach, die bereits vorhandenen Stärken deines Kindes zu sehen. Das geht nahezu allen Eltern so. Manche sind auch noch so versteckt, dass sie auf den ersten Blick gar nicht richtig wahrgenommen werden. Aber sie sind da.

Einige Stärken können noch weiter ausgebaut werden und andere sind vielleicht noch gar nicht sichtbar oder nicht vorhanden. Das alles ist in diesem Alter total normal. Und: Nicht jeder Mensch verfügt über die gleichen Stärken. Nicht jeder Mensch definiert Stärke wie die anderen. Das ist alles sehr individuell.

Für manche Kinder ist es ein Leichtes, auf ein hohes Klettergerüst zu steigen. Andere wiederum sehen darin eine große Herausforderung. Für diese Kinder bedeutet das Meistern einzelner Stufen einen sehr großen Erfolg und stellt einen wichtigen Schritt ins eigene Zutrauen dar.

Manche Kinder haben kein Problem, sich zu melden und ihre Bedürfnisse zu äußern. Anderen fällt das schwerer. Traut sich dein Kind also gegenüber nicht so bekannten Personen ein Bedürfnis zu äußern, so ist das unglaublich stark!

Dein Kind gewinnt an Stärke, wenn es für sich persönlich einen Schritt gegangen ist, der vorher undenkbar war. Egal wie er aussieht. Das können große Schritte sein, aber auch (in deinen Augen) sehr kleine – für dein Kind ist jeder Schritt ein Meilenstein.

WICHTIG

Das Gegenteil von stark ist nicht schwach! Ich lade dich lediglich dazu ein, dein Kind bei der Entwicklung noch nicht so sichtbarer Stärken zu begleiten und zu unterstützen.

Wertungen und Vergleiche sind nicht zielführend

Als Elternteil hast du bestimmt schon Erfahrung mit der Wertung anderer gesammelt. Das beginnt oft gleich nach der Geburt: „Wie schwer ist das Kind? Wie groß ist es?“ und so weiter. Das sind die ersten Fragen, die gestellt werden – als handle sich es um einen Wettbewerb und als hätten diese Daten irgendeine Relevanz für Außenstehende.

Im ersten Babyjahr geht es dann weiter mit Fragen wie „Dreht sich das Kind schon auf den Bauch?“ oder „Schläft es denn schon durch?“ oder „Läuft es schon?“ Die Liste könnte endlos fortgeführt werden. Und schon fühlst du dich ertappt oder schlecht, wenn dein Baby etwas noch nicht so gut kann wie das Baby neben dir in der Krabbelgruppe. Solche Momente verunsichern und schüren Ängste.

Laut Emmi Pikler, einer ungarischen Kinderärztin und Begründerin der Pikler-Pädagogik, macht ein Kind dann einen Entwicklungssprung, wenn ein bestimmter Bereich „an der Reihe ist“.

PIKLER-PÄDAGOGIK

Die Pikler-Pädagogik konzentriert sich in erster Linie auf die Begleitung von Kindern im Krippenalter, also zwischen 0 und 3 Jahren. Sie setzt sehr viel auf die Eigeninitiative des Kindes und vertraut auf die intuitive Entwicklung eines Kindes. Elemente daraus können natürlich auch für ältere Kinder angewendet werden. Die Selbstständigkeit des Kindes wird besonders unterstützt.

Das heißt: Oft konzentrieren sich Kinder unbewusst auf einen Entwicklungsbereich, wie zum Beispiel die Sprache. Die Bewegung (beispielsweise das Laufenlernen) steht dann nicht im Fokus und ist noch „nicht an der Reihe". Bei anderen Kindern mag es genau umgekehrt sein. Kinder entwickeln sich also genau so, wie es ihr eigenes Tempo gerade zulässt. Erwachsene sollten das unbedingt respektieren. Natürlich darf man sein Kind animieren und Impulse geben – wie zum Beispiel beim Spielen mit dem Baby. Spielerisch und ganz natürlich. Es sollte jedoch nicht in eine Art Leistungsdruck übergehen. Babys beginnen mit dem, was ihnen leichtfällt, was sie gut können, und bauen dann darauf auf. Ziemlich klug, wenn man darüber nachdenkt.

Sein Kind mit anderen Kindern zu vergleichen ist menschlich und wohl schon jedem Elternteil passiert, aber es ist nicht zielführend. Das stresst dich nur und am Ende auch dein Kind. Da jedes Kind einzigartig ist, hat ein Vergleich gar keine Aussagekraft. Erinnere dich an Emmi Piklers Worte.

Die Entwicklung deines Kindes wird bei den Vorsorgeuntersuchungen in der Kinderarztpraxis dokumentiert und angeschaut. Die Spanne, in der sich ein Kind altersgerecht bewegt, ist sehr groß. Dein Kinderarzt oder deine Kinderärztin wird dich auf eine eventuelle Entwicklungsverzögerung hinweisen. Ist dein Kind in einer außerhäuslichen Betreuung, zum Beispiel in einer Kita oder bei Tageseltern, gibt es auch Fachkräfte, die einen Blick darauf haben. Bleib also bitte ganz entspannt und vertraue den Personen, die dein Kind aus einem ganz anderen Blickwinkel sehen. Kinder holen in der Regel sehr schnell nach, wenn ein bestimmter Entwicklungsbereich noch nicht so ausgeprägt ist. Handelt es sich um eine echte Entwicklungsverzögerung, so gibt es viele kompetente Stellen, die dich und dein Kind unterstützen und begleiten. Du findest eine Liste mit Ansprechpartner*innen am Ende des Buches. → „Starke Adressen“

IMPULS

Erinnerst du dich an die Babyzeit mit deinem Kind? Hattest du da auch das Gefühl, du müsstest ständig akribisch auf die Entwicklung deines Kindes achten? Wenn du möchtest, kannst du für dich aufschreiben, wie du die ersten Entwicklungsschritte deines Kindes beobachtet und erlebt hast. Konntest du loslassen und deinem Kind in der Entwicklung vertrauen? Oder warst du unsicher und nervös und hast auf jede neue Entwicklung hin gefiebert, mit der Angst, es könnte zu langsam gehen und irgendetwas nicht stimmen? Wie ist es heute? Dein Kind ist älter geworden. Und du? Bist du eher gelassener oder noch kritischer geworden?

So erkennst du die Stärken deines Kindes

Unser Blick auf Kinder ist leider oft defizitär, sprich auf deren Schwächen oder vermeintliche Rückstände ausgelegt. Wir bewegen uns in einer Leistungsgesellschaft, die sich auf diese Schwächen fokussiert. Natürlich ist es wichtig für dich zu wissen, in welchen Bereichen dein Kind noch Unterstützung braucht. Genauso wichtig (wenn nicht sogar wichtiger) ist es aber, zu sehen, wo bereits Stärken vorhanden sind. Konzentriere dich darauf.

Ich möchte dich einladen, bevorzugt auf die Stärken deines Kindes zu blicken. Du wirst erstaunt sein, wie stark dein Kind bereits ist!

Schauen wir jetzt also ganz konkret auf dein Kind. Seine Stärken sind ein besonderer Schatz. Sie zu entdecken gleicht demnach einer Schatzsuche. Bist du bereit?

IMPULS

Mach für ein paar Minuten die Augen zu und konzentriere dich ausschließlich auf dein Kind. Beantworte dann folgende Fragen:

- Was kann dein Kind besonders gut?
- Fallen dir spontan mindestens drei Eigenschaften deines Kindes ein, die du richtig toll findest?
- Werde konkreter: Schreibe zwei Situationen oder Begebenheiten der letzten Woche auf, in denen sich dein Kind deiner Meinung nach schon richtig stark verhalten hat. Stark sind nicht nur die großen Meilensteine, sondern auch die vielen kleinen Begebenheiten und Situationen im Alltag.
- Sei ehrlich zu dir selbst: Gibt es Situationen, in denen du selbst gerne stärker wärst? Schreibe sie auf. Findest du Parallelen zu deinem Kind?
- Gibt es Situationen aus deiner Kindheit, die du deinem Kind gerne ersparen möchtest, weil du in deinen Augen „nicht stark genug" warst?

Wenn du damit fertig bist, halte kurz inne und lass die Fragen und vor allem die Antworten wirken. Mache diese Übung immer mal wieder. Was hat sich im Laufe der Zeit verändert?

So ordnest du die Stärken deines Kindes ein

Konzentriere dich auf die Dinge, die dein Kind richtig gut hinbekommt. Versuche, auch Kleinigkeiten wahrzunehmen, denn auch da verbergen sich Stärken. Jedes Kind ist anders, jedes Kind hat andere

Stärken – und das ist auch gut so. Vergleiche also nicht mit anderen Kindern im gleichen Alter oder dem älteren Geschwisterkind.

Je näher du an deinem Kind dran bist, desto eher erkennst du seine Stärken. Das klappt mal mehr, mal weniger. Manche Stärken offenbaren sich auch erst mit der Zeit. Sei also geduldig!

Zeige Interesse und sprich mit deinem Kind

Lass dein Kind erzählen. Das kann bei einem Vorschulkind, aber auch einem jüngeren Kind wunderbar zielführend sein. Wenn es von seinem Tag berichtet, kannst du manchmal heraushören, was besonders stark für dein Kind gelaufen ist oder aber auch, was nicht so gut lief. Hör zu und signalisiere dein Interesse. Versichere ihm, dass es dir alles erzählen kann, wenn es das möchte. Respektiere aber auch, wenn es nichts oder zu einem anderen Zeitpunkt erzählen möchte.

Hilfreich können folgende Fragen sein, die du je nach Alter entweder direkt deinem Kind stellen kannst oder die für dich eine Orientierung bieten:

- Wie war dein Tag?
- Was war das Schönste an deinem Tag?
- Was hat nicht so geklappt oder dir nicht so gut gefallen?
- Wie geht es dir?

Grundsätzlich sind folgende Punkte wichtig:

- Was möchte dein Kind? Was möchte es nicht?
- Was braucht es und was braucht es nicht?
- Was macht es gerne, was nicht so gerne?

Übe dich in Gelassenheit!

Versuche, eine gewisse Leichtigkeit an den Tag zu legen. Etwas hat nicht gleich auf Anhieb geklappt? Nicht schlimm – dann versucht es dein Kind eben noch mal. Respektiere, wenn dein Kind nicht gleich einen neuen Versuch wagen möchte. Je nachdem, worum es geht, muss das auch nicht sofort passieren. Deine Aufgabe ist, dein Kind dabei zu begleiten, ohne Druck, ohne Sanktionen, ohne Wertung. Bestärke dein Kind. So kannst du auch gut erkennen, welche Stärke in Bezug auf Frustrationstoleranz (der Umgang mit Frust und die Akzeptanz, wenn etwas nicht so klappt wie gewünscht und vorgestellt) vorhanden ist oder noch unterstützt werden sollte.

Erkenne die Selbstständigkeit deines Kindes

Wie selbstständig ist dein Kind bereits? Was traut es sich zu und was traust du ihm zu? Wie selbstreflektiert bist du beim Thema Selbstständigkeit?

IMPULS

Beantworte die kommenden Fragen ehrlich und selbstkritisch. Entscheide am Ende, ob du deinem Kind mehr zutrauen kannst oder ob für dich erstmal eine Grenze erreicht ist – was völlig okay ist. Du musst sie nur bewusst kennen, um mit ihr umgehen zu können.

- Was kann dein Kind bereits sehr selbstständig und was darf es bereits selbstständig erledigen?
- Was möchte es gerne selbstständig entscheiden oder machen und braucht noch Unterstützung dabei? Inwieweit hilfst du deinem Kind bzw. lässt es frei entscheiden? Wo bremst du es noch ein?
- Hast du Ängste oder Befürchtungen vor dem nächsten Selbstständigkeitsschub und hast du eine Ahnung, was als nächstes dran sein könnte?

Manchmal ist es schwierig für dich, dein Kind selbstständig werden zu lassen. Auf der einen Seite möchtest du genau das: ein selbstständiges und selbstbestimmtes Kind. Auf der anderen Seite gibst du mit jedem Schritt Selbstständigkeit dein Kind auch frei für die Welt – aus dem hilflosen Baby, das deinen permanenten Schutz braucht, wird ein autonomes, also selbstbestimmtes Kind, das sich allein behaupten kann. Das ist toll und macht wehmütig zur gleichen Zeit. Die

Stärken deines Kindes zu sehen und anzuerkennen, bedeutet also auch immer ein Stück loszulassen. Das geht nur, wenn du dir dessen und den damit verbundenen Gefühlen in dir bewusst bist.

So stärkst du Talente, Interessen und Begabungen

Kennst du denn die Interessen, Talente und Begabungen deines Kindes? Ist es vielleicht besonders sportlich, musikalisch oder einfühlsam? Interessiert es sich für technische Zusammenhänge, für Experimente, handwerkliche Dinge, Logik oder naturwissenschaftliche Zusammenhänge? Hat es für sein Alter ein großes sprachliches Vermögen?

Begabungen und Talente wirst du vielleicht irgendwann sehen oder darauf angesprochen werden. Interessen findest du nur heraus, wenn du mit deinem Kind sprichst. Sie sind erstmal nicht sichtbar. Manche Kinder plaudern gerne darüber, manche können diese Interessen gar nicht in Worte fassen oder erzählen aus unterschiedlichen Gründen nichts darüber.

Spricht dein Kind nicht darüber, weil es dies einfach nicht möchte oder (noch) nicht kann, so beobachte dein Kind im Alltag. Singt es viel? Dreht es sich zur Musik? Hat es Hummeln im Popo und wäre am liebsten ständig in Bewegung? Ist es interessiert an technischen Zusammenhängen, bastelt oder malt es gerne, hat es eine bestimmte Vorliebe für ein Thema? (Autos, Tiere ...) Mit was beschäftigt sich dein Kind gerne und vielleicht sogar auch schon ausdauernd?

Ein bestimmtes Interesse im Kitaalter bedeutet nicht zwangsläufig, dass dieses Interesse die nächsten Jahre anhält. Für den Moment aber steht es im Fokus deines Kindes und sollte wahrgenommen werden. Unter Umständen zieht es sich daraus neben dem Spaß auch Bestätigung, Anerkennung und Erfolgserlebnisse. Solche Momente stärken dein Kind.

Findet dein Kind etwas besonders gut oder zeigt es bereits Talente und Begabungen und wird in diesen unterstützt und gefördert, so stärkt das dein Kind sehr. Es lernt sich dabei kennen und kann sich ausprobieren. Sei aber bitte nicht besorgt, wenn sich noch nichts Konkretes erkennen lässt – dein Kind darf sich noch ausprobieren. Im Kindergartenalter ist vieles spannend, genauso schnell allerdings kann das Interesse auch wieder nachlassen. Das ist völlig altersgerecht. Allerdings können sich bereits Vorlieben und auch Talente zeigen. Es kann – nicht muss! – sich bereits herauskristallisieren, ob dein Kind besonders bewegungsfreudig, musikalisch oder künstlerisch veranlagt ist.

Für Kleinkinder bieten sich bereits Angebote wie die musikalische Früherziehung, Turnvereine mit Kleinkindabteilung (meistens ab 2 Jahren) oder Kleinkindschwimmen an. Je älter dein Kind wird, desto gezielter kannst du einem Interesse nachgeben und dieses fördern.

BITTE NICHT

Vermeide immer Druck und lange Verbindlichkeit. Je spielerischer auch der Zugang ist, desto offener wird sich dein Kind darauf einlassen können.

Schaffe also Räume und Möglichkeiten, sodass sich dein Kind ausprobieren kann. Das bedeutet nicht, dass du sieben verschiedene Musikinstrumente anschaffen solltest oder dein Kind sowohl im Fußballclub als auch im Tennisverein anmelden. Manche Vereine bieten Schnupperstunden an, ähnlich ist es auch im musikalischen Bereich. Biete deinem Kind die Möglichkeit, seine Interessen zu Hause ausleben zu können. Probiert das Fußballspielen zum Beispiel im Garten oder auf dem Spielplatz oder leiht euch ein Instrument aus. Vielleicht haben ältere Kinder im Freundeskreis das gleiche Hobby und können dein Kind schnuppern lassen?

Sei dabei oder zumindest Ansprechpartner*in, wenn dein Kind über ein Hobby oder seine Interessen sprechen möchte. Du kannst nicht immer überall sein und somit nicht immer alles sofort mitbekommen. Geschweige denn, alle Prozesse miterleben. Wenn es möglich ist, dann bau dir aber dennoch hin und wieder Exklusivzeit nur für dein Kind ein. Es geht dabei ausschließlich um die Interessen deines Kindes. Gemeinsam machen viele Dinge einfach mehr Spaß und dein Kind ist so stolz darauf, mit dir gemeinsam ein Erfolgserlebnis zu teilen. Vielleicht ist ja auch etwas dabei, was auch du gerne machst und dein Kind mit dir teilen möchte – dann nutzt das für eine intensive Eltern-Kind-Zeit. Du wirst sehen, eine gemeinsame Leidenschaft verbindet ungemein.

Sprich auch mit Menschen aus deinem sozialen Umfeld (Familienmitglieder und/oder Erzieher*innen in der Kita), ob sie die gleiche Wahrnehmung gemacht haben. Dein Kind hast du vermutlich nun auch schon gefragt, worauf es Lust hat, und gemeinsam könnt ihr auf Entdeckungsreise gehen.

WICHTIG

Es geht hier um die Interessen deines Kindes, nicht um deine. Wenn es als Kind dein Traum war, Ballett zu tanzen, dir deine Eltern das jedoch nicht ermöglichen konnten, so kannst du das deinem Kind natürlich näherbringen, aber bitte ohne jegliche Erwartungshaltung. Vielleicht möchte die Primaballerina in deinem Kopf lieber Fußball spielen oder malen – und das ist okay. Gib deinem Kind bitte niemals das Gefühl, dich zu enttäuschen, nur weil es andere Interessen hat, als du dir gewünscht hast.

Das gleiche gilt auch für andere Interessen. Deine Tochter möchte kurze Haare, dein Sohn einen Pferdeschwanz, du hättest es aber lieber umgekehrt? Oder findest du Kleider an deiner Tochter so süß, sie selbst kann sie aber nicht ausstehen? Manchmal ist es wichtig, Kompromisse zu finden. Stelle deine Vorlieben aber nicht über die deines Kindes. Wenn du es sich nur widerwillig selbst verwirklichen lässt, schränkst du es in der so wichtigen Phase des Selbstentdeckens und beim Erkunden der eigenen Interessen und Vorlieben zu sehr ein. Den eigenen Weg des Kindes auszuhalten ist manchmal gar nicht so einfach, aber gleichzeitig so wichtig für dein Kind.

So wandelst du eine Schwäche in eine Stärke um

Erinnerst du dich an die erste Zeit mit deinem Kind? Vermutlich hast du jeden neuen Entwicklungsschritt gefeiert. Das erste Lächeln, das erste Mal auf den Bauch drehen, das erste Mal robben, krabbeln, laufen, die ersten Worte hast du sofort wahrgenommen, vielleicht sogar fotografiert oder anderweitig dokumentiert. Dein Fokus lag auf dem, was dein Kind schon kann. Selbst wenn dein Baby sich mit manchen Dingen Zeit gelassen hat, hast du vermutlich nicht von einer „Schwäche" gesprochen.

Hat sich das gewandelt? Bist du jetzt schon eher bereit, bei deinem Kind von einer Schwäche zu sprechen? Beantwortest du diese Frage mit Ja, so bist du nicht allein damit – mit dem Eintritt in das Kita-Alter wird der Fokus oft auf Dinge gelegt, die (noch) nicht so gut klappen, bei denen dein Kind noch Unterstützung braucht oder die du als Elternteil oder auch Außenstehende*r als „Schwäche" bezeichnest.

Denn „schwach" zu sein, also Schwächen zu haben, wird in der Gesellschaft nicht gerne gesehen. Je älter unsere Kinder werden, desto mehr glauben wir manchmal, sie müssten dieser Vorstellung entsprechen. Wer von uns möchte auch selbst schwach sein? Dieser Begriff ist negativ besetzt und wird gerne damit in Verbindung gebracht, etwas nicht zu können, etwas nicht zu haben oder auch im Gegenteil: von einer negativ besetzten Sache zu viel zu haben. Wer eine Schwäche hat, dem fehlt etwas in einem bestimmten Bereich.

Schwach zu sein wird oft mit labil, unvollkommen oder nicht ausreichend gleichgesetzt.

Aber warum muss diese Wertung überhaupt sein? Schwächen machen Menschen genauso aus wie Stärken. Jeder Mensch verfügt über Stärken UND Schwächen. Dabei möchte ich Schwächen nicht wie eingangs beschrieben weiterdenken. Nicht jeder Mensch kann alle Dinge gleich gut, nicht jeder Mensch verfügt über die gleiche innere Stabilität, nicht jeder Mensch legt den Fokus auf die gleichen Dinge und nicht jeder Mensch entwickelt sich gleich. Gerade in den ersten Lebensjahren eines Kindes passiert die Entwicklung so individuell und unterschiedlich, dass hier von Schwächen überhaupt nicht die Rede sein darf. Jedes Kind entwickelt sich anders und unterschiedlich schnell. Schnell ist hierbei kein Qualitätsmerkmal, sondern eine reine Beobachtung und Einordnung.

Entscheidend ist also nicht die Frage, ob wir Schwächen haben, sondern der **Umgang mit diesen Schwächen** und ihre Bewertung.

Häufig ist eine Schwäche eine Unsicherheit. Hier kannst du dein Kind unterstützen, mehr Selbstsicherheit zu erlangen und diese vermeintliche Schwäche entweder ins Positive umzuwandeln, daran zu arbeiten oder sie so zu akzeptieren.

Oft wird eine Schwäche nur von der Außenwelt als solche definiert und kann eine Stärke sein, wenn das Umfeld wechselt oder umdenkt. Darunter fallen auch Erwartungen an ein Kind, es müsse „warten“, sich in der Diskussion „zurückhalten“, obwohl es sich gerade um ein für dein Kind interessantes Thema handelt, oder „stillsitzen können“. Sie kommen oft aus einer anderen Zeit. Du weißt, was du deinem Kind zumuten kannst. Lass dich nicht von der Außenwelt verunsichern. Du bist in erster Linie Expert*in für dein Kind, niemand sonst.

Ich werde in den folgenden Beispielen, in denen es um die Umwandlung von Schwächen in Stärken geht, von *vermeintlichen* Schwächen sprechen. Oft liegt auch eine Stärke in einer Schwäche verborgen, die nur niemand sieht. Liegt der Fokus zu sehr auf seinen

Schwächen, verliert dein Kind auf Dauer die Lust und die Motivation, sich weiter auszuprobieren, und das wäre sehr schade. Es fühlt dann, dass „etwas nicht stimmt“, oft ohne richtig einordnen zu können, was.

Es geht nicht darum, dass alles, was dein Kind macht, automatisch toll ist. Du sollst es nicht auf einen Sockel stellen und alles gutheißen. Es geht darum, den Fokus zu verändern, dein Kind zu stärken und zu animieren, ohne es zu schwächen. Dein Kind sollte nicht das Gefühl vermittelt bekommen, es wäre weniger wert oder würde weniger geliebt aufgrund einer vermeintlichen Schwäche. Das geschieht selten bewusst, jedoch kann es durch unachtsame Sprache schnell passieren. Reflektiere wertschätzend und respektvoll, wie sich dein Kind in einer bestimmten Sache noch verbessern, besser einbringen oder selbst erleben kann, und signalisiere ihm, dass dies nichts an deiner Liebe und Wertschätzung ändert.

Folgende Umwandlungen von Schwächen in Stärken müssen nicht auf jedes Kind zutreffen. Beobachte dein Kind ganz genau – vielleicht findest du andere, ganz individuelle Umwandlungen für dein Kind:

Vermeintliche Schwäche		Stärke
Dein Kind ist oft verträumt, introvertiert und zurückgezogen.	→	Dein Kind ist sich selbst genug und ruht in sich. Es braucht nicht ständig andere Menschen um sich, um glücklich zu sein. Und es kann am Tag träumen – welch Geschenk! Oft sind diese Kinder auch sehr kreativ bzw. haben eine sehr empathisch Seite in sich.
Dein Kind ist sehr schüchtern und traut sich kaum, etwas in einer Gruppe zu sagen.	→	Dein Kind kann dadurch gut zuhören und nimmt sehr sensibel Dinge wahr, die anderen verborgen bleiben. Wenn es etwas sagt, dann ist es in der Regel gut durchdacht und hat einen wertvollen Inhalt.

Vermeintliche Schwäche		Stärke
Dein Kind kann kaum ruhig sitzen bleiben. Im Morgenkreis steht es ständig auf und braucht Bewegung.	→	In den Turnstunden und auf dem Spielplatz macht ihm keiner so leicht etwas vor. Er ist motorisch weit vorne und es macht ihm sehr viel Spaß, zu rennen, zu klettern und in Bewegung zu sein. Alle motorischen Aufgaben klappen mühelos und voller Begeisterung.
Dein Kind plappert nahezu ständig. Auch in Runden, in denen es eher zuhören soll, quatscht es ständig dazwischen.	→	Dein Kind ist sehr kommunikativ und sprachlich weit vorne. Es ist interessiert an vielen Themen und möchte sich dazu äußern. Es traut sich, auch in großer Runde seine Meinung kundzutun.
Dein Kind ist oft sehr schnell wütend.	→	Dein Kind nimmt schnell wahr, wenn etwas für sein Wohlbefinden nicht passt. Manche Situationen machen etwas mit ihm und es kann dies emotional ausdrücken.
Dein Kind ist in seinen Arbeitsabläufen langsam – beim Schuheanziehen, beim Malen und so weiter.	→	Dein Kind arbeitet ordentlich und gewissenhaft, es kann sich gut auf eine Sache konzentrieren.
Dein Kind lässt keine andere Meinung gelten und möchte oft bestimmen.	→	Dein Kind hat eine eigene Meinung und kann diese auch vertreten.

IMPULS

Nimm Stift und Zettel zur Hand und überlege dir weitere vermeintliche Schwächen, die du in Stärken umwandeln kannst.

Wird eine umgewandelte Schwäche als Stärke gesehen, kann es gut sein, dass dein Kind noch mehr Erfahrung braucht, um damit gut für sich und andere umzugehen. Möchte es beispielsweise immer bestimmen, muss es lernen, auch andere Meinungen zu respektieren und diese gelten zu lassen. Du kannst mit deinem Kind altersentsprechend reflektieren und hinschauen, was es mit einem anderen Kind macht, oder ihm Methoden an die Hand geben: andere ausreden lassen, kurze Pausen machen und darüber nachdenken, alle Meinungen sammeln und dann darüber abstimmen und so weiter. Diese Fähigkeiten entwickeln sich erst zum Vorschulalter hin. Jüngeren Kindern wird das nur in Ausnahmefällen gelingen.

WICHTIG

Leidet dein Kind allerdings unter der vermeintlichen Schwäche oder siehst du eine ungesunde Entwicklung, so solltest du genau hinsehen und herausfinden, was dein Kind braucht oder wie du es unterstützen kannst. Manchmal braucht dein Kind Begleitung im Umgang mit seinen Eigenschaften und Stärken, weil es sich noch nicht selbst gut regulieren kann. Der Umgang mit Wut ist hier ein gutes Beispiel. Dies ist ein Lernprozess und kann von einem Kind in diesem Alter auch noch nicht geleistet werden. Fühlst du dich nicht sicher dabei, so wende dich an deine Kinderarztpraxis oder die Fachkräfte in der Kita.

STARKE KINDER – STARKE SACHE

*Das Leben ist voller Herausforderungen. Du als Erwachsene*r weißt das vermutlich. Du hast im Laufe der Jahre gelernt, den Alltag und auch schwierige Situationen zu meistern. Wahrscheinlich gelingt dir das auch mal mehr, mal weniger gut. Kinder müssen das alles erst lernen. Ihnen fehlt noch das Rüstzeug, sich zu behaupten. Die Fähigkeiten, mit denen sie innerlich gestärkt durchs Leben gehen und gewappnet sind für die vielen Herausforderungen, die auf sie warten.*

Früher oder später wird dein Kind in Situationen geraten, in denen es sich behaupten muss: ein Streit mit dem besten Freund oder der besten Freundin, ungerechte Erzieher*innen oder andere Herausforderungen im Alltag. Nicht immer sind diese Situationen besonders angenehm und du wirst auch nicht immer dabei sein. Dein Kind ist dann auf sich gestellt.

Dieses Wissen fühlt sich für dich als Elternteil womöglich erstmal unangenehm an. Am liebsten möchtest du dein Kind vor allen schwierigen Lebenslagen beschützen oder gar verhindern, dass es in solche Situationen gerät. Das ist eine völlig normale Reaktion, die du mit vielen Eltern teilst.

Das macht starke Kinder aus

Starke Kinder zeichnen sich durch verschiedene Merkmale und Eigenschaften aus. Dabei müssen nicht alle gleichzeitig auf ein Kind zutreffen. Manche entwickeln sich auch erst mit den Jahren und dem Älterwerden. Einige Punkte treffen also auf dein Kind vielleicht noch gar nicht zu, du kannst aber schon jetzt darauf achten und es auf den Weg dorthin begleiten.

Ich gebe dir, bevor wir gemeinsam noch genauer hinschauen, wo und wie du dein Kind stärken kannst, einen Überblick über die wichtigsten Merkmale, um dir zu zeigen, wie vielfältig Stärke ist.

Natürlich sind manche Merkmale bei einem kleinen Kind noch anders entwickelt als bei einem größeren. Aber auch eine Zweijährige kann bereits ihre Grenzen kennen. Ein Sechsjähriger wird sie allerdings meist anders benennen und definieren können. Der Punkt passt dennoch für beide Altersgruppen. Es ist deshalb schwer, eine generelle Altersangabe zu treffen. Für manche Punkte ist dein Kind vielleicht tatsächlich noch zu jung. Gefühle mitzuteilen müssen Kinder beispielsweise erst lernen. Ich führe sie dennoch mit auf, damit du einen guten Überblick auch für die Zukunft bekommst.

Dein starkes Kind ...

- kennt seine Stärken und Schwächen, ist sich also *seiner selbst bewusst.*
- ist in der Lage, soziale Kontakte zu knüpfen und aufrecht zu erhalten (ab Kindergarten-/Vorschulalter).
- kann Bindungen eingehen.
- kann sich vor Schwächere stellen.
- erkennt Ungerechtigkeit und steht für Gerechtigkeit ein.
- kennt seine Grenzen und die der anderen.
- kann gut für sich sorgen.
- kann sich auch gut um andere kümmern, ohne sich selbst zu vergessen.

- ist teamfähig (das gilt auch für Kindergartengruppen).
- ist belastbar und achtet darauf, Überlastung zu vermeiden.
- ist offen für Neues.
- hat gelernt, Fehler zuzugeben und dazu zu stehen.
- scheut sich nicht, Verantwortung für das eigene Handeln zu übernehmen (erst ab dem Schulkindalter möglich).
- kann mit Herausforderungen gut umgehen.
- kann sich Hilfe holen, wenn es Hilfe braucht.
- traut sich selbst etwas zu.
- lässt sich durch Misserfolge nicht aus der Bahn werfen.
- hat eine hohe Frustrationstoleranz und kann mit Enttäuschungen gut umgehen.
- lässt sich von anderen nicht einreden, minderwertig oder nicht gut genug zu sein.
- weiß, was es will.
- kann sich, seine Bedürfnisse und Gefühle gut mitteilen.

All diese Punkte können mehr oder weniger ausgeprägt sein und je nach Situation variieren und natürlich erhebt die Aufzählung keinen Anspruch auf Vollständigkeit. Je nach Alter kommen weitere Eigenschaften hinzu oder werden stärker. Je kleiner dein Kind, desto mehr wird es in vielen Situationen noch sehr auf dich angewiesen sein. Bei einem Kleinkind kannst du Stärke noch nicht so genau festmachen wie bei einem älteren Kind. Manche Fähigkeiten und Persönlichkeitsmerkmale sind jedoch schon gut erkennbar.

IMPULS

Führe diese Liste gerne für dich und dein Kind ganz individuell weiter. Wo erkennst du dein starkes Kind bereits jetzt?

Ein Rucksack voller Erfahrungen

Du weißt aber auch, dass es nicht möglich sein wird, immer bei deinem Kind zu sein. Nicht möglich, aber auch gar nicht förderlich, denn Kinder müssen ihre eigenen Erkenntnisse sammeln dürfen. Sie wachsen an Herausforderungen. Diese gesammelten Wahrnehmungen und Erkenntnisse werden alle in einen großen Rucksack gepackt und helfen, mit einer erneuten schwierigen oder stressigen Situation gut oder sogar immer besser umzugehen. Sie sorgen dafür, dass sich dein Kind im Umgang mit Herausforderungen immer besser kennenlernt und Strategien entwickeln kann, um diese zu meistern. Insgesamt stärkt all das dein Kind und bereitet es Stück für Stück auf die Welt da draußen vor, die immer größer wird.

Es gibt aber auch Situationen im Leben, auf die wir keinen großen Einfluss haben und die auch die stärkste Person umhauen. Krankheiten, Tod, Krieg, Verluste – sie passieren oft unvermittelt und können Menschen ziemlich aus der Bahn werfen. Manche gehen mit solchen Schicksalsschlägen nahezu unberührt um, ihnen ist kaum etwas anzumerken. Andere zerbrechen daran. Wir können in keinen Menschen hineinschauen, klar ist aber Eines: Auch wenn diese Erfahrungen und Erlebnisse nach außen scheinbar unberührt und sachlich transportiert werden, spurlos gehen sie an niemandem vorbei. Manchmal machen sie sich sogar Jahre später durch eine psychische Erkrankung bemerkbar oder sie werden verdrängt.

Ich wünsche dir, dass dein Kind in seinem Leben solchen dramatischen Erlebnissen nicht allzu oft ausgesetzt sein wird. Und falls doch, dass es für sich Strategien entwickeln kann, damit umzugehen oder sich Hilfe zu holen – denn auch das ist eine Stärke.

Du wirst dein Kind nicht auf alles vorbereiten können, du kannst es aber dabei unterstützen ...

- resilient, also widerstandsfähig,
- selbstbewusst und

- selbstsicher zu werden.
- Gefühle benennen und einordnen zu können.
- sich selbst gut genug zu kennen, um Bedürfnisse äußern zu können.
- sich innerlich gestärkt zu fühlen.

Wie das genau geht, wirst du anhand vieler Beispielen im Laufe dieses Buches lernen.

Stärke hilft deinem Kind aber nicht nur in schwierigen und besonderen Situationen, sie ist auch die Basis für das Meistern des Alltages.

Manchmal wirst du als Erwachsene*r gar nicht wahrnehmen, wenn gerade von deinem Kind Stärke gefordert ist. Bedenke also, dass alles, was du automatisch bewerkstelligst, für dein Kind erstmal ein neues Thema und Lernfeld ist. Für dich ist es zum Beispiel kein Problem, auf eine Hochzeit mit vielen Leuten zu gehen. Du freust dich darauf. Dein Kind aber trifft auf eine völlig neue Situation mit völlig neuen Begebenheiten (Braut, Bräutigam, Standesamt, Kirche usw.) und vielen, teilweise fremden Personen. Der Tag ist getaktet (unter Umständen bleibt wenig Spielraum für eigene Bedürfnisse) und findet in einer völlig neuen und fremden Umgebung statt, teilweise an unterschiedlichen Orten. Das alles sind unglaubliche Impulse, die auf dein Kind einprasseln. Neues kann Angst machen und Unsicherheiten auslösen. Diese gut zu meistern, ist bereits eine Form von Stärke.

Kinder lernen und entwickeln sich. Manche sind schon aufgrund ihrer Persönlichkeit belastbar und selbstbewusst, manche brauchen Begleitung dabei. Selbstbewusst zu werden ist jederzeit möglich.

Stark sein bedeutet also für dein Kind:

- Es kann den Alltag und herausfordernde Situationen so gestalten und bewältigen, dass es ihm dabei gut geht.
- Konflikte, Enttäuschungen und schlechte Erfahrungen werfen es nicht (komplett) aus der Bahn.

- Dein Kind kennt sich und kann eigene und andere Bedürfnisse gut wahrnehmen, kommunizieren und für deren Befriedigung sorgen.
- Es weiß, wann es etwas selbst schafft oder wann es Hilfe braucht – und kann diese dann auch einfordern und annehmen.

Stärke ist vielseitig und vielschichtig. So wie dein Kind auch.

So unterstützt du dein Kind von Grund auf

Selbstvertrauen, Selbstbewusstsein, Selbstwertgefühl, Körperwahrnehmung sowie Widerstandskraft hängen sehr eng miteinander zusammen. Dennoch sind es unterschiedliche Dinge.

Für dein starkes Kind sind sie alle starke Fundamente, auf die es bauen kann. Du als Elternteil kannst es dabei unterstützen. Auch die Kita oder andere Einflüsse von außen können dazu beitragen, dass dein Kind sich selbst entdeckt und diese Fundamente verfestigt.

Bereits zweijährige Kinder nehmen wahr, dass sie auf andere Menschen eine Wirkung haben. Selbst Babys erfahren Reaktionen auf ihr Handeln und Verhalten. Diese haben, egal ob die Erfahrungen positiv oder negativ sind, einen erheblichen Einfluss auf die spätere Entwicklung des Selbstvertrauens, des Selbstbewusstseins, des Selbstwertgefühls und der Körperwahrnehmung sowie der Widerstandskraft.

Jedes Kind ist anders – je nach Persönlichkeit und entsprechender Erfahrungen braucht dein Kind mehr oder weniger Unterstützung und Begleitung von dir. Auf den folgenden Seiten gebe ich dir einen Überblick über die jeweiligen Eigenschaften und Tipps, wie du diese gut begleiten kannst.

Alles, was in den darauffolgenden Kapiteln Thema ist – die gewaltfreie Kommunikation, die gut begleiteten Übergänge in der Kita und so weiter – stärkt ebenfalls das Selbstbewusstsein, das Selbstwertgefühl, das Selbstvertrauen, die Körperwahrnehmung und die

Widerstandskraft deines Kindes. Sie gehören zusammen und gemeinsam fördern sie die Entwicklung deines Kindes zu einem starken Kind.

WICHTIG

Am Ende ist die Gesamtpersönlichkeit deines Kindes ausschlaggebend. Auch weniger selbstbewusste Menschen können stark durch die Welt gehen, indem sie dies gut kompensieren und Strategien entwickeln, die ihnen dabei helfen, sich trotzdem gut in der Welt zu positionieren. Je stärker diese Eigenschaften aber ausgeprägt sind, desto leichter wird das deinem Kind auch fallen.

Alle Fähigkeiten (Selbstbewusstsein, Selbstvertrauen, Selbstwertgefühl, Körpergefühl und Widerstandskraft) bauen aufeinander auf und ergänzen sich oft. Auch wenn man sie nicht strikt voneinander trennen kann, möchte ich sie im Folgenden mit dir einzeln betrachten.

Stärke sein Selbstvertrauen

Verfügt dein Kind über wenig Selbstvertrauen, so kann das zu Verunsicherung und Ängsten führen. Dadurch kann es passieren, dass es wenig Kontakt mit anderen Kindern und Personen aufnimmt. Es entstehen Unsicherheiten und das Gefühl, nichts zu können. Aber keine Sorge – positive Erfahrungen und Erlebnisse genauso wie der Glaube an dein Kind helfen, sein Selbstvertrauen zu stärken.

Schaffe also Räume und Möglichkeiten für dein Kind, um diese Momente erleben zu können. Das heißt nicht, dass du alles Unangenehme für dein Kind aus dem Weg räumen sollst. Dennoch kannst du versuchen, deinem Kind viele positive Erfolgserlebnisse zu ermöglichen, und sei es nur bei kleinen alltäglichen Dingen. Daran wächst das Vertrauen in es selbst, in die eigenen Fähigkeiten und die Lösungskompetenz, verschiedene Situationen gut bewältigen zu können.

Wenn du dein Kind viele Dinge probieren lässt, gibst du ihm gleichzeitig auch die Möglichkeit, sich selbst zu erfahren. Je nach Alter.

Vertraue dabei auf dein Kind und dein Bauchgefühl. Versuche, Gefahren möglichst realistisch einzuschätzen und dein Kind, wenn nötig und möglich, darauf vorzubereiten („Schau nach links, rechts und nochmal links, bevor du eine Straße überquerst."). Besprecht und übt bestimmte Situationen zuerst gemeinsam. Dann lass dein Kind die Welt erkunden.

Lass es ...

- allein Besorgungen übernehmen, zum Beispiel zum Bäcker gehen (ab Vorschulalter).
- die Kleidung für den nächsten Tag aussuchen.
- neue Dinge ausprobieren und erkunden.
- Fragen stellen und neugierig sein.
- möglichst viel allein machen.
- auch negative Erfahrungen sammeln, denn das gehört zum Großwerden dazu.
- selbst Lösungen finden.
- selbst Konflikte (mit anderen Kindern) regeln.
- dein Vertrauen und deine Zuversicht in seine Fähigkeiten spüren.
- Fehler machen.
- Verantwortung übernehmen, für ein Haustier (bitte erst ab dem Vorschulalter und niemals komplett, sondern für eine bestimmte Aufgabe) oder eine Aufgabe im Haushalt (Waschmaschine ausräumen, Tisch putzen, Geschirr abräumen, aufräumen ...).

Sag deinem Kind ...

- was du ihm schon alles zutraust. Zu wissen und zu spüren, dass du das ernst meinst, stärkt dein Kind ungemein, beim Erforschen und Entdecken weiterzumachen und sich auch bei Misserfolgen nicht entmutigen zu lassen.

Binde dein Kind mit ein …

- bei wichtigen Entscheidungen.
- Stell Fragen wie „Was denkst du denn darüber?“ oder „Hast du eine Idee, was wir morgen Mittag essen können?“ oder „Was denkst du – das blaue Kleid für Mama oder lieber das gelbe?“ Du gibst deinem Kind das wichtige Gefühl, gehört zu werden. Seine Meinung ist wichtig, auch bei vermeintlichen „Erwachsenenfragen“. Es wird sich dafür interessiert, was es zu sagen hat, und es darf aktiv mitgestalten.

Fördere und unterstütze …

- den natürlichen Forscher- und Entdeckungsdrang deines Kindes. Schränke es dabei nur ein, wenn eine Gefahr für dein Kind, andere Menschen oder Gegenstände besteht oder es im Moment nicht möglich ist, weil die Zeit fehlt (auf dem Weg zur Arbeit zum Beispiel) oder es dir anderweitig gerade nicht möglich ist (du bist krank oder andere Dinge haben gerade Priorität).

Nimm dein Kind an …

- mit jeder Facette und Besonderheit seiner Persönlichkeit. Du musst nicht alles feiern, was es tut, oder jede Charaktereigenschaft mögen. Dich dürfen auch bestimmte Eigenheiten nerven. Achte dabei aber auf die Formulierung:
  „Du bist anstrengend“ ist unklar und wertend. „Die Situation vorhin hat mich angestrengt“ ist eine Beschreibung, wie du dich in einer konkreten Situation gefühlt hast. Dein Kind weiß Bescheid, wurde aber nicht grundsätzlich und pauschal bewertet.
- Akzeptiere dein Kind so, wie es ist, und ziehe es nicht in eine Richtung, der es nicht entspricht.

Sei da bei Misserfolgen.

- Lass dein Kind spüren, dass du ihm weiterhin einen Erfolg zutraust und ermutige es, auch bei einem negativen Erlebnis weiterzumachen. Misserfolge können das Selbstvertrauen schnell schmälern. Sie gehören zum Entwicklungsprozess deines Kindes aber dazu. Wichtig ist, dass es lernt, gut damit umzugehen und sich nicht anhand dieses Erlebnisses komplett als Person infrage zu stellen. Menschen mit einem geringen Selbstvertrauen tendieren dazu, sich permanent selbst klein zu machen und jede Art von Kritik auf ihre Person zu beziehen.
- Je nach Alter kannst du mit deinem Kind darüber sprechen. Trenne klar Sache von Person und benenne konkret, was deiner Meinung nach zum Misserfolg geführt hat.

PAUL UND DAS FUSSBALLSPIEL

Paul, 6 Jahre, spielt seit einiger Zeit in einem Fußballverein. Bei einem Spiel vergibt er eine große Chance zum entscheidenden Tor.

Hier sind zwei Möglichkeiten, wie seine Eltern reagieren können:

„Du warst einfach nicht gut genug" ist eine schwammige, verallgemeinernde Aussage, die sehr persönlich ist. Das Kind wird nichts daraus lernen, allerdings für sich verstehen: Ich war nicht gut genug.

Besser wäre: „Ich habe gesehen, du hast alles gegeben und dann zu hoch geschossen. Das passiert auch den Profis." Damit kann das Kind etwas anfangen. Es hört konkret, was es falsch gemacht hat, und was dazu geführt hat, dass es nicht erfolgreich war. Seine Person wird dabei nicht erwähnt, es geht rein um die Sache.

Anschließend kann man es noch motivieren, seine Technik zu verändern und somit beim nächsten Mal erfolgreicher zu sein. Damit wird signalisiert, dass die Eltern an einen Erfolg ihres Kindes beim nächsten Mal durchaus glauben und es weitermachen soll.

Je mehr du deinem Kind also zutraust, umso mehr stärkst du sein Selbstvertrauen. Je mehr Erfolgserlebnisse dein Kind hat, umso stärker wird sein Vertrauen in seine Fähigkeiten.

Stärke sein Selbstbewusstsein

Kinder mit einem starken Selbstbewusstsein werden oft als laut, bestimmend und dominant beschrieben. Tatsächlich aber zählt nur Eines: Starke Kinder sind sich ihrer selbst bewusst. Mit all ihren Facetten, Besonderheiten und Fähigkeiten (die durchaus laut oder leise, introvertiert oder extrovertiert, präsent oder eher zurückhaltend sein können) kennen sie ihre Persönlichkeit, ihre Ausstrahlung und Wirkung auf andere. Das alles muss sich aber erst entwickeln und es ist ein gutes Stück Weg dorthin. Manch Erwachsene sind sich ihrer selbst gar nicht wirklich bewusst. Du kannst aber den Grundstock dazu bereits jetzt bei deinem Kind legen und es dabei unterstützen, sich immer besser kennenzulernen und *seiner selbst bewusst zu werden.*

Das Gefühl zu wissen, was man weiß, wer man ist und was man möchte, verspüren schon Kleinkinder. Wie stark es bereits ausgeprägt ist, hängt von der Persönlichkeit deines Kindes ab. Abhängig ist es auch davon, wie viel Gelegenheit dein Kind bereits hatte, seine Wirkung auf andere kennenzulernen. Ohne Interaktion mit anderen Kindern und Erwachsenen wird es nie herausfinden, wie es auf andere wirkt – das allerdings ist ein unabdingbarer Faktor in der Entwicklung des Selbst deines Kindes.

Auch Selbstbewusstsein kann dein Kind lernen. Es ist nie zu spät dafür.

ANGEBOTE, DIE DAS SELBSTBEWUSSTSEIN STÄRKEN

Herzvorhang basteln

Schneide mit deinem Kind Herzen aus Papier aus. Lass dein Kind alles sammeln, was es an sich gut findet. Das können Eigenschaften, aber auch körperliche Merkmale sein (z. B. „Ich kann gut malen.", „Ich mag meine Haare."). Die schreibst du dann jeweils auf ein Herz. Dein Kind darf gerne mitmachen und die Herzen entsprechend bemalen. Am Ende hängt ihr die Herzen wie einen Vorhang im Kinderzimmer auf. Alternativ könnt ihr auch eine Collage mit den Herzen gestalten.

Babyfotos anschauen

Schaue regelmäßig mit deinem Kind alte Babyfotos und Kinderfotos an. Sprecht darüber, was es damals noch nicht konnte und heute super beherrscht. Mach die Entwicklung deines Kindes deutlich und lass es stolz sein auf diese Meilensteine.

Collage basteln

Bastelt zusammen eine Collage aus Zeitschriften oder Ähnlichem, mit Dingen, die dein Kind mag oder auch nicht mag (z. B. Eis vs. Brokkoli). Gestaltet zwei Hälften eines Papiers und klebt die Bilder auf. Dein Kind wird sich bewusst, welche Vorlieben oder Abneigungen es hat und kann sie benennen und verbildlichen. Wenn dein Kind noch sehr klein ist oder es ihm schwerfällt, diese Dinge zu benennen, so hilf ihm mit geschlossenen Fragen wie „Magst du gerne Eis?" Verzichte auf manipulative Fragen wie „Schau mal, da ist ein Rosenkohl, den magst du ja nicht, oder?"

SCHÜCHTERN UND STARK SCHLIESSEN SICH NICHT AUS – GASTBEITRAG VON INKE HUMMEL

Die Bestseller-Autorin und Bloggerin Inke Hummel begegnet als Familienbegleiterin vielen Kindern, die gleichzeitig schüchtern und stark sein können. Das eine schließt das andere nicht aus. Sie hat einige Tipps parat, wie man schüchternen Kindern am besten begegnet:

Selbstbewusst, selbstsicher, stark – oder aber schüchtern. Diese Begrifflichkeiten sehen viele Erwachsene als Gegenteile und sortieren zurückhaltende Kinder so ein in die Schubladen „schwach“, „nicht in Ordnung“, „falsch“. Der Umgang damit kann von „Ist halt so!“ bis „Das Kind muss man vollkommen umkrempeln!“ reichen.

Hast du ein schüchternes Kind? Dann ordne ich dir das mal korrekt ein:

- Dein schüchternes Kind kann lernen, selbstbewusst zu sein.
- Dein schüchternes Kind kann lernen, selbstsicher zu sein.
- Dein schüchternes Kind kann ein sehr starkes Kind sein.

Ist die Schüchternheit sein angeborenes Wesen, wird sie niemals verschwinden. Denn dann funktioniert die Reizverarbeitung bei deinem Kind anders als bei anderen Menschen. Es ist mehr auf der Hut, seine Alarmdetektoren mehr auf Empfang und sein inneres Warnsystem schlägt früher an als bei anderen. Neues macht Sorge, Fremdes macht Stress und Handeln fällt schwer.

Je älter dein Kind wird und je besser es sprechen kann, desto einfacher kannst du mit ihm darüber reden: „So bist du, das fällt dir schwer, das kannst du üben, die Idee habe ich für dich.“ Auf diese Art wird es selbstbewusst – sich seiner selbst bewusst. „So bin ich und das brauche ich!“

Mit zunehmendem Alter wirst du auch merken oder sogar von deinem Kind hören, welche Alltagssituationen ihm aufgrund seiner Schüchternheit schwerfallen: mit anderen ins Spiel finden, vor anderen sprechen, Freundschaften schließen, mit Ungewohntem klarkommen, Schwimmen im dunklen Wasser, mündlich in der Schule mitzuarbeiten ... Jedes schüchterne Kind hat andere Bereiche, die ihm schwerfallen und vor allem unter denen es leidet. Du musst nicht alles mit ihm bearbeiten, was dir seltsam vorkommt, sondern nur das, unter dem dein Kind oder eure Familie leidet: Mit welchen kleinen Schritten kann es Situationen meistern, die es gerne angehen möchte, aber die bisher Hemmschwellen darstellen? So kann dein schüchternes Kind selbstsicher werden – sicher ohne fremde Hilfe.

Und wie genau schaffst du diese Stärkung? Musst du deinem Kind einfach so lange alles abnehmen, bis es so weit ist, die Schwierigkeit selbst anzugehen? Oder musst du dein Kind auflaufen lassen, sodass ihm gar keine andere Wahl mehr bleibt, die Hemmschwelle zu übertreten? Nein, beide Extreme sind keine kluge Begleitung, um ein schüchternes Kind wirklich aus sich heraus stark zu machen. Nimmst du deinem Kind alles ab, verpasst es Gelegenheiten, um zu lernen und zu wachsen. Es spürt kein Zutrauen durch dich und bekommt keine Ideen für sinnvolle Bewältigungsstrategien. Verweigerst du ihm hingegen die Hilfe, kann es sich dauerhaft falsch und gestresst fühlen.

Dein Weg sollte es sein ...

- dein Kind zu fordern, aber nicht zu zwingen. Hilf ihm zugewandt Hemmschwellen anzugehen, aber stoß es nicht autoritär darüber.
- den Stress für dein Kind zu mindern. Viel Raum für Entspannung ermöglicht deinem schüchternen Kind auch Platz für Mut.
- dein Kind aktiv zu machen. Es muss selbst lösen können und dürfen, nicht du.

Zögern ist keine Schwäche. Oftmals kann Schüchternheit vor Übermut und Verletzungen oder Ähnlichem schützen. Häufig kann die Zeit, die sich ein schüchterner Mensch zum Wahrnehmen einer Situation oder anderer Personen nimmt, Raum für viel Empathie schaffen. Schüchternheit ist eine Stärke und dein schüchternes Kind kann mit deiner Hilfe lernen, das zu fühlen und sich in seiner Wesensart zu lieben.

Stärke sein Selbstwertgefühl

Das Selbstwertgefühl ist das Gefühl, sich gut genug zu fühlen. Es beschreibt den Wert, den das Kind sich selbst zuschreibt:

- „Ich bin es wert, geliebt zu werden."
- „Ich bin es wert, noch ein Eis zu bekommen."
- „Ich bin es wert, in der Gruppe respektiert zu werden."

Kinder orientieren sich in erster Linie an uns Erwachsenen. Das, was wir tun und sagen, ist erstmal die absolute Wahrheit für sie. Die Art und Weise, wie du mit deinem Kind sprichst, ist das, was dein Kind hört und verinnerlicht. Hört dein Kind also häufiger, was es nicht kann, als dass es etwas kann, so lernt es, dass es viele Dinge falsch macht und wenig richtig. Dein Kind übersetzt das schnell mit „Ich bin falsch, ich kann nichts." Sein Selbstwertgefühlt sinkt.

Das bedeutet nicht, dass du alles, was dein Kind macht, regelmäßig über alle Maßen loben musst. Ist es von dir einen wertschätzenden und ehrlichen Umgang gewohnt, so kann es auch Kritik, so sie sachlich und wertschätzend formuliert ist, gut einschätzen. Die Basis, also eure Liebe und Bindung, ist nie in Gefahr, denn dein Kind spürt und weiß, dass es geliebt wird und Kritik an der Sache daran nichts ändert.

Sätze, die das Selbstwertgefühl stärken:

- „Du bist gut so wie du bist."
- „Du bist wichtig."
- „Du bist wertvoll."
- „Ich verstehe dich."
- „Ich bin froh, dass es dich gibt."
- „Ich glaube an dich."
- „Danke!"
- „Ich entschuldige mich bei dir."
- „Ich höre dir zu."

- „Ich nehme dich ernst."
- „Ich vertraue dir."
- „Ich traue dir das zu."
- „Das schaffst du."
- „Das kannst du."
- „Ich glaube an dich."
- „Ich mag besonders gerne an dir …"
- „Ich bin immer für dich da."
- „Du darfst auch nein sagen."
- „Deine Meinung interessiert mich."
- „Ich stehe hinter dir, egal was du tust."
- „Ich möchte wissen, wie es dir geht."
- „Was fühlst du?"
- „Ich sehe dich."

Und ganz wichtig: **„Ich liebe dich!"**

Stärke seine Körperwahrnehmung

Eine positive Körperwahrnehmung spielt gerade fürs Selbstvertrauen und das Selbstbewusstsein eine wichtige Rolle. Kinder nehmen sich bereits als Babys selbst wahr. Am Anfang empfinden sie sich noch als eins mit der Mutter, etwa ab dem 3. oder 4. Lebensmonat erkennt ein Kind, dass es ein eigenständiges Wesen ist.

Erinnerst du dich an das erstaunte Gesicht deines Kindes, als es den eigenen Fuß entdeckt hat? Und wie verzückt es herausgefunden hat, wie der große Zeh schmeckt?

All diese Erfahrungen sind wichtig für die Körperwahrnehmung deines Kindes. Sich wohlzufühlen im eigenen Körper gibt ein gutes Gefühl und das wird nach außen transportiert. Eine Person, egal ob Kind oder Erwachsene*r, die sich unwohl im Körper fühlt, wird auch wenig echtes Selbstvertrauen ausstrahlen.

Am Anfang also ist die Körperwahrnehmung noch positiv besetzt, Kinder erforschen sich selbst. Leider kann sich das auch ändern. Kinder nehmen wahr, dass sie anders aussehen als andere. Sie sind größer, kleiner, dicker, dünner und so weiter. Je nachdem wie diese Unterschiedlichkeit von außen bewertet wird, beeinflusst dies die eigene Körperwahrnehmung und das eigene Körpergefühl.

So kannst du dein Kind gut begleiten

- Malt den Körperumriss deines Kindes. Dein Kind liegt dabei auf einem sehr großen Papier oder einem Leintuch, dass du nicht mehr brauchst. Du malst um es herum. Anschließend gibt es mehrere Möglichkeiten: Dein Kind malt „sich" aus und benennt dabei die Körperstellen, die es besonders mag (und auch nicht mag). Oder es darf die Körperstellen, die es besonders gerne mag, in seiner Lieblingsfarbe anmalen.
- Sprecht darüber. Was genau mag es zum Beispiel an den Augen (die Farbe, die Form ...) und was nicht? Du wirst schnell merken, was dein Kind beschäftigt und ob es eine positive Körperwahrnehmung hat oder nicht. Je älter dein Kind wird, umso mehr wird es sich mit anderen Kindern vergleichen. Das kann positiv ausgehen, aber auch negativ, wenn es sich schlecht macht. Sprecht darüber. Sind es objektive Merkmale, die dein Kind von anderen unterscheiden, wie zum Beispiel starkes Übergewicht oder eine körperliche Beeinträchtigung, so benenne das auch so. Lässt es sich ändern (Übergewicht) und es ist von deinem Kind auch so gewünscht, dann arbeitet gemeinsam an einer Lösungsstrategie. Lässt es sich nicht ändern, bestärke dein Kind, dass es genau so, wie es ist, gut ist, und unterstütze es in den Dingen, die es trotz oder vielleicht sogar wegen der Beeinträchtigung gut kann.
- Baut Massagen und Berührungen in eure Abend- oder Wochenendroutine ein. Massiert euch gegenseitig, indem ihr Körperteile ausstreicht, arbeitet mit Bällen oder was auch immer euch gefällt.

Lustig ist eine Massage, die in eine Geschichte eingebettet ist, zum Beispiel die Pizzamassage. Hier wird zuerst der Teig (Rücken) geknetet, es werden Tomaten geschnitten (Schneidebewegungen auf dem Körper), die Pizza wird mit den unterschiedlichsten Dingen belegt, anschließend großzügig Käse darauf verteilt (wie ein Regen oder Klopfen) und in den Ofen geschoben. Denkt euch eure eigene Massagegeschichte aus.

WICHTIG

Bevor ihr damit startet, klärt bitte eine Regel vorab: Sobald eine Stelle berührt wird, die unangenehm ist (manche Menschen mögen es zum Beispiel nicht, wenn sie an den Füßen, Beinen usw. angefasst werden), darf der- oder diejenige, der oder die massiert wird, sofort „STOPP" rufen. Der oder die Massierende hört sofort mit den Berührungen auf. Nach einer gewissen Zeit wird gewechselt. So lernt dein Kind, sich und seinen Körper bewusst wahrzunehmen und Stopp sagen zu dürfen, wenn es eine unangenehme Körperberührung erfährt. Gleichzeitig lernt es von deinem Stopp, Grenzen anderer zu wahren.

- Lass dein Kind seinen Körper erkunden. Beim Wickeln, beim Baden, im Bett. Nenne alle Körperteile beim richtigen Namen und verniedliche sie nicht – eine Scheide ist eine Scheide, ein Penis ein Penis. Natürlich gibt es Schamgrenzen, die muss dein Kind aber erst noch lernen. Für dein Kind sind Geschlechtsorgane erstmal nichts anderes als Arme oder Beine. Je natürlicher dein Umgang damit ist, desto natürlicher wird auch dein Kind damit umgehen und sich und auch seine Geschlechtlichkeit besser kennenlernen.

WICHTIG

Lebe deinem Kind einen positiven Umgang mit dem eigenen Körper vor. Wenn dir das aus deiner eigenen Geschichte heraus nicht gelingt, so versuche so wenig wie möglich negativ darüber zu sprechen.

Sätze wie „In diesem Kleid sehe ich aber viel zu dick aus" oder „Meine dünnen Haare treiben mich zum Wahnsinn!" leben deinem Kind eine negative Bewertung des eigenen Körpers vor. Je älter dein Kind ist und je entspannter es mit dem eigenen Körper umgeht, desto besser wird es auch deine eigenen Aussagen über dich einordnen können (oder gar nicht richtig wahrnehmen). Sei dir aber bitte im Klaren, dass du bewusst und auch unbewusst immer eine Vorbildrolle einnimmst. Das ist manchmal anstrengend. Ein gewisses Bewusstsein darüber ist jedoch nicht verkehrt.

Sollte dein Kind übergewichtig im medizinischen Sinne sein, sag ihm nicht, dass es zu dick ist und unbedingt endlich abnehmen muss. Stell die Ernährung deines Kindes um und sorge so für ein gesundes Abnehmen. Du bist verantwortlich für die Ernährung deines Kindes. Nicht dein Kind.

BITTE NICHT

Betreibe niemals Bodyshaming mit deinem Kind. Sätze wie „Du hattest doch schon ein Eis, ich möchte nicht, dass du zu dick wirst!" können unglaubliche Auswirkungen auf das Essverhalten und die Körperwahrnehmung deines Kindes haben. Essstörungen haben oft hier ihren Ursprung. Natürlich darfst du den Eiskonsum deines Kindes im Auge behalten. Mach Essen aber nie vom Körper abhängig und nutze es bitte nie als Druckmittel oder Belohnung. Je positiver Essen besetzt ist, umso besser.

Stärke seine Widerstandskraft

Resilienz, also Widerstandskraft, hat in der Pädagogik und Psychologie einen festen Platz. In Bezug auf starke Kinder ist sie nicht wegzudenken. Was verstehen wir darunter?

Das Wort Resilienz kommt vom lateinischen *resilire*, was *abprallen* oder auch *zurückspringen* (in eine ursprüngliche Form zum Beispiel) bedeutet. Im Englischen spricht man von *resilience*, wenn es um Spannkraft, Widerstandsfähigkeit und Elastizität geht.

Laut Duden bedeutet Resilienz psychische Widerstandskraft; die Fähigkeit, schwierige Lebenssituationen ohne anhaltende Beeinträchtigung zu überstehen. Es geht also um die Fähigkeit, mit Problemen und Veränderungen im Leben gut umgehen zu können und sich dadurch nicht dauerhaft unterkriegen zu lassen.

RESILIENZFORSCHUNG

Die Psychologin Emmy Werner entwickelte die bisher größte und umfassendste Studie zur Resilienz, die sogenannte „Kauai Longitudinal Study of Resilience". Sie begleitete 40 Jahre lang knapp 700 Kinder, die 1955 auf der Hawaii-Insel Kauai geboren wurden. Kern der Studie war die Aussage, dass sich Kinder, die soziale oder biologische Faktoren wie Gewalt, Armut, Krankheit etc. aufweisen, im Durchschnitt weniger erfolgreich und gesund entwickeln als Kinder ohne diese Faktoren.

Emmy Walter fand jedoch ebenfalls heraus, dass circa ein Drittel dieser Kinder sehr wohl trotz schwieriger Lebensbedingungen und Startschwierigkeiten ins Leben genauso erfolgreich und sozial empathisch waren wie die Kinder ohne diese Merkmale. Es gab keinerlei Auffälligkeiten. Unterschiedliche Bedingungen müssen also nicht zwangsläufig zu unterschiedlichen Lebensentwürfen führen. Resiliente Menschen haben eine breite Palette an Handlungsmöglichkeiten und Verarbeitungsstrategien, um mit schwierigen Situationen und Einflüssen von außen gut zurechtzukommen.

Dein resilientes Kind kann …

- seine eigenen Gefühle und die von anderen erkennen und einordnen.
- die eigenen Gefühle kontrollieren, regulieren oder um Rat bitten.
- eigene Stärken und Kompetenzen erkennen.
- Hilfe holen und in Kontakt mit anderen treten.
- Strategien zur Problemlösung entwickeln und auf ähnliche Situationen übertragen.

In der Literatur wird in Bezug auf Resilienz auch manchmal vom **Immunsystem der Seele** gesprochen. Je stärker es ist, desto weniger belastet ist dein Kind. Resilienz ist nicht nur im Alltag wichtig, sondern auch und vor allem, wenn es sich um eine besonders belastende Situation handelt, die in der Regel ungeplant und unvermittelt ins Leben deines Kindes platzt.

SEI EIN SCHUTZSCHILD – INTERVIEW MIT JULIA THEEG

Julia Theeg ist Kinder- und Jugendlichenpsychotherapeutin und Supervisorin. Mit ihr habe ich über resiliente Kinder gesprochen, über besonders belastenden Situationen und darüber, wie wir die Widerstandskraft unserer Kinder fördern können.

Julia, aus psychologischer Sicht: Warum ist Resilienz so wichtig und was macht resiliente Kinder in einer besonders belastenden Situation aus?

Aus psychotherapeutischer Sicht ist Resilienz ein entscheidender Faktor bei der Bewältigung von Belastungen. Nicht jede Belastung oder auch traumatische Situation führt zur Entwicklung einer psychischen Erkrankung, wie zum Beispiel Angst, Depression oder sogar eine Posttraumatische Belastungsstörung. Haben Kinder beispielweise Unfälle oder Verlust von Bezugspersonen erlebt, reagieren sie in der Regel darauf erstmal mit verständlichen Reaktionen, wie Rückzug, Angst oder Trauer. Ihr Bindungssystem wird aktiviert und sie suchen die Nähe und den Schutz bei ihren Bezugspersonen. Kleine Kinder kommen dann zum Beispiel nachts wieder vermehrt ins Bett der Eltern, wenn sie vorher schon allein geschlafen haben. Oft zeigen Kinder auch eine erhöhte Ängstlichkeit und wollen erstmal nicht zur Kita oder Schule. Nach einiger Zeit erholen sich die Kinder von diesen Belastungen und dabei ist die Resilienz der Kinder sehr entscheidend. Haben Kinder viele negative Erfahrungen im Leben gemacht oder wenig fürsorgliche Bezugspersonen in ihrer Umgebung, kann dies das Risiko für psychische Erkrankungen erhöhen. Natürlich schützt Resilienz nicht bei allen Belastungen, das hängt auch von der Schwere und Häufigkeit der negativen Erfahrungen ab, aber Schutzfaktoren können die Risikofaktoren abmildern und wirken somit förderlich für die Entwicklung der Kinder. Dabei sind in erster Linie stabile Bezugspersonen, die Nähe geben, fürsorglich sind und die Gefühle und Gedanken der Kinder einordnen, aber auch außerhäusliche Bindungspersonen, wie zum Beispiel Erzieher*innen in der Kita, ein*e liebvolle*r Babysitter*in oder auch die Lehrkraft, entscheidend, wie schnell Kinder sich von Belastungen erholen. In der therapeutischen Arbeit haben Resilienzfaktoren, wie beispielweise stabile Bezugspersonen, insofern einen erheblichen Einfluss auf die gemeinsame Arbeit, als dass es genug Ressourcen braucht, um sich mit den Belastungen zu beschäftigen und sie zu verarbeiten. Man geht heute davon aus, dass viele psychische Erkrankungen mit Stress, also mit Belastungen zu tun haben. Deshalb ist die Arbeit an Ressourcen der Kinder, diese zu entdecken, zu fördern und letztlich auch zu verstärken, ein wichtiger Baustein in der modernen Psychotherapie. Gerade bei Kindern im Kindergartenalter sind die Bezugspersonen der Kinder eng in die Arbeit mit einbezogen und entscheidend für den therapeutischen Verlauf.

Wie können Eltern resiliente Verhaltensweisen fördern?

Vor allem die Feinfühligkeit der Bezugspersonen ist entscheidend dafür, wie Kinder sich entwickeln. In meinem therapeutischen Alltag zeigen die Kinder, deren Eltern mitfühlend sind, die Gefühle der Kinder ernst nehmen und angemessen einordnen, deutlich geringere Symptome als Kinder, deren Eltern diese Eigenschaften nicht zeigen. Bezugspersonen können ein Schutzfaktor in der kindlichen Entwicklung sein, der wie ein „unsichtbarer Schild“ die Kinder auch dann vor Belastungen schützt, wenn sie gerade nicht da sind. Dieser Schutzschild macht Kinder widerstandsfähiger, die Kinder können besser um Hilfe bitten und ihre Bedürfnisse benennen. Dazu braucht es in der Eltern-Kind-Bindung vor allem eine zuverlässige Bindung und gerade bei kleinen Kindern eine prompte und einfühlsame Beantwortung der Bedürfnisse der Kinder. Dabei ist es nicht entscheidend, den Kindern „jeden Wunsch von den Lippen abzulesen“, sondern sich vielmehr zu fragen: Was steht hinter dem Verhalten meines Kindes? Im Falle einer akuten Belastung, wie zum Beispiel einem Unfall, können Eltern sich fragen: Wozu ist es genau jetzt für mein Kind so wichtig, wieder in unserem Bett zu schlafen? Die feinfühlige und bindungsorientierte Beantwortung wäre dann, dass die Kinder die Nähe gerade brauchen um das Ereignis, welches sie erschüttert hat, bei dem sie sich allein gefühlt haben und Angst hatten, zu bewältigen. Die Eltern würden also ihr Kind so lange bei sich schlafen lassen, bis sie merken, dass das Kind wieder deutlich sicherer im Leben steht und dann fein langsam und in Absprache mit dem Kind eventuell wieder neue Lösungen anstreben. Das kann das allein schlafen sein, muss es aber nicht. Dies gilt für alle Ängste, Sorgen und Nöte der Kinder. Kein Kind ist grundlos aggressiv oder ängstlich. Es braucht die Feinfühligkeit und das Erkennen der Bedürfnisse der Kinder. Kinder lernen, dass ihre Bedürfnisse wichtig sind, können sie ansprechen und entwickeln innere Sicherheit und Vertrauen, was das Gegengewicht zu Belastungen darstellt. Die personalen Ressourcen oder auch Resilienzfaktoren erhöhen die Bewältigungsstrategien bei Stress und Belastung und mildern somit das Risiko psychisch zu erkranken.

Es kann also kein „Zuviel" an Resilienz geben, nur ein zu wenig, was allerdings nicht verwechselt werden darf mit Überfürsorge. Die Grundbedürfnisse der Kinder spielen dabei eine entscheidende Rolle: Bindung und Schutz und die Entwicklung von Autonomie sind gleichrangig wichtig, wenn auch in den verschiedenen Altersstufen unterschiedlich gewichtet. So ist es für Säuglinge entscheidend, dass die Bezugspersonen prompt und feinfühlig auf die Kinder reagieren, und je älter die Kinder werden, ist ein Zulassen an Autonomie und Selbstständigkeit wichtig, um einerseits Bewältigungsstrategien zu erlernen und andererseits die Selbstwirksamkeit „Juhu, ich habe es geschafft!" zu fördern.

Wann ist es ratsam, eine Kinder- und Jugendlichenpsychotherapeutin/einen Psychotherapeuten ins Boot zu holen und was passiert dann dort?

Wenn Kinder sich nach Belastungen nicht erholen, Symptome zeigen, wie Rückzug, Bauchschmerzen, Aggressivität, Ängste oder auch ständige Albträume haben, Auffälligkeiten im Spiel zeigen, wie zum Beipsiel eine erhöhte Aggressivität, ohne dass es zu einem „guten Ende" kommt, ist es ratsam sich Hilfe zu suchen. Es erfolgt in der Regel ein Erstgespräch und je nach Alter des Kindes eine Diagnostik mithilfe von Fragebögen, Spiel oder auch speziellen Tests. Wenn eine Diagnose gestellt wird, wird ein Behandlungsplan gemeinsam mit den Bezugspersonen besprochen. Es braucht keine Überweisung, da ein so genanntes Erstzugangsrecht für Kinder- und Jugendlichenpsychotherapie besteht.

Sei ein resilientes Vorbild

Um dein Kind in der Resilienz stärken zu können, ist es interessant darauf zu schauen, wie resilient du eigentlich selbst bist. Dabei helfen dir die **7 Säulen der Resilienz.**

Die ursprüngliche Idee dazu stammt von der Diplompsychologin Ursula Nuber. Die Säulen beschreiben die Eigenschaften und Merkmale resilienter Menschen.

Folgende Fragen auf Grundlage der Säulen helfen dir, dich selbst einzuschätzen und eventuell auch an deiner eigenen Resilienz zu arbeiten:

1. Optimismus
Hast du eine positive Lebenseinstellung? Ist dein berühmtes Glas eher halbvoll oder halbleer? Glaubst du daran, dass am Ende alles gut wird, oder grübelst du viel und malst dir bereits am Anfang einer schwierigen Situation aus, was alles Schlimmes passieren kann? Kannst du auch in schwierigen Momenten lachen und verlierst deinen Humor nicht?

2. Akzeptanz
Es gibt Situationen, die sich nicht ändern lassen. Manche wiederum lassen sich durchaus ändern. Fällt es dir leicht, Situationen anzunehmen und zu akzeptieren? Kannst du dich motivieren, indem du dir selbst sagst, dass einige Situationen kein Dauerzustand sind und es auch wieder bessere Tage geben wird? Akzeptierst du dich selbst?

3. Ziele
Hast du klare Ziele? Weißt du, was du für dich, deine Familie, dein Kind möchtest? Kannst du dich mit einem Blick auf dein Ziel selbst motivieren?

4. Opferrolle
Niemand möchte ein Opfer sein. Siehst du dich denn oft in der Opferrolle? Wenn du in einer bist, hast du Strategien, da wieder herauszukommen? Hast du Ressourcen, dich aktiv aus dieser Rolle wieder zu befreien?

5. Verantwortung
Es gibt Situationen, da hast du keinen großen Einfluss auf die Gegebenheiten. Kennst du aber deine Einflussmöglichkeiten, deine

Chancen etwas zu verändern? Hast du Problemlösungsstrategien, aus einer unschönen Situation herauszufinden? Kannst du deine Verantwortung für eine bestimmte schwierige Situation sehen?

6. Bindungen

Du bist nicht allein. Hast du Menschen, die dich unterstützen können? Bei denen du dich fallenlassen kannst und denen du uneingeschränkt vertraust? Gemeinsam ist man stärker. Sind es keine Personen, so stelle dir gerne die Frage, ob du bereits ein Netzwerk hast von Menschen aber auch Institutionen, die dich unterstützen können und für dich da sind, oder ob du dir eines knüpfen möchtest?

7. Positiver Blick auf die Zukunft

Alles ist schlecht, alles schwierig, es gibt keinen Ausweg? Ertappst du dich bei diesen Gedanken in schwierigen Situationen oder kannst du positiv in die Zukunft schauen mit dem Glauben daran, dass sich Lösungen auftun werden?

Die ehrliche Beantwortung dieser Fragen gibt dir eine gute Orientierung, an welchen Punkten du noch arbeiten solltest. Je resilienter du bist, desto besser kannst du dein Kind in dessen Resilienz unterstützen. Dein Kind lernt von dir und schaut sich einen resilienten Umgang von dir ab. Bist du also eher ängstlich und zögerlich, wird dein Kind vermutlich (erstmal) ähnliche Verhaltensweisen zeigen. Es kann aber durchaus sein, dass dein Kind von Anfang an resilienter ist als du es bist – manche Menschen sind es einfach von Geburt an. Du musst also nicht dein Wesen ändern, keine Sorge. Es ist aber wichtig zu wissen, wo du und andere Familienmitglieder steht, um als Familie gemeinsam resilient gegen alle Einflüsse von außen zu werden. Je resilienter jedes Familienmitglied ist, desto resilienter ist auch die gesamte Familie.

So nimmst du dein Kind wahr und ernst

Oft haben wir eine Vorstellung davon, wie ein Kind sein soll, ohne genauer hinzusehen, ob es denn diese Vorstellung erfüllen kann oder möchte.

Meist haben wir im Gegenzug auch eine Vorstellung davon, wie ein Kind *nicht* sein soll, und versuchen zu vermeiden, dass gerade unser Kind so wird. Das nennen wir dann Erziehung, oft ungeachtet dessen, was das Kind eigentlich möchte.

Natürlich gibt es gesellschaftliche oder sogar strafrechtliche Regeln, die wir alle einhalten sollten, um ein friedliches Zusammenleben zu gewährleisten. Dein Kind soll in dieser Welt, in der wir leben, bestehen und sich integrieren können, dazu braucht es natürlich einen moralischen Kompass.

Darüber hinaus aber ist es wichtig, dein Kind sich so entwickeln zu lassen, wie es das möchte. Unsere eigene Vorstellung ist schön, aber nicht ausschlaggebend. Dein Kind ist eine eigenständige Persönlichkeit mit eigenen Vorlieben, Talenten und Charaktereigenschaften. Je mehr du diese respektierst und unterstützt, umso wertvoller für dein Kind. Und umso freier kann es sich entwickeln.

Hinter jedem Verhalten steckt ein Bedürfnis

Bedürfnisse werden im Alltag oft übersehen. Es ist zu wenig Zeit und Raum dafür und das Verhalten des Kindes, das so viel sichtbarer ist, steht zu sehr im Fokus. Dennoch lade ich dich ein, immer mal wieder innezuhalten und zu hinterfragen, warum dein Kind sich so verhalten hat. Warum wurde es gerade wütend? Schauen wir das an zwei Beispielen genauer an:

SARAH UND DER WUTANFALL

Sarah (2,5 Jahre) hat einen ziemlich heftigen Wutanfall. Ihre Mama Bärbel ist ziemlich genervt davon, denn sie muss los zur Arbeit. Sarah macht das doch nur, um sie zu ärgern! Diesen Ärger lässt sie Sarah auch nun spüren und herrscht sie an, sich zu beeilen und sofort mit dem Weinen aufzuhören.

Was ist passiert?

Bärbel ist genervt, weil sie zur Arbeit muss und Sarah mit ihrem Wutanfall alles verzögert. Sie kommt jetzt zu spät und das ärgert sie. Ihre persönliche Empfindung hat sie ungefiltert an ihrem Kind ausgelassen.

Was aber könnte hinter Sarahs Wutanfall stecken?

- Sie wollte etwas selbst machen – Schuhe oder Jacke anziehen zum Beispiel – und es hat nicht geklappt oder es war erst gar keine Zeit dafür.
- Sie wollte etwas anderes anziehen.
- Der Morgen war zu hektisch für sie – sie ist einfach kein Morgenmensch.
- Sie hat schlecht geschlafen und/oder ist nicht gut in den Tag gestartet.

Das löst die Situation:

Bärbel hat in ihrer Genervtheit überreagiert. Dafür kann sie sich bei Sarah entschuldigen. Sie kann sie ernst nehmen und versuchen, eine gemeinsame Lösung zu finden. Sarahs Verhalten wird dann nicht einfach abgetan, sondern ihre Mutter versucht herauszufinden, warum sie so reagiert hat. Eine Entschuldigung signalisiert, dass Bärbel ihrer Tochter auf Augenhöhe entgegenkommt.

Wenn Bärbel die Kleidung bereits am Abend vorher mit Sarah herauslegt, ist Sarah involviert und kann mitbestimmen oder sogar selbst bestimmen, was sie anziehen möchte. Um den Morgen zu entspannen, sollte der Tag etwas früher beginnen. Schlaf ist auch wichtig, aber vielleicht hilft ein ausgiebiges Kuscheln im Bett als Start in den Tag, um es für Sarah und somit auch für Bärbel leichter zu machen. Brotboxen können bereits am Abend zubereitet werden, das nimmt auch Druck am Morgen.

Schon mit sehr kleinen Kindern kann man einen Deal vereinbaren: Wenn es die äußeren Umstände zulassen, bekommt das Kind die Zeit (um sich selbst anzuziehen zum Beispiel), wenn nicht, dürfen Mama oder Papa helfen. Wenn es gelernt hat, dass auch Mama und Papa kooperieren und nicht nur das Kind kooperieren muss, funktionieren solche Absprachen erstaunlich gut.

AGNES, TIMO UND DIE AUFMERKSAMKEIT

Agnes unterhält sich gerade angeregt mit ihrer Freundin. Ihr Sohn Timo (3 Jahre) und deren Tochter Hannah (4 Jahre) sind ein Herz und eine Seele und spielen zusammen im Garten. Plötzlich stürmt Timo auf Agnes zu und möchte ihr unbedingt etwas erzählen. Jetzt. Sofort. Agnes reagiert ungehalten, da sie es nicht leiden kann, wenn Timo sie mitten im Satz unterbricht. Es kann ihrer Meinung nach nicht sein, dass Timo sofort die volle Aufmerksamkeit bekommt, wenn er ein Anliegen hat.

Eine Stunde später möchte Agnes gehen. Sie ist mit öffentlichen Verkehrsmitteln gekommen und möchte den nächsten Zug erwischen. Sie geht zu ihrem Sohn und ruft ihm zu, dass er nun bitte seine Schuhe anziehen und tschüs sagen soll. Timo reagiert nicht, er ist mitten im Spiel mit Hannah. Agnes wiederholt ihre Bitte und wendet sich bereits zum Gehen. Timo bricht in Tränen aus und ist wütend auf seine Mutter.

Was ist passiert?

In beiden Situationen äußerte eine Person einen Wunsch (etwas zu zeigen bzw. loszugehen) und erwartet die sofortige Erfüllung. Agnes ist verärgert über ihren Sohn, der ihrer Meinung nach nicht warten kann, platzt aber wenig später ebenfalls in eine Situation ihres Kindes und erwartet genauso sofortige Aufmerksamkeit. Ihre Bedürfnisse standen weit über denen ihres Kindes.

Das löst die Situation:

Agnes hätte den Übergang vom Spiel zum Gehen frühzeitig und für Timo nachvollziehbar ankündigen sollen.

Zeitangaben wie „noch zweimal rutschen" anstatt „in 5 Minuten gehen wir" sind für Kinder viel besser nachvollziehbar und somit leichter umzusetzen. Timo hätte eine faire Chance gehabt, sein Spiel zu beenden. Sein Spiel wäre genauso wichtig gewesen wie die Unterhaltung seiner Mutter. Eine klare Aussage seiner Mutter hätte ihm dabei sehr geholfen.

Wertschätzend sind auch ehrliche Rückmeldungen mit klarer Aussage („Ich möchte meinen Satz zu Ende sprechen, danach kümmere ich mich um dich.").

Respektiere dein Kind

Manchmal ist es nicht einfach, herauszufinden, was genau dein Kind gerade braucht oder wo es emotional steht. Was für dich klar ist, ist es für dein Kind nicht, und umgekehrt. Gerade wenn es um Gefühle, Interessen oder Erzählungen geht, kann es leicht zu Missverständnissen kommen und passieren, dass du deinem Kind nicht gerecht wirst. Wichtig ist hier, dass die Gefühle deines Kindes in diesem Moment real sind und unbedingt respektiert werden müssen, auch wenn du nicht nachvollziehen kannst, was der Auslöser dafür ist.

Schauen wir uns einzelne Emotionen und Verhaltensweisen genauer an:

Gefühle

Alle Gefühle sind in Ordnung und dürfen gefühlt werden, auch wenn sie für dich nicht nachvollziehbar sind. Dein Kind hat Angst vor etwas? Es ist die Angst deines Kindes. Du musst sie weder verstehen noch selbst jemals so erlebt haben.

Wut! Es ist dir unverständlich, wie wütend dein Kind wegen einer Kleinigkeit werden kann? Für dein Kind ist es in diesem Moment keine Bagatelle. Seine kleine Welt kam ins Wanken und die Wut muss raus, denn das ist genau das Gefühl, das es gerade empfindet. Und das ist real und richtig für dein Kind.

So ist es mit all den Gefühlen deines Kindes – und das ist wichtig für dein starkes Kind!

Interessen und Desinteressen

Auch wenn du gerne hättest, dass dein Kind etwas mag oder ablehnt – es ist die Entscheidung deines Kindes. Manchmal schwer zu akzeptieren, aber dein Kind ist eine eigenständige Persönlichkeit mit Vorlieben und Abneigungen, eigenen Interessengebieten, Talenten, Neigungen und Hobbys.

Erzählungen

Dein Kind vertraut dir und wird sich dir auch anvertrauen, wenn es etwas zu erzählen hat. Das Urvertrauen ist da und es fühlt sich damit bei dir sicher und weiß das Gesprochene gut aufgehoben. Egal was es ist, es kann dir alles erzählen – signalisiere ihm mit Worten, Gesten und Taten (mit einer Umarmung zum Beispiel), dass du es immer bedingungslos lieben wirst. Dein starkes Kind scheut sich nicht, auch unangenehme Themen bei dir zu platzieren. Das ist wunderbar!

Flunkern

Manchmal haben Kinder aber auch eine sehr rege Fantasie. Was grundsätzlich etwas Großartiges und Förderliches ist, kann in einigen Situationen zu einer Herausforderung werden, wenn dein Kind zum Beispiel ein Erlebnis wiedergibt, bei dem du dir nicht sicher bist, ob es genau so der Wahrheit entspricht. Nimm dein Kind trotz Zweifel an der Geschichte erstmal ernst. Dein Kind vertraut dir und braucht dein Vertrauen. Hör ihm zu und sei erstmal neutral. Kommt dir die Geschichte komisch vor, frag nach. Je nachdem um was es sich handelt, frag auch andere. Stimmt die Geschichte tatsächlich nicht, so konfrontiere dein Kind damit – ohne Vorwürfe, aber fragend. Teile deinem Kind mit, was diese Geschichte bei dir ausgelöst hat (Ängste, Wut ...) und dass sich das ziemlich schlimm und unschön angefühlt hat.

Flunkern kommt bei Kindern im Kita-Alter recht häufig vor. Sie verwechseln oft noch Fiktion, Wunschvorstellung, Fantasie und Spielsituationen mit der Realität. Von einer bewussten Lüge also kann keine Rede sein. Flunkern kann auch passieren, wenn dein Kind sich vor anderen positionieren möchte und Dinge erfindet, die so nicht passiert sind. Manchmal werden Erlebnisse aus demselben Grund auch ausgeschmückt. Egal welcher Hintergrund also der Auslöser war, dein Kind verdreht nicht ohne Grund die Wahrheit. Schau da bitte genauso hin und nimm auch das ernst.

Wünsche (z. B. Essenswünsche)

Dein Kind würde sich am liebsten den ganzen Tag nur von Eiscreme ernähren. Verständlich. An manchen Tagen wirst du solche Wünsche mehr, an manchen Tagen weniger zulassen können. Gib deinem Kind eine ehrliche Rückmeldung: „Du kannst gerne ein Eis haben, ich liebe Eis auch. Ich möchte aber nicht, dass du so viel Eis isst. Morgen kannst du wieder eine Kugel haben“.

So wahrst du die Grenzen deines Kindes

Starke Kinder kennen ihre Grenzen und wissen, wie sie diese auch gut schützen können.

Um das zu lernen, braucht dein Kind deine Unterstützung und Begleitung. Was es am Allermeisten benötigt, ist die Wahrung und das Respektieren der Grenzen durch dich und die engsten Bezugspersonen. Diese Erfahrung macht es sicher, es kann sich auf seine eigene Wahrnehmung verlassen und dies auch anderen gegenüber deutlich machen, indem es klar auf die eigenen Grenzen hinweist. Das kann verbal, durch Gesten oder Körpersprache geschehen.

Damit dein Kind seine Grenzen wahren kann, muss es diese überhaupt erst kennen und spüren. Wissen, dass es so etwas gibt und wie es damit umgehen kann. Erst dann ist es in der Lage, die eigenen Grenzen wahrzunehmen. Manche Grenzen sind nicht flexibel, die kannst weder du noch dein Kind beeinflussen oder verändern. Das Wasser ist nun mal nass, das könnt ihr nicht ändern, am Abend wird es dunkel, etwas Großes passt nicht in etwas Kleines und so weiter. Manche Grenzen wären flexibel, sind jedoch trotzdem nicht verhandelbar. Dein Kind kann unter der Woche nicht ausschlafen, weil ihr zur Kita und zur Arbeit müsst, etwas Kaputtes kann man nicht immer reparieren, weil das passende Werkzeug fehlt, und die Medienzeit ist begrenzt, weil du diese Grenze gesetzt hast. Dein Kind ist also im Laufe des Tages mit sehr vielen Grenzen konfrontiert und muss damit umgehen. Und jetzt kommen auch noch die eigenen dazu, wenn es etwas noch nicht kann, aber unbedingt möchte. Vorstellung und tatsächliche Fähigkeiten klaffen da oft noch weit auseinander. Nicht einfach für so ein kleines Kind.

Du hilfst ihm, indem du sowohl deine eigenen Grenzen in Worte fasst und ihm diese mitteilst, als auch indem du die Grenzen deines Kindes benennst.

- „Heute habe ich heftige Kopfschmerzen. Meine Grenze an Lärm ist erreicht. Bitte geh in den Garten zum Spielen, wenn du laut Musik machen möchtest."
- „Ich möchte nicht, dass du an meinen Haaren ziehst. Das tut mir weh. Hör auf damit!"
- „Ich möchte heute keine Nudeln kochen. Für heute habe ich Würstchen eingeplant."
- „Ich spiele gerne mit dir, aber jetzt muss ich erst noch ein Telefonat führen."
- „Das Klettergerüst halte ich noch für zu gefährlich. Probiere doch das kleinere aus."
- „Wenn du das Glas auf den Boden wirfst, kann es kaputt gehen. Wir können die vielen Scherben dann nicht mehr zusammenkleben."
- „Dein Eis schmilzt in der Sonne. Du solltest es bald essen."

Oft wird gesagt, dass Kinder die Grenzen der Eltern austesten möchten und bewusst darüber hinausgehen. Stattdessen möchten sie mit ihren Eltern in Kontakt kommen. Sind Eltern nicht in der Lage, ehrlich zu artikulieren, was sie möchten und brauchen, wird es schwierig für Kinder, Grenzen überhaupt zu erkennen, geschweige denn zu respektieren.

Wenn dein Kind bereits erlebt hat, dass du auch seine Grenzen respektierst, wird es viel eher bereit sein, auch deine zu respektieren. Und später darüber hinaus die Grenzen anderer, auf die es trifft. Eigene Grenzen benennen zu können und das Einfühlungsvermögen zu haben, auch andere Grenzen zu wahren, ist eine große Stärke. Dein Kind kann das lernen, es braucht nur seine Zeit. Echte Empathie können Kinder erst ab einem Alter von circa 4 Jahren empfinden. Ab einem Alter von 2 Jahren können sie sich zwar (bedingt) in andere hineinfühlen („Mama hat ein Aua." oder „Baby weint."), aber das ist noch keine echte Empathie.

Babys und sehr kleine Kinder können ihre Grenzen schon sehr gut ausdrücken. Wenn sie zum Beispiel auf dem Arm sind und keine Lust mehr auf Körperkontakt haben, drehen sie sich weg oder signalisieren, dass sie vom Arm runter möchten. Das geschieht ganz unbewusst. Später verliert sich das ein bisschen, denn Kinder nehmen ihre Grenzen plötzlich viel bewusster wahr und müssen diese erst wieder neu einordnen.

IMPULS

Wie gut kennst du die Grenzen deines Kindes und lässt es der Alltag immer zu, diese zu sehen und zu respektieren? Als Erwachsene gehen wir oft über die Grenzen unserer Kinder hinweg. Wir bestimmen ihren Alltag in großem Maße. Das lässt sich oft nicht ändern, sind doch auch wir Erwachsene durch den Job oder sonstige Einflüsse von außen fremdbestimmt. Sich dessen aber bewusst zu sein, kann durchaus etwas an unserer Haltung ändern.

Du achtest bereits gut auf die Wahrung der Grenzen? Sehr gut. Dennoch schau gut hin:

Du möchtest, dass dein Kind ...

- schläft, obwohl es nicht müde ist.
- isst, wenn du mit kochen fertig bist.
- das Haus verlässt, weil du losmusst.
- in die Kita geht, auch wenn es keine Lust hat.
- sich entschuldigt, obwohl es sich gar keiner Schuld bewusst ist.
- die Nachbarin grüßt, obwohl es sie doof findet.
- das Zimmer aufräumt, obwohl es selbst gar keine Notwendigkeit dazu sieht.
- Zähne putzt, weil du es für wichtig hältst und so weiter und so fort.

Natürlich kannst du an der einen oder anderen Stelle dein Kind mehr involvieren, natürlich sind da Momente dabei, die auch du nicht steuern kannst, natürlich handelt es sich dabei auch um Dinge, deren Auswirkungen du als Erwachsene*r mehr überblicken kannst. Aber wenn du ganz ehrlich bist, gibt es bestimmt noch viele Situationen am Tag, an denen du die Grenzen deines Kindes noch mehr sehen könntest. Allein das Bewusstsein dafür ist wichtig für ein Umdenken und einen anderen Umgang mit deinem Kind.

Neben den **körperlichen Grenzen**, auf die ich im Kapitel → „Dein Kind darf Nein sagen“ näher eingehe, gibt es auch die **psychischen Grenzen.** Hier spielt das Respektieren von Gefühlen eine sehr große Rolle. Im Kapitel → „So stärkst du dein Kind in seinen Gefühlen“ erfährst du mehr über dieses so wichtige Thema.

BITTE NICHT

Auch Ängste sind Grenzen. Bitte geh nie über Ängste deines Kindes hinweg. Dein Kind kann gut einschätzen, was es sich zutrauen kann und was nicht. Das heißt nicht, dass du es nicht bestärken darfst. Ein Nein in Bezug auf eine Angst solltest du aber unbedingt respektieren.

KINDER ERNST NEHMEN

Kinder ernst nehmen in den Gefühlen sowie ihre emotionalen Grenzen zu respektieren, stärkt Kinder in ihrer Selbstwahrnehmung. Ihre Gefühle sind okay und nicht falsch, sie dürfen existieren und ihre Grenzen werden gewahrt. Dies gibt ihnen emotionale Sicherheit und macht sie stark gegen Einflüsse von außen und Personen, die diese Grenzen nicht respektieren.

Dein Kind darf Nein sagen

Vermutlich steckt dein Kind gerade mitten in der Autonomiephase oder ist bald damit durch. Es hat das Wort Nein bereits für sich entdeckt. Gerade im Alter zwischen 2 und 5 Jahren ist es aus dem Wortschatz deines Kindes nicht wegzudenken. Das ist gut so, auch wenn es dich vielleicht schon das eine oder andere Mal zur Verzweiflung gebracht hat. Dein Kind lernt sich und seine Bedürfnisse wahrzunehmen und äußerst seinen Willen. Da ist ein Nein sehr schnell ausgesprochen, wenn etwas gegen seinen Willen passiert. Super! Starke Kinder sagen Nein, wenn sich etwas nicht gut anfühlt. Wie großartig ist es, dass dein Kind dies schon so gut spürt und ausdrücken kann! Dies ist ein sehr wichtiger Schritt in Richtung Eigenständigkeit.

Ein Nein ist ein klares Signal für andere. Du kannst es aussprechen, aber auch deutlich machen: durch Kopfschütteln, wegdrehen, umdrehen, Arme verschränken, wegschubsen.

Es gibt dabei keinen Spielraum und ein Nein muss immer akzeptiert werden – bis auf ganz wenige Ausnahmen. Handelt es sich um medizinisch relevante oder Gefahrensituationen, so steht deine Fürsorgepflicht über dem Nein deines Kindes. Allerdings solltest du das Nein dennoch nicht ignorieren, sondern mit deinem Kind zusammen gut anschauen. Manchmal gibt es Kompromisse, Alternativen oder andere Herangehensweisen, die es deinem Kind leichter machen.

„Nein, ich putze meine Zähne nicht!" ist auf Dauer zum Beispiel keine Option. Ihr könnt aber gemeinsam nach Wegen suchen, die das Zähneputzen für dein Kind leichter und attraktiver machen (eine Sanduhr zur Visualisierung der Zeit, eine Liedlänge lang putzen, dabei in den Spiegel schauen, die Zahnbürste in der Lieblingsfarbe, ein anderer Zeitplan, gemeinsames Zähneputzen und so weiter). Hier braucht dein Kind dich für eine klare Richtlinie. Du hörst das Nein und nimmst es ernst, insofern respektierst du es auch und versuchst, die Situation für dein Kind angenehmer zu machen. Ihr findet einen Kompromiss. Das lässt dein Kind das Gesicht wahren, es wurde wahrgenommen.

Du wirst also nicht immer auf das Nein deines Kindes eingehen können. Manche Folgen eines Neins kann es einfach noch nicht abschätzen. Wichtig ist, dass du deinem Kind immer vermittelst, dass es in seinen Sorgen und Nöten und seinem Nein gehört wird, dass du mitfühlst und es vielleicht sogar selbst doof findest, dass du ein Nein nicht akzeptieren kannst. Bleibe dabei aber trotzdem klar und bestimmt. Dein Kind geht in diesem Fall gerade durch eine sehr unangenehme Situation und braucht dich als klaren Kompass.

Dein Kind darf alles infrage stellen und für nicht gut befinden. Man kann über (fast) alles sprechen und Lösungen finden. Die mögen nicht immer im Sinne deines Kindes sein. Liebevoll begleitet kann es sie aber leichter akzeptieren.

Ein wichtiger Lernprozess ist auch, die Grenzen anderer wahrzunehmen und zu respektieren. Erkläre deinem Kind, warum du manchmal Ja, aber auch manchmal Nein sagst und welches Nein auch für dich definitiv nicht verhandelbar ist. Vermittle ihm die Bedeutung eines Neins, gerade, wenn ihr als Familie in einer Ja-Umgebung lebt.

WIE SCHAFFST DU EINE JA-UMGEBUNG?

Als Ja-Umgebung wird eine Atmosphäre und Umgebung bezeichnet, in der das Wort Nein sehr bewusst und reduziert eingesetzt wird. Denn wenn es zu oft fällt, kann seine Bedeutung und Wertigkeit verloren gehen. Dein Kind nimmt es irgendwann nicht mehr ernst. Eine Voraussetzung dafür ist, dass du deinem Kind auch die räumliche Möglichkeit bietest, in einer Ja-Umgebung groß zu werden. Räume also alles weg, was nicht von deinem Kind erreicht werden soll. Je weniger Möglichkeiten dein Kind hat, etwas zu tun, was du nicht möchtest, umso weniger musst du auch Nein sagen. Es liegt also mit in deiner Verantwortung, wie viele Neins überhaupt notwendig sind und welche sich von vornherein vermeiden lassen.

In vielen Situationen kannst du das Nein auch einfach weglassen und deinen Satz anders formulieren. Das Gleiche gilt für das Wort *nicht*. Eine Ja-Umgebung ist gleich viel positiver besetzt für dein Kind.

Statt „Nein, nicht die Schranktür aufmachen!" kannst du sagen „Lass die Tür bitte zu." Die Aussage ist die gleiche, obwohl du auf die beiden Worte *Nein* und *nicht* verzichtet hast. Dein Kind hat so außerdem eine echte Handlungsanweisung erhalten und kann diese gut umsetzen. Statt zu hören, was es nicht soll, hat es erfahren, was es tun soll. Bei komplexen Sätzen hören Kleinkinder sehr selektiv – ein *nicht* wird da oft herausgefiltert. Das ist keine böse Absicht, das ist schlicht dem Sprachverständnis geschuldet. Du erleichterst deinem Kind also das Verstehen UND schaffst eine positive Ja-Umgebung.

Verwende das Wort *Nein* nur in Situationen, in denen es dir wirklich wichtig ist. Besteht Gefahr für dein Kind, andere Personen, Tiere oder Dinge, ist ein klar ausgesprochenes Nein unabdingbar und wichtig für die Orientierung deines Kindes. An dieser Stelle braucht es deine klare Haltung. Überlege also gut, warum du Nein sagst – die Gründe können sehr individuell sein. Ein Nein, weil „man Dinge nicht tut", ist kein reflektiertes Nein.

IMPULS

Was würde passieren, wenn du in manchen Situationen einfach Ja sagen würdest? Bekommt dein Kind wirklich einen Eisbauch, wenn du ja zur zweiten Portion sagst, oder bekommt dein Kind aus Prinzip keine zweite Portion, weil eine ausreichend ist? (Sagt wer?) Oder ist es wirklich dein Wunsch und deine Überzeugung? Dann ist es stimmig und verbindlich.

Dein Kind lernt also von dir einen verantwortungsvollen Umgang mit dem Wort *Nein*. Es wird nur dann eingesetzt, wenn etwas (für dich) wirklich wichtig und notwendig ist, um eine Grenze aufzuzeigen oder eine Notsituation zu verhindern.

In vielen Situationen ist das Nein deines Kindes somit nicht verhandelbar und bietet einen wichtigen Schutz.

„Nein, das möchte ich nicht!" ist dabei ein sehr wichtiger Satz.

In diesen Situationen darf dein Kind immer Nein sagen:

Essen

Dein Kind ist satt und möchte nicht mehr essen oder Nahrungsmittel nicht probieren – okay, dann ist das so. Es ist wichtig, dass dein Kind lernt, sein Sättigungsgefühl selbst gut einzuschätzen und das geht nur so. Keine Angst, dein Kind holt sich schon, was es braucht. Auch wenn dein Kind mal eine Weile weniger, schlechter oder nur bestimmte Dinge essen mag, so schnell besteht kein Grund zur Sorge. Hält die Appetitlosigkeit länger an, kannst du eine Kinderarztpraxis konsultieren. Kinder aber haben oft Phasen, in denen sie weniger Hunger haben.

BITTE NICHT

Bestehe nicht darauf, dass dein Kind aufisst oder jedes Essen probieren muss, obwohl es das ablehnt. Wenn Essen mit Druck verbunden ist, kann dieser das Verhältnis deines Kindes zum Thema Essen nachhaltig beeinflussen und stören.

Kuscheln und Körperkontakte

Wenn dein Kind nicht kuscheln möchte oder anderweitigen Körperkontakt mit dir oder anderen Menschen ablehnt, so ist das eine der wichtigsten Situationen, in denen ein Nein deines Kindes nicht verhandelbar ist. „Mein Körper gehört mir!" ist hier eine wichtige Botschaft, die es aussendet. Einzig dein Kind entscheidet über seinen Körper, niemand sonst.

Wird diese Botschaft von Menschen, denen es vertraut und die es liebt, ignoriert, kann das fatale Folgen haben.

KÖRPERLICHE GRENZEN

Missachtung der körperliche Grenzen durch vertraute Personen vermittelt deinem Kind Folgendes: „Wenn mich diese Menschen, die ich liebe und denen ich vertraue, schon nicht ernst nehmen, so werden es Fremde erst recht nicht. Wenn diese Menschen über meinen Körper verfügen dürfen, dürfen es andere vermutlich auch. Wenn mein Nein nicht richtig ist, darf ich es auch nicht äußern“.

Körperliche Grenzen deines Kindes, die nicht übertreten werden dürfen:

- **Kuscheln**, wenn dein Kind nicht kuscheln möchte. Nicht immer hat dein Kind das Bedürfnis danach.
- **Der Begrüßungs- und Abschiedskuss, die Umarmung, der Handschlag**, wenn das Kind es nicht möchte. Egal von wem. Dazu zählen selbstverständlich auch die Eltern, die Großeltern, einfach alle. Einzig dein Kind darf bestimmen, mit wem es in Körperkontakt gehen möchte oder auch nicht. Das kann sich beim nächsten Besuch auch wieder ändern. Solange es das aber nicht tut, ist es zu akzeptieren. Sag bitte auch Oma und Opa, wie wichtig es ist, hier nicht grenzüberschreitend einzuwirken oder emotional zu erpressen: Sätze wie „Wenn du Oma keinen Kuss gibst, ist sie sehr traurig“ sollten nicht fallen.
- **Vermeintliche Spaßaktionen** wie kitzeln, hochheben oder toben. Äußert sich dein Kind, dass du aufhören sollst, so mach das bitte unbedingt. Ein „Nein!“, ein „Stopp!“, ein „Ich möchte das nicht (mehr)!“ – das alles sind starke Signale, die wie eine Schutzmauer wirken. Für dich ist es vielleicht nur Spaß, für dein Kind nicht. Machst du weiter, ignorierst du diese Schutzmauer. Wie soll dein

Kind lernen, dass es diese aufbauen kann, falls es nicht angefasst werden möchte, wenn sogar Mama oder Papa sie nicht ernst nehmen?

Aktivitäten

Möchte dein Kind nicht auf den Spielplatz, sondern lieber lesen? Gut. Wie toll, dass es eine Beschäftigung gefunden hat, die ihm Spaß macht. Deine Angst, dass dein Kind ein Stubenhocker werden könnte, ist verständlich, wenn es sich gar nicht nach draußen bewegen lässt. Dann solltest du dir Alternativen als Zusatzangebot überlegen. Über die Aktivitäten deines Kindes zu bestimmen und die Vorlieben und Interessen zu ignorieren oder nicht anzuerkennen ist übergriffig. Versucht gemeinsam eine ausgeglichene Freizeitbeschäftigung zu gestalten. Lesen kann man zum Beispiel auch draußen, wenn es dir um die frische Luft geht. Hast du zwei Kinder, die unterschiedliche Interessen haben, so versucht entweder mal das eine, mal das andere Interesse zu befriedigen oder versucht beides miteinander zu verbinden – dein aktives Kind spielt draußen Fußball, während es sich dein Lesekind unter einem Baum mit einem Buch gemütlich macht.

Sei ehrlich zu dir selbst – geht es dir um dein Kind oder um die Erfüllung deiner Wünsche? Möchtest du in den Wald und fändest es einfach nur schön, wenn dein Kind dabei wäre? Würde es dir gefallen, wenn dein Kind auch Fan deines Fußballvereines wäre? Dein Kind ist eine eigenständige Persönlichkeit mit eigenen Vorlieben und Interessen. Es darf Nein sagen, wenn es etwas nicht machen möchte.

So lernt dein Kind, Nein zu sagen

Stellt euch vor einen Spiegel und übe mit deinem Kind, laut Nein zu sagen. Probiert mehrere Stimmlagen aus (laut, leise, sehr laut, sehr leise, piepsig, schrill) und überlegt gemeinsam, welches Nein wohl am besten gehört wird. Überlegt euch Szenarien und Situationen, wo welches Nein am meisten Wirkung zeigen wird. Auf dem Sportplatz wird ein lauteres Nein eher gehört, im Gruppenraum während der Mittagsruhe ein leiseres. Nimm diese verschiedenen Neins gerne auf und hört sie später wieder ab. Wie klingen diese Neins nach einer gewissen Zeit? Hat sich etwas verändert?

Übt das Neinsagen und lass dein Kind seinen Körper dabei einsetzen. Arme in die Hüfte, geradestehen, Kinn nach vorne – so fühlt sich ein Nein viel kräftiger und deutlicher an als eines, das zusammengesunken auf dem Stuhl ausgesprochen wird.

Ermutige dein Kind, die Hand zu heben und die Handfläche wie ein Schutzschild zu verwenden. Diese Handbewegung bedeutet STOPP! Bis hierhin und nicht weiter.

Bestärke dein Kind, dass es Nein sagen darf, wenn andere etwas machen, was es nicht möchte. Je sicherer dein Kind Nein sagen kann, desto höher ist die Wahrscheinlichkeit, dass es dies auch tut, wenn eine entsprechende Situation eintritt.

Übe mit deinem Kind nicht nur das Wort *Nein*, sondern ganze Sätze, welche es sagen kann, wenn es etwas nicht möchte.

- „Lass mich in Ruhe!"
- „Lass das liegen."
- „Stopp! Ich möchte das nicht!"
- „Hör auf damit!"
- „Es reicht mir!"

Ermutige dein Kind, sich Hilfe zu holen, wenn es aus einer Situation allein nicht herauskommt und ein Nein oder die oben genannten Sätze nicht die erwünschte Reaktion zeigen. Ist ein Kind in Not, dann

„petzt“ es nicht, wenn es sich Hilfe von einem Erwachsenen (Eltern, Fachkräfte in der Kita, andere Erwachsene in der Nähe) holt. Im Gegenteil. Es ist ziemlich stark, Hilfe einzufordern!

Nehmt auch hier Bilderbücher zur Hilfe.

Wenn Grenzen überschritten wurden

Ein Thema, vor dem sehr viele Eltern große Angst haben, ist der sexuelle Missbrauch ihres Kindes. Laut Kriminalstatistik sind im Jahr 2021 17498 Fälle polizeilich erfasst worden. Ein Albtraum für alle Mütter und Väter. Sexuelle Missbräuche finden vorwiegend an Kindern ab 6 Jahren statt, sie geschehen aber auch schon im Baby- und Kleinkindalter. Täter*innen finden wir sowohl im häuslichen Umfeld, als auch in der Kita oder außerhalb. Je kleiner das Kind und je kleiner der Bewegungsradius ist, in dem es sich ohne Bezugsperson aufhält, desto höher die Wahrscheinlichkeit, dass der Täter oder die Täterin bekannt und vertraut ist.

Kinder unter 6 Jahren werden sexuellen Missbrauch kaum als solchen benennen können. Sie wissen aber instinktiv, dass etwas „nicht richtig“ ist.

Oft spielen Täter*innen mit Macht und Drohungen. Sätze wie „Es wird etwas ganz Schlimmes passieren, wenn du Mama oder Papa davon erzählst“ sind nicht selten eine Einschüchterungsmethode.

Du kannst dein Kind in dieser Hinsicht stark machen, indem ...

- du ein Nein, wie bereits beschrieben, akzeptierst und respektierst.
- dein Kind seinen Körper kennt und alle Körperstellen klar benennen kann.
- es altersentsprechend aufgeklärt ist.
- du auf alte Stereotype verzichtest („Ein Junge weint doch nicht“, „Mädchen müssen immer brav/angepasst sein“). Kinder, die sich nicht trauen, ihre Gefühle gerade in einer Gefahrensituation laut zu benennen und sich anzuvertrauen, sind leichte Opfer.
- du mit ihm kindgerecht über mögliche Gefahren sprichst und es weiß, dass es nie mit Fremden mitgehen darf, nie zu Fremden ins Auto steigen darf oder Fremden niemals seinen Namen oder seinen Wohnort verraten soll. (Täter*innen wirken vertraut, wenn sie dein Kind mit dem Namen ansprechen. Bitte vermeide deshalb ebenfalls gut sichtbare Namensnennung auf Kita-Tasche oder Rucksack.)
- du entsprechende Bilderbücher mit ihm anschaust (Empfehlungen findest du in diesem Buch) und es kindgerecht sensibel für die Themen „Körper“ und „Körperlichkeit“ machst.
- dein Kind bestärkst, sich dir anzuvertrauen, egal worum es geht, auch wenn es etwas Verbotenes getan hat. Es sollte keine Angst vor einer möglichen Strafe haben müssen und sich aus diesem Grunde nicht trauen.

- du ihm glaubst. Kinder können eine rege Fantasie haben, erfinden aber in der Regel keinen sexuellen Missbrauch. Auch wenn nichts Derartiges vorgefallen ist, ist manchmal zum Beispiel die Wickeltechnik einer pädagogischen Fachkraft in der Kita ihm unangenehm. Auch dann braucht es Hilfe. Es vertraut dir und vertraut sich dir an. Nimmst du es nicht ernst oder wiegelst es ab („Das würde XY niemals machen!") verliert es dieses Vertrauen – und erzählt dir im schlechtesten Falle nichts mehr.
- du seine Grenzen und seine Privatsphäre respektierst.
- deine Grenzen klar artikulierst und vorlebst, dass du welche hast und wie wichtig sie sind.
- du, wenn dein Kind schon allein Wege bestreiten darf, die Wege mit ihm abgehst und sogenannte Notinseln definierst. Das sind in der Regel belebte Orte wie ein Bäcker etc., bei denen sich dein Kind Hilfe holen kann, wenn es sich unwohl fühlt.

Das kannst du tun, wenn du das Gefühl hast, es ist etwas passiert:

- Bedränge dein Kind nicht. Hör ihm zu, schenke ihm Glauben, aber sei nicht zu forsch, auch wenn du gerne mehr hören möchtest. Überfordere dein Kind nicht.
- Nimm es aus der Situation. (Es muss da nicht mehr hin.)
- Beobachte dein Kind. Es gibt Hinweise, die auf einen sexuellen Missbrauch hinweisen können, aber nicht müssen. Beispiele: das Kind nässt wieder ein, ist ängstlicher, möchte nicht mehr zu einer bestimmten Person, weint viel, zieht sich zurück, möchte nicht mehr angefasst werden.
- Versichere deinem Kind, dass es selbst nichts falsch gemacht hat. Niemand darf ihm wehtun oder Dinge machen, die es nicht möchte!
- Hole dir Hilfe in einer Beratungsstelle. Adressen findest du hier im Buch im Kapitel → „Starke Adressen". Du und dein Kind, ihr müsst da nicht allein durch.
- Erstatte Anzeige. Die Ermittlungsbehörden nehmen die Arbeit auf.

Wird dein Kind älter und irgendwann auch allein im Internet unterwegs sein, so bereite es auch altersentsprechend, aber ehrlich auf die Gefahren aus dem Netz vor.

Es geht nie darum, Kindern Angst zu machen. Es geht immer darum, sie zu sensibilisieren, um sie aufmerksam für potenzielle Gefahren zu machen und sie somit zu schützen, so gut es geht.

Nimm gerne auch die Kita mit ins Boot und tausche dich aus, welche präventiven Programme dort stattfinden. Jede Kita hat ein eigenes Schutzkonzept, in dem zum Beispiel geregelt wird, wie gewickelt wird, wie man mit einem Verdachtsfall in der Kita umgeht und so weiter. Manche präventiven Programme setzen sich nicht nur mit dem Thema „sexuelle Gewalt“ auseinander, sondern beinhalten auch das Neinsagen, körperliche Gewalt und so weiter. (Beispiele: Die starke Kinder Kiste, Papilio, Faustlos/Fäustling)

STARK IN DER FAMILIE, STARK IM SOZIALEN UMFELD

Die erste soziale Umgebung, welche dein Kind kennenlernt, ist die Familie. Dabei geht es gar nicht nur um die klassische Kernfamilie, sondern um die Gemeinschaft, in der dein Kind groß wird. Das können Mama und Papa, Mama und Mama, Papa und Papa oder auch du als Mama oder du als Papa sein. Mit Geschwisterkindern oder ohne. Mehrgenerationenhaushalte oder Wohngemeinschaften. Je größer die Familie ist, desto größer und vielfältiger auch die unterschiedlichen Einflüsse, denen dein Kind ausgesetzt ist. Das soziale Umfeld außerhalb der Familie spielt ebenfalls eine Rolle. Auch hier gibt es stärkende Einflüsse.

Familie und das soziale Umfeld prägen, egal in welcher Familienkonstellation dein Kind aufwächst. Für dich als Elternteil ist es wichtig zu wissen, wie Familie und das soziale Umfeld dein Kind stärken können.

Das macht deine starke Familie aus

FAMILIE …

- ist erstmal eine Gruppe von Menschen, die miteinander verbunden sind.
- Familie kann also die klassische Mutter-Vater-Kind(er)-Beziehung sein oder eine völlig andere Zusammensetzung haben.
- Familie bedeutet nicht nur Blutsverwandtschaft; Familie kann auch durch An-Heirat oder Adoption entstehen.
- Die politische Definition lautet, dass eine Familie aus mindestens zwei Generationen besteht. Das ist durch ein Elternteil mit einem Kind bereits erfüllt.
- Familie aber kann so viel mehr sein. Auch Freund*innen können sich wie Familie anfühlen. Dass sie formal nicht dazugehören, macht für ein Kind keinen Unterschied.

Folgende Punkte helfen dir, herauszufinden, wie stark deine Familie ist. Überlege dir, ob sie auf deine Familie zutreffen, und mache dir dazu Notizen. Wenn du magst, beziehe andere Familienmitglieder (deine*n Partner*in, Geschwister …) mit ein. Wenn ihr an einigen Punkten noch Luft nach oben seht, dann versucht, euren Umgang miteinander dahingehend zu ändern. Stück für Stück werdet ihr alle davon profitieren.

Die Mitglieder einer starken Familie …

… teilen gemeinsame Werte.

- Habt ihr als Familie gemeinsame Werte? Kannst du sie benennen? Haben alle Familienmitglieder die gleichen Werte oder gibt es Abweichungen? Sprich mit deiner Familie darüber! Schreibt eure einzelnen Werte auf und filtert die Gemeinsamkeiten heraus. Vielleicht findet ihr gemeinsam neue Werte, die zu euch als Familie passen. Ist dein Kind noch zu klein, besprich das mit allen Menschen, die für dich zur engsten Familie gehören. Unterschiedliche Wertevorstellungen innerhalb eines Systems (Familie, Kita ...) sind für Kinder sehr verwirrend.

- Werte können zum Beispiel sein: Liebe, Ehrlichkeit, Wertschätzung, Respekt, Toleranz, Fairness, Zuverlässigkeit und viele mehr.

... kommunizieren offen miteinander.

- Könnt ihr offen und ehrlich miteinander kommunizieren? Gibt es Tabuthemen, die nicht angesprochen werden können? Geheimnisse und Privatsphäre haben damit nichts zu tun, sie sind okay und wichtig. Gibt es aber Ängste und Hemmungen, manche Themen anzusprechen, solltest du in deiner Familie daran arbeiten, dass alle Themen einen Platz haben dürfen. Vielleicht ist dir das bewusst, vielleicht auch nicht. Sei ehrlich zu dir selbst: Wie fühlt sich dieser Punkt gerade für dich an? Welche Themen fallen dir besonders schwer oder würdest du gerne vermeiden? Wie gehst du damit um, wenn dein Kind darüber sprechen möchte?

... sind ehrlich zueinander.

- Das hängt stark mit der offenen Kommunikation zusammen. Wie wichtig ist euch Ehrlichkeit? Gibt es Heimlichkeiten? Verschweigt ihr bewusst Themen oder klammert ihr sie aus? Sind Lügen vielleicht sogar immer wieder ein Problem bei euch? Findet durch Gespräche heraus, wie wichtig Ehrlichkeit in eurer Familie ist und wie sie gelebt wird. Gibt es Sanktionen bei bestimmten Themen, die dein Kind davon abhalten können, ehrlich zu sein?
- Kinder können mit ehrlichen und klaren Ansagen gut umgehen. Wenn es dir nicht gut geht und du nicht mit deinem Kind spielen möchtest, sag es ihm! So lernt es, Rücksicht auf andere zu nehmen. Das gelingt bei einem sechsjährigen Kind natürlich besser als bei einem zweijährigen. Aber egal in welchem Alter dein Kind ist, es nimmt dich als Vorbild wahr und lernt von dir, ebenfalls klar und ehrlich zu kommunizieren und für seine Bedürfnisse einzustehen.

… wertschätzen einander.

- Wie geht ihr miteinander um? Wie ist der Ton untereinander? Schätzt ihr euch gegenseitig; also achtet ihr euch und die Bedürfnisse eines jeden Einzelnen? Und: Haben alle Bedürfnisse den gleichen Stellenwert, also auch die Bedürfnisse deines Kleinkindes/Kita-Kindes im Vergleich zu denen der Erwachsenen?
- Versetze dich immer wieder in die Perspektive deines Kindes und hinterfrage dich, ob du so behandelt werden möchtest bzw. ob du einen anderen Erwachsenen so behandeln würdest. Lautet die Antwort Nein, ist dein Umgang auch für dein Kind nicht wertschätzend.

… halten zusammen.

- Eine*r für alle, alle für eine*n? Oder macht jede*r sein oder ihr eigenes Ding? Seid ihr füreinander da? Könnt ihr euch aufeinander verlassen? Was bedeutet Zusammenhalt ganz individuell für eure Familie?

… schätzen Gemeinsamkeiten, geben einander aber Raum für Individuelles.

- Gemeinsamkeiten sind schön und wichtig. Kinder erinnern sich oft noch Jahre später daran. Dabei muss es sich nicht um große Events wie ein Besuch in einem Freizeitpark handeln. Ein gemeinsames Erlebnis kann auch eine Fahrradtour, ein Waldspaziergang, eine gemeinsame Aktion zu Hause (Spieleabend, Zimmer umräumen, gemeinsam kochen) sein.
- Gleichzeitig aber sollte jedes Familienmitglied auch den Raum haben, sich individuell bewegen und entwickeln zu können. Das heißt konkret: Es gibt Zeit und Raum für eigene Hobbys und Vorlieben, für Rückzugsmöglichkeiten und private, persönliche Zeit und die Privatsphäre wird respektiert.

… respektieren Grenzen.

- Menschen haben individuelle Grenzen. Diese gilt es immer zu wahren. Grundvoraussetzung ist dabei jedoch, dass andere diese Grenzen auch kennen. Kennst du die Grenzen deines Kindes/ deiner Partnerperson? Kennst du überhaupt deine eigenen Grenzen? Wie respektiert ihr die Grenzen von anderen Familienmitgliedern? Werden auch die Grenzen der Kinder respektiert (darunter fällt auch die Privatsphäre) oder nur die der Erwachsenen? Sprecht ihr darüber?

… gehen achtsam miteinander um.

- Das hängt sehr mit der Wertschätzung zusammen. Wie achtsam geht ihr miteinander um? Wie achtet ihr euch gegenseitig? Achtest du dich selbst und kannst somit ein gutes Vorbild für dein Kind sein? Achtsamkeit bedeutet auch, behutsam mit den Bedürfnissen der anderen umzugehen und jede*n Einzelne*n gut im Blick zu haben.

… sehen die Bedürfnisse aller, respektieren sie und nehmen sie ernst.

- Alle Bedürfnisse sind wichtig. Nicht immer ist es möglich, allen Bedürfnissen gleichermaßen sofort den gleichen Raum zu geben. Manche Bedürfnisse müssen auch mal hintenanstehen, weil ein Familienmitglied ein Bedürfnis hat, das nicht aufgeschoben werden kann (Baby hat Hunger und muss sofort gefüttert werden vs. älteres Kind möchte einen Nachmittagssnack). Wenn dein Kind gelernt hat, dass seine Bedürfnisse grundsätzlich gesehen und ernst genommen werden, so kann es auch mal warten – es vertraut dir, dass das Bedürfnis wahrgenommen wurde. Manchmal stehen sich Bedürfnisse gegenüber – dein Kind möchte laut singen, du aber hast furchtbare Kopfschmerzen und möchtest deine Ruhe. Da das Bedürfnis deines Kindes nicht zwangsläufig an erster Stelle steht, versucht einen Kompromiss zu finden. Dieser könnte sein: Bitte dein Kind, in einem anderen Raum oder leise zu singen. Dein Kind wird also gesehen, ernst genommen in dem was es möchte und braucht, und trotzdem wird auch deinem Bedürfnis nach Ruhe entgegengekommen. Kommuniziere klar und deutlich dein Bedürfnis und erkläre deinem Kind, wie es dir geht.

WICHTIG
Echte Empathie können Kinder erst ab etwa 4 Jahren entwickeln.

Rituale und Impulse für deine starke Familie

Rituale sind feste Anker in der Familie und im Alltag. Deinem Kind geben sie Sicherheit und Geborgenheit. Wiederkehrende Rituale bedeuten eine Verlässlichkeit für dein Kind, es kann darauf darauf vertrauen. Außerdem stärken sie das Wir-Gefühl innerhalb der Familie und dein Kind in seinem So-Sein. Schau einmal auf eure Familie. Wo gibt es Rituale, wo wünscht ihr euch welche?

Rituale sollten zwar wiederkehrend sein, sind jedoch nicht in Stein gemeißelt. Sie können sich durchaus verändern und werden dies auch tun – mit dem Alter der Kinder zum Beispiel zwangsläufig.

Manche Rituale entstehen und ergeben sich einfach so, andere führt ihr bewusst ein. Stellst du allerdings fest, dass Rituale nicht mehr passen, so verändere sie. Besprecht sie im Familienkreis und überlegt euch, was ihr damit macht. Ihr könnt sie anpassen oder ganz streichen.

Mögliche Rituale sind:

- Gemeinsame Mahlzeiten. Ist dies mehrfach täglich beispielsweise aufgrund von Schichtzeiten nicht möglich, versucht zum Beispiel ein gemeinsames Sonntagsfrühstück.

- Einschlafbegleitung mit wiederkehrenden Ritualen wie: Gute-Nacht-Geschichte oder Hörbuch, „Was war heute gut?"/„Wie war dein Tag?"-Gespräch mit Reflektion des Tages vor dem Einschlafen, Kuscheltiere bereitlegen, Gute-Nacht-Kuss oder Umarmung, Gute-Nacht-Lied ...
- Kuschelrunde vor dem Aufstehen
- Mama-Kind- oder Papa-Kind-Tage oder -Nachmittage
- Frühstücksrituale wie gemeinsames Tischdecken, einen schönen Tag wünschen, erzählen was heute so ansteht und so weiter.
- gemeinsame Freizeitaktivitäten
- Abholrituale aus der Kita – schnell anziehen und los, vom Kita-Alltag erzählen lassen und so weiter.
- Wochenendrituale (ihr frühstückt am Sonntag immer im Schlafanzug, Papa macht das Frühstück ...)
- ein Aufräumlied
- gemeinsame Spielzeiten
- Alltagsrituale wie ein Winken, ein Kuss oder eine Umarmung zum Abschied (Nur, wenn es alle auch mögen!)
- ein Familientisch oder eine liebevoll gestaltete Ecke, in der jeder Dinge zeigen und für eine Weile für alle sichtbar ablegen darf, die einem wichtig sind – ein gemaltes Bild, ein Foto und so weiter
- eure eigenen, ganz individuellen Rituale

WICHTIG

Rituale müssen zu deiner Familie passen. Tun sie das nicht, so sind sie aufgesetzt, fühlen sich falsch an und haben keine Bedeutung.

Einflüsse von anderen

Nicht immer kannst du alles steuern. Dein Kind ist vielen Einflüssen von außen ausgesetzt und muss lernen, sich dabei zu behaupten. Im Umgang mit anderen Kindern wird dein Kind das lernen, sobald es

Kontakt hat. Im Umgang mit Erwachsenen wird es da schon schwieriger, sich als Kind zu behaupten.

EUER SOZIALES UMFELD

Unter sozialem Umfeld verstehen wir die Menschen, die regelmäßig mit deinem Kind Kontakt haben. Soziale Einrichtungen fallen ebenfalls darunter, werden aber im Kapitel → „Stark in der Kita“ gesondert betrachtet. Gemeint sind hier also in erster Linie alle Personen außerhalb eurer Kernfamilie. Großeltern, Onkel und Tanten, Freund*innen und Bekannte, Nachbar*innen und alle, denen dein Kind regelmäßig begegnet. Jeder soziale Kontakt kann eine Vorbildfunktion einnehmen. Je häufiger dein Kind also mit einer Person Kontakt hat, desto mehr kann es im positiven Fall von ihr lernen oder deren Verhalten übernehmen.

Was kannst du also tun, wenn Außenstehende sprachlich oder auch mit Taten dein Kind schwächen und nicht stärken?

Sätze wie „Das musst du noch nicht wissen!“, „Frag doch nicht so dumm!“ oder auch „Das ist nichts für Mädchen/Jungen!“ wirst du vermutlich nicht selbst sagen, hast sie aber von anderen schon gehört.

Ganz klar: Du kannst andere nicht erziehen und ihnen vorschreiben, wie sie mit deinem Kind umzugehen haben. Oft fehlt das Bewusstsein dafür, was solche Sätze bei einem Kind anrichten können. Es steckt also selten eine böse Absicht dahinter, sondern reine Unwissenheit. Das macht es trotzdem im Ergebnis nicht besser. Es gibt aber Möglichkeiten und Strategien für solche Fälle:

Gehe ins Gespräch

Erkläre den Betroffenen, warum du nicht möchtest, dass sie so mit deinem Kind sprechen. Lade sie ein, mehr darüber zu erfahren, wie ein entsprechendes Verhalten Kinder schwächen und was für Auswirkungen es auf ihr Selbstbewusstsein haben kann. Sie können mehr erfahren von dir, über Literatur und über Medien, die sie nutzen. Je wertfreier und ohne Anklage dir das gelingt, desto offener wird das Ohr des Gegenübers für dein Anliegen.

Handelt es sich um eine einmalige Sache oder geht es um eine Person, die du nicht oft siehst, musst du nicht gleich in die Vollen gehen. Dein Kind ist durch dich so stark, dass einmalige Bemerkungen nichts an den Grundfesten ändern.

Handelt es sich aber um eine dir wichtige Person und stellt sie sich komplett stur und ignoriert deine Bitte, so hast du natürlich immer die Möglichkeit, Treffen nicht mehr zu gewähren. Je nachdem, wer diese Person aber ist, ist das oft nicht praktikabel oder von dir in diesem Ausmaß auch nicht gewünscht.

Bitte in diesem Falle um ein persönliches Gespräch, das nicht zwischen Tür und Angel stattfindet, sondern in einem Ambiente, das zum Verweilen einlädt. Schaffe eine gute Gesprächsgrundlage. Formuliere erneut mit dem Nachdruck, wie wichtig es dir ist, dass so nicht mit deinem Kind gesprochen wird, dass du gewisses Verhalten deinem Kind gegenüber sehr kritisch siehst und dass du das nicht möchtest. Teile mit, dass dein Kind solche Sprüche nicht gewohnt ist und damit auch nichts anfangen kann. Eventuell läuft die Person auch Gefahr, vom Kind abgelehnt zu werden – wer möchte schon dauerhaft erniedrigt werden?

Ermögliche Perspektivenwechsel

Oft hilft ein Perspektivenwechsel, den du anstoßen kannst. Wie würde sich diese Person fühlen, wenn du ihr Dinge nicht zutraust? Oder du eine Leistung von vornherein herabwürdigst oder erst gar nicht ernst nimmst?: „Marie, du möchtest zehn Kilo abnehmen? Schaffst du eh nicht!“

Vermutlich wird es viel zum Verständnis beitragen, wenn du Situationen auf die Erwachsenenebene hebst. Bringt das alles nichts und du möchtest den Kontakt trotzdem nicht minimieren, so solltest du den Fokus absolut auf dein Kind legen. So oder so solltest du mit deinem Kind in Kontakt sein und mit ihm über die Situationen sprechen, sollten sie öfters vorkommen: „Oma hat heute nur gesehen, was du nicht konntest und dich mit deiner Cousine verglichen. Das hat dich ziemlich traurig gemacht. Lass uns beide gemeinsam mal aufzählen, was du aber schon alles kannst! Schau, das ist eine ganze Menge. Wir erzählen Oma beim nächsten Mal davon."

Es ist ein schmaler Grat, die andere Person nicht zu schmälern oder als völlig unwissend hinzustellen und trotzdem deinem Kind zu vermitteln, dass die gefallenen Sätze nicht okay waren. Je älter dein Kind ist, desto ehrlicher darfst du sein: „Es tut mir leid, dass Onkel Jens dich heute gekränkt hat. Ich verstehe, dass dich das verletzt hat. Auch Erwachsene sagen manchmal Dinge, die nicht in Ordnung sind. Du weißt, dass wir eine andere Meinung dazu haben."

Sei ein gutes Vorbild

Wenn dein soziales Umfeld erlebt und mitbekommt, wie du mit deinem Kind umgehst, wird es dieses Verhalten im besten Falle irgendwann übernehmen oder zumindest wird die Hemmschwelle höher, komplett anders mit deinem Kind umzugehen.

Sei konsequent

Dein Kind, deine Regeln. Andere Menschen müssen deine Art, dein Kind zu begleiten, nicht gut finden, sie müssen sie aber respektieren. Du bist Expert*in für dein Kind.

WENN DAS UMFELD ZUR GEFAHR WIRD

Es gibt auch Familiensituationen oder Einflüsse von außen in die Familie, die ein Kind eher schwächen als stärken. Insbesondere wenn Gewalt und Machtmissbrauch im Spiel sind. Falls das bei dir der Fall sein sollte: Im Kapitel → „Starke Adressen" findest du Kontakte, an die du dich wenden kannst.

STARK DURCH BINDUNG UND BEZIEHUNG

Du hast dich entschieden, dein Kind bindungs- und bedürfnisorientiert zu begleiten und alte Strukturen und Erziehungsmethoden hinter dir zu lassen. Das ist wunderbar. Dir ist es wichtig, dein Kind liebevoll und wertschätzend aufwachsen zu sehen und du agierst dabei ohne Macht, Gewalt und andere hierarchische Elemente in deinem Umgang mit deinem Kind. All das ist eine großartige Basis, um dein Kind zu stärken.

Die erste Bindung entsteht bereits direkt nach der Geburt. Diese kann aber auch später (bei adoptierten Kindern) oder selbstverständlich auch mit Personen geschehen, die das Kind nicht geboren haben (anderes Elternteil/Patchworkfamilie ...).

Du bist mit deinem Kind in Beziehung, das heißt, du bist nah dran an deinem Kind, kennst es gut und kannst einschätzen, welche Herausforderungen es überfordern würden oder mit welchen es gut umgehen kann. Du hast ein Gespür dafür, was du deinem Kind zumuten kannst und wann du es überfordern würdest. Gelingt dir das nicht immer, so ist das nicht schlimm: Du bist keine Maschine und dein Kind entwickelt sich im eigenen Tempo. Du gehst mit deinem Kind aber *in Beziehung* und nimmst es in allen Facetten wahr und ganz wichtig: ernst.

Das beginnt im Babyalter, wenn du dein Kind nicht schreien lässt, sondern das Bedürfnis nach Nähe wahrnimmst und es ihm auch erfüllst. Dir ist bewusst, dass man ein Baby nicht verwöhnen kann, sondern maximal die Bedürfnisse befriedigt, und so eine sichere Bindung entstehen kann.

Du siehst dein Kind nicht als „Befehlsempfänger*in" oder als kleines Wesen, das bedingungslos gehorchen muss, sondern siehst es mit dir auf Augenhöhe. Augenhöhe bedeutet hier nicht, dass ihr in allem gleichzusetzen seid – du bist immer noch die oder der Erwachsene und führst dein Kind. Das ist wichtig und das braucht dein Kind auch. Führung bedeutet aber nicht, dass du deine Position als ältere und erfahrene Person ausnutzt und dieses Ungleichgewicht dein Kind spüren lässt. Führung bedeutet, dass du dein Kind leitest, begleitest und anleitest, eine sichere und verlässliche Orientierung bietest und dass sich dein Kind immer auf dich verlassen kann.

Dein Kind auf Augenhöhe zu begleiten bedeutet, es ist *gleich viel wert* in all seinen Bedürfnissen und Belangen. Du zollst ihm den gleichen Respekt, den du dir auch umgekehrt wünschst. In eurer Familie ist jedes Familienmitglied gleich wichtig. Du respektierst dein Kind in seiner Persönlichkeit und gestehst ihm eine freie Entwicklung zu. Du begleitest es dabei – du ziehst nicht an ihm.

Eine solche Begleitung macht dein Kind stark. Es darf sich ausprobieren und weiß um den Rückhalt seiner wichtigsten Bezugspersonen. Es wird bedingungslos geliebt, das heißt, deine Liebe und deine Anerkennung sind nicht von einem bestimmten Verhalten abhängig. Es muss nicht funktionieren, um geliebt zu werden. Allein dieses Wissen und das damit verbundene gute Gefühl stärken dein Kind sehr und sind eine gute Grundlage für ein selbstbestimmtes Leben.

Vielleicht warst du am Anfang deiner Elternschaft noch verunsichert und hast dich durch andere Erziehungsstile oder Einflüsse von außen beeinflussen lassen. Dann sei nicht zu streng mit dir, denn ich habe eine gute Nachricht: Du bist jetzt bereit, dich auf einen neuen, bindungsorientierten Weg einzulassen und das ist toll. Und nicht zu spät.

So lernst du zugewandtes Zumuten

Die Autorin und Pädagogin Inke Hummel prägte den Begriff des *Zugewandten Zumutens,* den ich ebenfalls gerne verwende.

„Dein Kind schafft das!“ ist dabei ein sehr wichtiger Satz. Vertraue deinem Kind in seinen Stärken und mute ihm durchaus etwas zu – fürsorglich und liebevoll darfst du es ruhig auch etwas anstupsen. Wichtig ist dabei immer, dein Kind nicht zu überfordern oder Dinge von ihm zu verlangen, von denen du weißt, dass es sie nicht oder nur unter belastenden Umständen (Scham, Angst) erreichen kann. Die Bitte, etwas vor Publikum zu tun, wäre hier ein Beispiel. Ein Kind aufzufordern, einen Tanz aus der Kita bei der Familienfeier aufzuführen, kann ein Kind mit Stolz erfüllen – aber auch in große Not bringen, wenn es das nicht möchte, sich nicht zutraut oder keine Lust dazu hat.

Je mehr du deinem Kind zutraust, umso mehr traut es sich selbst zu. Je weniger du deinem Kind zutraust, umso weniger traut es sich selbst zu.

Im Folgenden mache ich dir an einigen Beispielen deutlich, wie zugewandtes Zumuten aussehen kann und was motivierendes von demotivierendem Verhalten unterscheidet:

Motiviere dein Kind

ALISA UND DAS FAHRRAD

Alisa (3 Jahre) stürzt wiederholt mit ihrem kleinen Fahrrad. Es will und will einfach nicht klappen, dass sie eine längere Strecke allein fährt, ohne umzufallen.

So wird Alisa motiviert:

„Versuch es gleich nochmal!"

Alisa wird angespornt, nicht aufzugeben. Ihre Eltern glauben, dass sie es schaffen kann, und teilen ihr das auch mit. Das stärkt ihr Vertrauen in ihre Fähigkeit und motiviert, weiterzumachen.

So wird Alisa demotiviert:

„Das schaffst du eh nicht!" oder „Du bist noch viel zu klein dafür!"

Alisa wird das Gefühl vermittelt, dass sie sich anstrengen kann, wie sie möchte, es wird sowieso nicht funktionieren. Ihre Eltern glauben nicht daran, dass sie es schaffen kann. Ihr Selbstwertgefühl erhält einen ziemlichen Dämpfer.

FRIEDA UND DAS KLETTERGERÜST

Frieda (5 Jahre) steht auf der Hälfte des Klettergerüstes. Sie traut sich nicht, ganz nach oben zu klettern.

So wird Frieda motiviert:

„Halte dich gut fest!" oder „Wir stehen unten und sind da."

Friedas Eltern glauben, dass sie es bis nach oben schaffen kann. Um ihr mehr Sicherheit zu vermitteln, geben sie ihr gute Tipps mit an die Hand. Sollte sie fallen, sind ihre Eltern da, um sie aufzufangen – sie gehen aber nicht mit aufs Klettergerüst, sondern trauen ihr zu, allein bis nach oben zu kommen. Im Fall der Fälle aber stehen sie als Schutznetz parat.

So wird Frieda demotiviert:

„Du fällst gleich herunter!"

Frieda wird das Gefühl vermittelt, dass sie sich in Gefahr befindet. Nach oben zu klettern kann bedeuten, herunterzufallen, die Gefahr ist so präsent, dass ihre Eltern es extra erwähnen. Ihr wird nicht zugetraut, es bis nach oben zu schaffen, ohne zu fallen. Ihre Unsicherheit wird verstärkt durch die Fokussierung auf das, was im schlimmsten Fall passieren kann. Ihr Selbstbewusstsein sinkt.

JASON UND DAS BALANCIEREN

Jason (6 Jahre) balanciert im Wald auf einem rutschigen Ast. Er ist sich keiner Gefahr bewusst, sein Vater ist mit dabei und erkennt eine mögliche Gefahrenquelle.

So wird Jason motiviert:

„Pass auf, hier ist es glatt."

Jason wird sachlich eine Beobachtung mitgeteilt. Ihm wird dennoch zugetraut, über den Stamm zu balancieren, trotz des Wissens, dass es rutschig sein könnte. Mit dieser Information kann er seine Technik verändern und besser auf den Weg achten. Er kann auch nicht mehr balancieren – es ist seine selbstbestimmte Entscheidung.

So wird Jason demotiviert:

„Du wirst dir gleich wehtun!"

Hier wird vorausgesetzt, dass Jason fallen wird – ihm wird NICHT zugetraut, dass er auf einem rutschigen Stamm balancieren kann. Es handelt sich hier nicht um eine reine Information, sondern um eine Erwartung – es wird nicht davon ausgegangen, dass er es unfallfrei schaffen kann.

PAUL UND DIE HOHE MAUER

Paul (4 Jahre) möchte unbedingt auf eine hohe Mauer klettern. In einem unbeobachteten Moment hätte er es fast geschafft. Seine Eltern sind jedoch der Meinung, dass diese Mauer definitiv noch zu gefährlich für ihn ist.

So wird Paul motiviert:

„Das ist gefährlich, weil ..."

Es folgt eine kindgerechte Begründung und Erläuterung der Gefahr. „Die Mauer ist viel zu hoch, ich kann dich nicht halten, wenn du allein oben bist. Ich habe Sorge, dass ich dich nicht richtig beschützen kann. Ich kann verstehen, wenn du jetzt traurig bist. Lass uns bitte eine andere Mauer finden, auf die du klettern kannst."

Mit Paul wird sachlich gesprochen, es wird ihm erklärt, warum er diese Mauer nicht hochklettern darf und eigene Befürchtungen werden geäußert. Er darf nicht hochklettern, wird aber ernst genommen und es werden ihm Alternativen angeboten. Der Wunsch nach Klettern wird erfüllt werden, allerdings auf einer anderen Mauer.

So wird Paul demotiviert:

„Geh da weg!" (ohne Begründung)

Paul weiß nicht, warum er nicht klettern darf. Niemand hält es für nötig, ihm eine Erklärung zu liefern, es wird einfach über seinen Kopf bestimmt, dass er das nicht darf – wie gemein. Es werden ihm keine Alternativen angeboten, seine Bedürfnisse und seine Gefühle wie Trauer darüber interessieren nicht. Er wird nicht ernst genommen.

ANNIKA UND DIE SELBSTSTÄNDIGKEIT

Annika (2 Jahre) möchte wie ihre große Schwester Lina alles selbst machen. Vieles gelingt jedoch noch nicht so, wie Annika es sich vorstellt.

So wird Annika motiviert:

„Wir versuchen es gemeinsam, wenn du möchtest." oder „Ich sehe, du versuchst es ganz allein."

Annika wird gesehen. Ihre Bemühungen werden wahrgenommen und anerkannt. Ihr wird Hilfe angeboten und sie kann entscheiden, ob sie diese annimmt oder nicht. Ihr wird aber nichts automatisch abgenommen. Das motiviert und spornt sie an, weiterzumachen. Sie wird ernst genommen.

So wird Annika demotiviert:

„Dafür bist du noch zu klein!"

Bäm. Ein Totschlagargument. Annika wird klar auf ihre Position der Kleinsten verwiesen, es wird überhaupt nicht gesehen oder vermutet, dass sie die Dinge vielleicht trotzdem im Ansatz schon kann. Es wird nicht wahrgenommen, wie sehr sie sich bemüht. Sie wird klein gehalten und steht im direkten Vergleich mit ihrer Schwester. Ihre Anstrengungen werden lapidar übersehen und es wird ihr signalisiert: Egal, wie sehr du dich anstrengst, du wirst es erst schaffen, wenn du so alt wie deine Schwester bist. Sehr frustrierend.

Du siehst anhand der Beispiele, dass es viel mit Kommunikation zu tun hat, ob du dein Kind motivierst oder demotivierst. Grundvoraussetzung ist allerdings neben der Kommunikation dein Vertrauen und dein Glaube in dein Kind. Dazu musst du bereit sein, ein Stück weit loszulassen und dein Kind machen zu lassen.

LASS MIR ZEIT

Ich möchte erneut auf Emmi Pikler eingehen: Die ungarische Kinderärztin ging davon aus, dass jedes Kind eine eigene Persönlichkeit und ein eigenes Entwicklungs- und Lerntempo hat. Ihrer Meinung nach machen Kinder ihren nächsten Entwicklungsschritt genau dann, wenn sie bereit dafür sind und sich sicher in dem bereits Erlernten fühlen. Darauf sollten Eltern vertrauen. Kinder muten sich das zu, was sie sich auch trauen. Die Autonomieentwicklung der Kinder steht als eine Säule ihrer Pädagogik im Vordergrund.

„Lass mir Zeit“ ist eines ihrer Standardwerke und ein sehr wichtiger Punkt. Eltern sollen auf entwicklungsfördernde Elemente verzichten und die Entwicklung ihrer Kinder auch ihren Kindern überlassen.

In Pikler-Eltern- und Babykursen sind die Eltern nur dabei. Ihre Babys und Kleinkinder dürfen sich selbst erfahren. Die Eltern greifen nur dann ein, wenn eine wirkliche Gefahr droht oder es die Kinder sehr aktiv einfordern. Ansonsten lassen sie ihrem Kind den Raum, sich selbst auszuprobieren. Das stärkt nicht nur die körperliche Entwicklung, sondern auch das Selbstvertrauen und das Selbstbewusstsein der Kinder.

IMPULS

- Überlege für dich, ob du eher ein Elternteil bist, das sein Kind machen lässt, oder ob du schnell den Impuls verspürst, eingreifen zu wollen. Was steckt dahinter?
- Fällt es dir eher leicht oder eher schwer, dein Kind loszulassen?
- Wie warst du als Kind? Wie haben sich deine Eltern diesbezüglich verhalten?
- Geh zurück zu den Beispielen. Wie hättest du bei Alisa, Frieda, Jason, Paul und Annika reagiert?
- Was könnte dir helfen, mehr loszulassen, wenn du das noch nicht so gut kannst?

Lass dein Kind machen

Dein Kind kann täglich immer mehr. Aus deinem kleinen hilflosen Baby wird ein autonomes Kleinkind, ein Kindergartenkind, ein Vorschulkind, ein Schulkind. Im Kleinkindalter entdeckt es seine Autonomie und möchte diese auch leben und ausprobieren. Deshalb ist das treffendere Wort für die Trotzphase auch Autonomiephase, denn dein Kind reagiert nicht aus bewusstem Trotz, sondern aus dem Willen heraus, plötzlich vieles allein machen zu wollen – autonom eben. Das ist nicht immer einfach und oft von viel Wut, Frust, Ärger und Verzweiflung begleitet.

Ersetze das Wort *Trotzphase* also durch *Autonomiephase* oder *Ich-Phase* und du selbst wirst einen ganz anderen Zugang zu deinem Kind erhalten.

Wenn du mehr über die Autonomiephase erfahren möchtest und darüber, wie du dein Kind liebevoll begleitest, kannst du gerne in meinem Buch „Liebevoll durch die Trotzphase" (humboldt, 2022) lesen, das ich zusammen mit meiner Co-Autorin Lisa Wurzbach geschrieben habe.

Du stärkst dein Kind, indem du es möglichst viel allein ausprobieren und machen lässt. Das geht realistischer Weise nicht immer. In der Früh, wenn ihr alle aus dem Haus müsst, wird es keine Zeit dafür geben, dein Kleinkind in Ruhe ausprobieren zu lassen, sich die Schuhe selbst anzuziehen. Oft entzerrt es auch den Alltag, wenn du Dinge, die dein Kind eigentlich schon kann, in bestimmten Situationen für es übernimmst. Ist es in der Früh einfach zu müde, sich allein anzuziehen, obwohl es das schon kann, dann entspannt es euch alle, wenn du hilfst oder das Anziehen weitgehend übernimmst. Das schwächt dein Kind auch nicht, im Gegenteil, es erfährt, dass ihr als Familie zusammenhaltet und versucht, den Tag so entspannt wie möglich anzugehen.

BITTE NICHT

Schwäche die Situation nicht durch Worte. „Du trödelst immer so sehr in der Früh, ich helfe dir, sonst kommen wir ja nie los.“ wäre schwächend, weil sehr negativ beurteilend. Eine Alternative ist: „Ich verstehe, dass du noch müde bist und du für manche Dinge mehr Zeit brauchst. Diese Zeit aber haben wir leider nicht, da auch Mama ins Büro muss. Am Wochenende nehmen wir uns besonders viel Zeit dafür, aber jetzt helfe ich dir, damit wir schnell das Haus verlassen können“.

Sieh es einfach als wertfreie Unterstützung, so wie dir deine Partnerperson vielleicht schon mal den Kaffee hinstellt. Dann fallen solche Sätze vermutlich eher nicht.

Am Wochenende sieht vieles ganz anders aus – die Zeit ist da, das Kind hat die Möglichkeit, in Ruhe wach zu werden und darf sich ausprobieren. Immer, wenn du die Zeit hast, sei also genauso kooperativ, (geduldig und ausdauernd) wie es dein Kind an anderen Tagen sein muss, und gib ihm die Zeit, die es braucht.

Das gilt natürlich nicht nur fürs Schuheanziehen, sondern für alle Bereiche des täglichen Lebens. Anziehen, Zähne putzen (mit Kontrolle, du hast immer noch die Fürsorgepflicht für die Gesundheit deines Kindes), allein aus dem Auto ein- und aussteigen, Dinge tragen und so weiter. Trau ihm auch zu, manche Entscheidungen zu treffen, von denen du bisher gedacht hast, das kann es noch gar nicht. Was spricht denn dagegen, wenn dein Kind bunt angezogen in die Kita geht? Wenn es sich dabei nicht selbst gefährdet (barfuß bei Minusgraden wäre jetzt keine so gute Idee) und du auch gut damit umgehen kannst, warum denn nicht? Dein Kind wird so stolz sein aus zweierlei Gründen: Es hat die Kleidung selbst ausgewählt UND du hast dem zugestimmt. Also alles richtig gemacht. Solche Entscheidungen zu treffen, stärkt dein Kind ungemein. Es darf allein und selbstbestimmt Dinge entscheiden, die es betreffen – mehr Vertrauen und Zuversicht in dein Kind geht kaum. Natürlich alles im kindgerechten Rahmen. Es muss auch zu eurem Kind und euch als Familie passen. Du wirst aber schnell bemerken, wie dein Kind immer selbstbewusster wird,

- je mehr du ihm zutraust und ihm vertraust.
- je mehr Dinge klappen, die es geübt hat.

Kinder können einen sehr großen Ehrgeiz an den Tag legen. Bremse diesen Ehrgeiz nicht aus, sondern bestärke dein Kind in seinem Tun. Das ist manchmal zeitraubend, anstrengend und frustrierend für alle Beteiligten, dein gestärktes Kind aber wird es dir sehr danken.

WICHTIG

Manchmal ist dein Kind mit einer Vielzahl an Entscheidungsmöglichkeiten auch überfordert. Wenn du merkst, dass es deinem Kind heute besonders schwerfällt, eine Entscheidung zu treffen oder die Alltagsdinge zu bewältigen, dann hilf ihm. Nimm ihm die Entscheidung ab (liebevoll und zugewandt) und/oder unterstütze es und übernimm Dinge, die es eigentlich schon lange selbst kann (anziehen, Brötchen schmieren und so weiter).

Wenn dein Kind etwas allein schaffen darf, stärkt das seine Selbstwirksamkeit.

Stärke Selbstwirksamkeit

Selbstwirksamkeit ist das Vertrauen in sich selbst, schwierige Herausforderungen und Probleme selbst gut lösen zu können. Aufgrund eigener Kompetenzen gelingt das auch in Extremsituationen. Wichtig ist hier also ein gutes Vertrauen in die eigenen Fähigkeiten. Das aber muss erlernt werden. Und dies geht nur, wenn dein Kind auch entsprechende Erfahrungen machen darf und herausfinden kann, was es bereits kann und wo es noch lernen muss.

Traust du deinem Kind also nie zu, Dinge allein zu erledigen oder Probleme allein zu lösen, so bringst du es um diese Erfahrung und hemmst die Selbstwirksamkeit. Fehlt diese, so ist dein Kind im ständigen Glauben, dass seine Probleme und Herausforderungen nur von anderen gelöst werden können und es von anderen Personen diesbezüglich abhängig ist. Das führt dazu, dass dein Kind es irgendwann gar nicht mehr von selbst versucht. Warum denn auch. Es scheitert ja eh.

Kinder mit einer hohen Selbstwirksamkeit haben in der Regel ein höheres Selbstvertrauen, mehr Durchhaltevermögen und weniger (Versagens-)Ängste. Je mehr positive Erfahrungen dein Kind also machen darf, desto stärker wird sein Glaube an sich und an die Fähigkeit, schwierige Situationen auch ohne Hilfe lösen zu können.

Wie erkennst du, dass die Selbstwirksamkeit deines Kindes Unterstützung braucht?

Sätze wie „Ich kann das eh nicht!“ oder sogar „Ich bin zu dumm dafür!“ sind ebenso deutliche Zeichen wie die Tatsache, dass dein Kind in jeder Situation sofort um Unterstützung bittet. Natürlich darf dein Kind dich immer um Hilfe fragen und natürlich bist du immer für dein Kind da. Du hilfst ihm nicht, wenn du ihm das Gefühl vermittelst, es sei komplett allein mit einer Situation. Du kannst es aber subtil dabei unterstützen, indem du es machen lässt, ohne aktiv einzugreifen oder indem du es zumindest in die Lösungsstrategien miteinbeziehst. „Wir überlegen gemeinsam!“ oder „Was würdest du denn tun?“

Verbalisiert dein Kind offen, dass es sich eine Problemlösung nicht zutraut, dann sprich mit ihm darüber. Bestärke es in seinen Stärken und sage deutlich, dass du daran glaubst, dass dein Kind es schaffen wird. Falls es konkrete Punkte gibt, die dies erschweren können, so schaut gemeinsam darauf und findet Lösungen. Sprich auch kleine Erfolge an, besprecht Niederlagen (oder Situationen, die als solche gesehen werden) und gib Feedback.

So stärkst du dein Kind in seinen Gefühlen

Gefühle sind wichtig und gehören zu unserem Leben wie das Atmen. Ohne geht es nicht. Sie beeinflussen unser Handeln, unsere Wahrnehmung und unseren Alltag. Sie wahrzunehmen, zu kennen und benennen zu können ist eine große Herausforderung. Für uns als Erwachsene und für Kinder umso mehr. Es ist nicht immer leicht, einen Zugang zu den eigenen Gefühlen zu bekommen. Noch schwerer ist es, die Gefühle zu regulieren. Dein Kind braucht hier Erfahrung, den Raum sich ausprobieren zu dürfen und deine Begleitung.

Etwa ab dem zweiten Lebensjahr werden Gefühle für dein Kind immer spürbarer und konkreter.

Lasst alle Gefühle zu!

Natürlich gibt es Gefühle, die wir als positiv (glücklich, fröhlich, entspannt) oder als belastender, also negativer (traurig, ängstlich, wütend) einstufen.

Zuerst sind Gefühle aber nicht zu bewerten oder zu klassifizieren. Jedes Gefühl hat seine Berechtigung, seinen Auslöser und seine Intensität. Ist dein Kind sehr emotional, erlebt es Wut genauso intensiv wie Glück. Mit der Zeit lernt dein Kind, Gefühle zu regulieren und mit ihnen umzugehen. Eine Einteilung in „gut“ oder „schlecht“ impliziert jedoch schon, dass es die „schlechten Gefühle“ besser nicht haben sollte. Schon bekommt dein Kind das Gefühl vermittelt, etwas passe nicht mit ihm. Je jünger das Kind, desto weniger differenziert kann es das Gefühl gedanklich von seiner Person trennen. Kritik an seinem Fühlen ist dann Kritik an seinem Sein.

Welche Gefühle gibt es denn überhaupt?

Dein Kind empfindet eine Emotion und muss erst lernen, welches der vielen existierenden Gefühle es gerade wahrnimmt. Dabei braucht es deine Begleitung. Kennt dein Kind seine Gefühle, ist dies der erste Schritt zur Selbstregulation, zum Selbstbewusstsein und zur Selbstwahrnehmung. Kinder, die ihre Gefühle kennen, können sich ganz anders um sich sorgen und einfordern, was sie brauchen.

Hier findest du eine Übersicht mit vielen unterschiedlichen Gefühlen. Diese wird im Laufe der Zeit mit dem Alter deines Kindes wachsen und differenzierter werden:

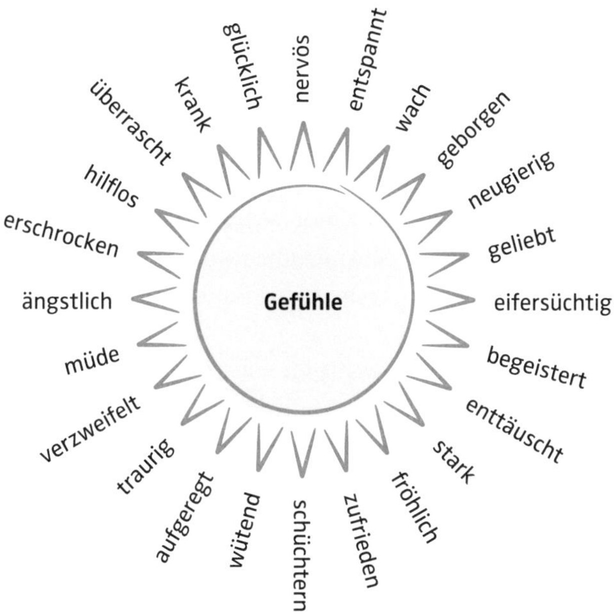

Ihr könnt diese Übersicht natürlich beliebig ergänzen.

Unterstütze dein Kind im Fühlen

Emotionen sind oft schwer zu benennen und einzuordnen. Das fällt uns Erwachsenen schon schwer, Kinder brauchen uns da definitiv noch als Begleiter. So kannst du dein Kind unterstützen, seine Gefühle besser zu verstehen:

- Nehmt euch Bilderbücher zur Hilfe und schaut sie gemeinsam an. Eine Auswahl findest du im Kapitel → „Starke Bücher für dich und dein Kind“. Sprecht über die jeweiligen Gefühle. Wie fühlen sie sich an? Welches Gefühl war neu? War es ein großes Gefühl oder eher ein kleines? Wann war dein Kind das letzte Mal glücklich oder traurig?
- Malt und bastelt Emotionen. Fühlt in euren Körper und versucht dann, das Gefundene darzustellen. Stelle folgende Fragen: „Welches Material verwendest du? Eher etwas Weiches oder etwas Hartes? Welche Farben und Formen wählst du aus? Malst du etwas Konkretes oder fühlt es sich wild und durcheinander an?“ Sprecht am Ende über eure Bilder.
- Sammelt alle Gefühle, die dein Kind bereits kennt, und stellt sie mit Smileys bildlich dar. Ihr könnt auch echte Fotos von euch machen, auf denen eure Gefühle deutlich werden. Daraus könnt ihr dann eine Gefühls-Uhr basteln, die für alle frei zugänglich im Haus hängt. Jeden Morgen (oder jeden Abend, je nachdem wie es für euch besser passt) wählt ihr ein Symbol für eure heutigen Gefühle aus (wütend, glücklich, müde, traurig, neugierig ...) und pinnt sie an. So kann jedes Familienmitglied den anderen mitteilen, wie die Gefühlslage ist.
- Alternativ zur Gefühlsuhr könnt ihr auch alte Gläser mit unterschiedlichen Gesichtern darauf (entsprechend der Emotion) gestalten und sichtbar nebeneinander aufstellen. Jedes Mal, wenn ein Gefühl sehr stark ist, darf etwas in das entsprechende Glas gefüllt werden (eine Murmel, eine Bohne, was euch gefällt und für euch passt). An jedem Wochenende könnt ihr dann nachschauen, welche Gefühle in der letzten Woche am stärksten waren. Kommt ins Gespräch, in welcher Situation welches Glas gefüllt wurde.
- Stellt diese Gefühle gerne auch mal pantomimisch dar. Wie sieht Wut aus? Wie Trauer? Wie Freude?
- Stellt euch vor einen Spiegel und probiert verschiedene Gefühle. Wie fühlt es sich an, aber auch: Wie sehe ich dabei aus? Kann man Wut sehen? Oder Glück? Probiert es aus!

- Spielt ein Gefühlsmemory und sprecht darüber.
- Tanzt den Gefühlstanz: Hier darf dein Kind zu lauter Musik tanzen, wie es möchte. Wenn die Musik stoppt, gibst du Anweisungen wie „Wir sind so wütend wie ein Löwe“ oder „Wir sind so traurig wie ein kleines Kätzchen, das sich verlaufen hat“ oder „so froh wie ein Affe im Zoo“ oder „so mutig wie Pippi Langstrumpf“. Dein Kind sollte dazu entsprechende Bewegungen machen.
- Stellt Gefühle einander gegenüber und versucht, das jeweilige Gegenteil dazu zu finden: müde/wach, glücklich/traurig usw.
- Wenn dein Kind aus der Kita kommt und du fragst, wie es denn heute war, wird es dir vermutlich sehr oft mit einem knappen „gut“ antworten. Das ist schon mal super. Dein Kind wird nicht jeden Tag ausführlich erzählen wollen und das ist in Ordnung. Auch wir Erwachsenen möchten nicht jeden Abend detailliert über unseren Arbeitstag Auskunft geben. Von Zeit zu Zeit aber kannst du gerne nachfragen: „Was war denn heute gut? Was hat dir besonders gut gefallen?“ Auch so unterstützt du dein Kind, einen Zugang zu seinen Gefühlen zu finden und konkret zu überlegen, wann sich etwas *gut* angefühlt hat.

WICHTIG

Lass zu, dass dein Kind seine Gefühle ausleben darf. Begleite es dabei und thematisiere die Situation anschließend. Das mag im direkten Erleben schwierig sein, da du vermutlich keinen Zugang zu deinem emotionalen Kind bekommen wirst. Mache es dann am Abend vor dem Zubettgehen, am nächsten Tag oder wann du das Gefühl hast, es könnte nun passen und dein Kind ist dafür zugänglich. Reflektiert gemeinsam, was der Auslöser war, und höre zu, wie sich dein Kind dabei gefühlt hat. Wenn es sich um ein unangenehmes Gefühl handelt, versucht gemeinsam Strategien zu entwickeln, wie es alternativ mit diesem Gefühl gut umgehen kann (sich jemanden anvertrauen bei Angst zum Beispiel).

BITTE NICHT

(Be-)urteile nicht (über) das Gefühl. Sätze wie „Das ist doch nicht so schlimm!“ oder „Das macht dir Angst? Du bist doch kein Baby mehr!“ führen nur dazu, dass sich dein Kind nicht mehr ernst genommen und abgewertet in seinen Gefühlen fühlt. Das hilft deinem Kind auch nicht weiter.

Reflektiere: Helfen dir diese Sprüche, wenn es um deine eigenen Ängste geht? Nein. Also lass es auch bei deinem Kind sein.

WICHTIG

Du kannst deinem Kind Gefühle nicht abnehmen, du kannst es aber dabei begleiten, damit umzugehen.

Dein Kind wird im Laufe der Zeit viele unterschiedliche erleben. Die beiden Gefühle, die in diesem Alter einen besonders großen Platz einnehmen und dich als Elternteil oft beschäftigen werden, sind die Gefühle **Wut und Angst**. Auf beide möchte ich deshalb im Folgenden noch näher eingehen.

Die Wut

Wut ist ein Gefühl, das gerade in der Autonomiephase sehr präsent ist. Dein Kind handelt nicht aus Trotz (also bewusster Antihaltung), sondern entwickelt gerade seine eigene Autonomie – es möchte selbstständig werden und Dinge allein schaffen. Klappt das nicht oder wird ein Wunsch/ein Bedürfnis/eine Idee deines Kindes davon, wie eine Situation aussehen soll, nicht umgesetzt, so stößt es an eine Grenze. Manchmal sind es auch Situationen, in denen du als Erwachsene*r eine Entscheidung triffst, die für dein Kind nicht nachvollziehbar ist und seinen Interessen entgegensteht. Das ist frustrierend und kann ganz schön wütend machen!

So kannst du dein wütendes Kind unterstützen:

Wichtig ist, dass dein Kind dieses Gefühl Wut (oder auch Frust und Enttäuschung) ausleben darf und von dir begleitet wird. Es ist okay, wütend zu sein. Es ist aber nicht okay, mit Dingen zu werfen und andere zu verletzen. Muss dein Kind seine Wut auch körperlich ausdrücken, so biete ihm eine Alternative wie ein Kissen oder einen Wutball an.

- Signalisiere deinem Kind Verständnis und, dass du da bist. Nimm es in den Arm, wenn es das möchte, respektiere, wenn es das gerade nicht möchte. Bitte geh nicht weg! Dein Kind braucht vielleicht gerade deine unmittelbare körperliche Nähe nicht, aber die Sicherheit, dass du da bist und dich nicht von ihm abwendest, nur weil es wütend ist.
- Haltet gemeinsam diese Wut aus. Je ruhiger du bleibst, desto eher wird sich dein Kind beruhigen. Das ist nicht immer einfach, aber du wirst den Effekt spüren.
- Bastelt ein Wutmonster und holt es immer hervor, wenn die Wut sehr groß ist. Manchmal hilft es dem Kind, etwas in der Hand zu halten, um die Wut zu regulieren, sprich sich wieder zu beruhigen.

TAMARA UND DIE EISDIELE

Tamara (3 Jahre) möchte unbedingt nach der Kita noch ein Eis. Gestern hat sie auch eines bekommen und letzte Woche auch. Ihr Papa Anton aber hat es heute sehr eilig und schiebt sie regelrecht an der Eisdiele, die auf dem Weg nach Hause liegt, vorbei. Außerdem sind sie spät dran und es gibt bald Abendessen. Tamara versteht nicht, warum sie heute kein Eis bekommt, und wirft sich wütend mitten auf die Straße. Anton ist sichtlich genervt und überfordert mit der Situation.

Tamara ist noch zu klein, um die Zusammenhänge *zu spät* und *eilig* von sich aus verstehen zu können. In ihrer Welt gibt es „ein Zuviel an Eis“ auch gar nicht. Ihr Papa hätte sich die Zeit nehmen sollen, es ihr in einem ruhigen Ton mit klaren Worten zu erklären. Vielleicht wäre es auch möglich gewesen, einen anderen Weg zu wählen, um sie erst gar nicht in die Versuchung kommen zu lassen.

WICHTIG

ist, sie in ihrer Wut ernst zu nehmen und sie nicht allein zu lassen („Ich kann deinen Frust gut verstehen. Wir müssen jetzt aber wirklich nach Hause, dort wartet bereits das Abendessen auf uns.“) und ihr nicht zu drohen oder sie einfach stehen zu lassen („Wenn du jetzt nicht kommst, gehe ich ohne dich!“). Als Elternteil würde man sein Kind natürlich niemals einfach stehen lassen und tatsächlich nach Hause gehen, also sind solche Sätze zum Glück völlig gelogen. Du spielst, wenn du so einen Satz sagst, mit den Urängsten deines Kindes davor, verlassen zu werden.

Bleibe klar bei deiner Haltung. Und wenn du doch nachgibst, ist das auch okay. Bist du sonst konsequent in deinem Handeln, verspielst du wegen weniger Ausnahmen nicht das Vertrauen deines Kindes. Es wird nicht passieren, dass es dich in Zukunft generell nicht mehr ernst nimmt und dir „auf der Nase herumtanzt“. Es mag in diesem Fall seinen Willen bekommen haben – aber wie oft bekommst du denn deinen eigenen Willen erfüllt? In einer guten Eltern-Kind-Beziehung darf so etwas auch vorkommen.

Die Angst

Ängste zu haben gehört zur Entwicklung dazu. Es gibt sogar typische Ängste, die in den unterschiedlichen Entwicklungsstufen auftreten können:

Im **Babyalter** sind Kinder in den ersten zehn Wochen nahezu angstfrei. Dann können laute Geräusche, Schatten oder das Gefühl, verlassen zu werden, zu Ängsten führen. Ab dem 6. Lebensmonat kann die Angst vor Fremden dazukommen – das typische Fremdeln. Trennungsängste entstehen oft zu einem Zeitpunkt, wenn dein Kind mobiler wird (also krabbelt oder zu laufen beginnt).

Zwischen dem **2. und 3. Lebensjahr** ist die Angst vor dem Schlafengehen und der damit verbundenen Dunkelheit oder dem Allein-Schlafen sehr oft ein Thema.

Im Kleinkindalter entwickeln sich ebenfalls oft Ängste vor Tieren oder Elementen (Wasser z. B.).

Zwischen dem **3. und 6. Lebensjahr** können Fantasieängste entstehen. Dein Kind entwickelt sich so rasant und ist ständig neuen Dingen ausgesetzt, dass es sich vor Dingen ängstigen kann, von denen „eigentlich" keine Gefahr ausgeht: Eine Lampe, ein Stuhl, ein großer Schrank. Die eigentliche Angst, die es noch nicht greifen kann, wird auf diese Gegenstände projiziert, als Ventil sozusagen.

4–6-Jährige haben ebenfalls oft Angst vor Monstern, Gespenstern und fiktiven Figuren.

EVA UND DER KELLER

Eva (5 Jahre) hat Angst, allein in den Keller zu gehen. Es ist ihr dort zu dunkel, zu kalt, zu gruselig. Sie war schon mehrfach mit ihren Eltern unten, aber jedes Mal fühlte sie sich unwohl. Was, wenn ein Monster im dunklen Schrank wohnt? Wie viele Spinnen es dort wohl gibt? Und wie würde sie wieder herauskommen, wenn plötzlich die schwere Türe zufallen würde? Dummerweise sind im Keller auch ihre Rollschuhe aufgeräumt. Ihr Papa Jochen findet, dass sie nun alt genug ist, um allein in den Keller zu gehen. Er kann überhaupt nicht nachvollziehen, warum sie Angst hat, und sagt ihr das auch so: „Eva, das ist doch lächerlich. Monster gibt es nicht, Spinnen machen nichts, die Tür kann nicht zufallen. Du bist doch kein kleines Baby mehr. Du musst keine Angst haben, stell dich nicht so an!"

Ich übersetze seine Antwort mal für dich: „Eva, ich mache mich lustig über dich. Deine Angst ist reine Einbildung, übertrieben und nicht angemessen. Du reagierst nicht altersgemäß, also falsch. Ich sage dir, dass du keine Angst zu haben brauchst, denn ich bin groß, kann deine Angst nicht verstehen, deshalb darf es sie auch nicht geben. Ich möchte, dass du entgegen deinen Gefühlen, die nicht richtig sind, handelst." So würde Jochen es natürlich nie formulieren, aber genau das hat er in Evas Ohren und Wahrnehmung gesagt. Schwer vorstellbar, dass Eva so ihre Ängste überwindet und gestärkt aus der Situation geht.

Vor was hast du denn Angst? Hilft es dir, wenn eine andere Person sich über deine Ängste lustig macht? Vermutlich nicht. Niemand, der Angst vor dem Zahnarzt hat, verliert diese plötzlich, weil sein Gegenüber ihm sagt, dass er keine Angst zu haben braucht. Wenn es so einfach wäre, würde es viel weniger Angstpatient*innen geben. Bei Kindern aber sind wir oft sehr schnell mit solchen Negierungen und Abwertungen von Gefühlen, weil wir sie nicht ernst genug nehmen oder denken, wir wüssten es besser. Ziemlich anmaßend, wenn es um Gefühle geht, findest du nicht auch?

Bei Kindern im Alter von 3 bis 5 Jahren sind Ängste vor Monstern nichts Ungewöhnliches. Du kannst ihnen begegnen, indem du dir von deinem Kind erklären lässt, wo das Monster denn genau sitzt. Vielleicht es „nur" ein Kleiderständer, den du verrücken kannst – schon ist das Monster nicht mehr da. Oder ihr erstellt ein Monsterspray, entwickelt Strategien wie man das Monster verjagen kann (vielleicht mag es nicht, wenn ihr laut singt?) oder ihr schaut lustige Monsterbücher an, in denen Monster nichts an sich haben. Du kannst deinem Kind auch erklären, dass es keine Monster gibt – dann allerdings solltet ihr vorher kein „Monsterspray" zum Einsatz gebracht haben, denn das würde sich ja widersprechen. Je älter dein Kind bereits ist, desto rationaler kannst du auch mit ihm sprechen – bei einem sehr jungen Kind greift „Wir machen etwas, damit das Monster verschwindet!“ vermutlich eher.

Eva hätte es mehr geholfen, wenn ihr Papa einfühlsam zugehört hätte und ihre Ängste ernst genommen hätte: „Eva, ich spüre, dass dir der Keller große Angst macht. Das tut mir leid, denn dir scheint es nicht gut damit zu gehen. Lass uns gemeinsam überlegen, wie wir den Keller für dich weniger gruselig gestalten können.“

Anschließend hätten sich die beiden der Ängste annehmen können. Welcher Schritt gegangen wird und wie weit sich Eva auf etwas einlässt (ein Buch über Spinnen anzusehen zum Beispiel) entscheidet einzig und allein: Eva. Bis dahin sollte sich Jochen niemals lustig über die Ängste und andere Gefühle seiner Tochter machen.

Deinem Kind begegnen in diesem Alter nahezu täglich so viele neue Dinge. Es lernt dazu, es macht neue Erfahrungen, es lernt sich immer wieder neu kennen. Das darf Angst machen. Neue Situationen können erstmal beängstigend sein. Unbekanntes kann sich komisch anfühlen. Manche Ängste sind nicht erklärbar. Sie sind auch selten rational – deshalb finden sie ja auch auf der Gefühlsebene statt. Sie stecken oft tief in uns drin. Sie können angeschaut und angegangen werden, dies braucht aber manchmal seine Zeit, eine Strategie und Begleitung. Sich seiner Angst zu stellen, bedarf sehr viel Mut. Das geht nicht auf Knopfdruck. Das ist bei uns Erwachsenen so, bei Kindern umso mehr. Also sei geduldig und verständnisvoll, selbst wenn du die Ängste deines Kindes nicht nachvollziehen kannst. Je ernster du dein Kind nimmst, umso mehr wird es die Bereitschaft zeigen, die Ängste mit dir gemeinsam anzuschauen.

So kannst du dein ängstliches Kind unterstützen

Bei **Angst vor Tieren** (Hunden, Spinnen ...) bietet sich die Auseinandersetzung mit Bilderbüchern an. Oder gibt es einen sehr freundlichen Hund in deinem sozialen Umfeld, der gestreichelt werden darf? Zuerst mit deiner Unterstützung, dann vielleicht sogar irgendwann allein. Eine gewisse Vorsicht vor fremden Hunden ist wichtig (Keine fremden Hunde einfach so streicheln!), aber so kann die Angst vor Hunden durch positive Erfahrungen gut abgebaut werden.

Angst vor dem Wasser kannst du zu Hause angehen – beim Duschen kannst du mit deinem Kind üben, wie es sich anfühlt, wenn Wasser über das Gesicht läuft. Bevor es dann ins große Meer geht, kann im heimischen Schwimmbad geübt werden. Bitte nicht überfordern – ein Wasserschwall direkt ins Gesicht oder ein Untertauchen kann die Angst nur verstärken. Geh das Ganze spielerisch mit Wasserspielen an. Such dir auch gerne Unterstützung in Form eines Schwimmkurses. Es gibt Schwimmkurse für Kinder mit Angst vor dem Wasser, viele Schwimmtrainer*innen nehmen auch generell darauf Rücksicht, wenn sie von der Angst wissen.

Angst vor Dunkelheit kannst du begegnen, indem dein Kind erstmal keiner finsteren Dunkelheit ausgesetzt ist. Das geht gut mit einem Nachtlicht. Oder lass die Türe zum beleuchteten Flur offen. Dein Kind hat die Möglichkeit, sich bemerkbar zu machen, wenn die Angst zu groß ist, und kann durch die geöffnete Tür nach dir rufen.

Angst vor Gegenständen kannst du begleiten, indem ihr euch in einem ruhigen Moment diese Gegenstände zusammen anschaut, gerne mit Sicherheitsabstand für dein Kind. Höre zu, warum es davor Angst hat, und erkläre ihm ruhig, warum von diesem Gegenstand keine Gefahr ausgehen kann. Akzeptiere, dass sich die Angst nicht sofort löst und dein Kind noch eine Weile diesen Gegenstand als Alternative zur eigentlichen Angst braucht. Mach dich bitte niemals lustig darüber und versuche es zu einem späteren Zeitpunkt einfach nochmal.

Angst vor Ereignissen wie zum Beispiel Tod, Trennung der Eltern, Krieg und so weiter begleitest du, indem du mit deinem Kind darüber sprichst. Vermeide es, zu lügen oder Behauptungen zu treffen, die du nicht zu einhundert Prozent sicher treffen kannst („Bei uns wird es nie Krieg geben; wir werden uns nie trennen" etc.). Bleib sachlich und informativ, ohne die Angst noch mehr zu schüren. Je informierter dein Kind ist, desto sicherer kann es sich fühlen.

(„Manchmal trennen sich Eltern, das stimmt. Wir haben es nicht vor. Sollte es tatsächlich passieren, was im Moment überhaupt nicht vorstellbar ist, so werden wir dich trotzdem beide weiter liebhaben und eine gute Lösung für uns finden.")

Zwischen dem 3. und 6. Lebensjahr entwickelt sich eine sehr ungenaue Vorstellung vor dem **Tod**. Tod ist wie auch oft bildlich dargestellt schwarz, starr, kalt. Irgendwie furchteinflößend, aber nicht wirklich vorstellbar. Das Bewusstsein, das man selbst sterben kann, ist noch nicht da.

Achte darauf, dass dein Kind nicht allein Nachrichten hört. Auch im Hintergrund, denn Kinder bekommen oft mehr mit, als wir denken. Sie können es aber noch nicht richtig einordnen und das macht Angst.

Ermutige dein Kind, sich mit der Angst auseinanderzusetzen, aber überfordere es nicht.

WICHTIG

Hast du das Gefühl, dein Kind hat in deinen Augen übertriebene und scheinbar grundlose Ängste, denen ihr nicht zusammen begegnen könnt, dann sprich mit deiner Kinderarztpraxis darüber, sodass eine Angststörung ausgeschlossen werden kann.

Hilf deinem Kind, sich zu regulieren

Wenn dein Kind seine eigenen Gefühle sichtbar nicht regulieren kann, das vielleicht sogar äußert oder du auch nur die Vermutung hast, gibt es zwei grundlegende Möglichkeiten, ihm zu helfen. Ist das Gefühl bereits bekannt und kann nicht reguliert werden, so braucht es deine Unterstützung. Bewerte das Gefühl nicht, sondern versuche, mit deinem Kind in Kontakt zu kommen und Begleitung anzubieten:

„Ui, du bist ja heute mal so richtig sauer! Ich kann mir gut vorstellen, dass da noch ganz viel Wut in dir ist. Möchtest du sie herauslassen und auf den Boxsack/das Wutkissen/ein ganz normales Kissen draufhauen? Oder brauchst du eine Umarmung? Ich bin da."

Ist das Gefühl nicht bekannt, versuche mit deinem Kind herauszufinden, wie es sich angefühlt hat. Eher schön oder eher nicht so schön? Stark oder weniger stark? Wie eine Feder oder wie ein Laster? Versuche, in Bildern zu sprechen oder nimm dir entsprechende Bildkarten zu Hilfe. Hier hilft auch eure Gefühlsuhr. Kann dein Kind das Gefühl (noch) nicht benennen, so ist das nicht schlimm. Es hat aber in jedem Fall gelernt, dass es okay ist, dieses Gefühl zu haben. Es wird auch bei Gefühlen, die sich nicht so toll anfühlen (oder anstrengend sind, wie zum Beispiel der Wutanfall mitten im Supermarkt) von dir wahr- und ernst genommen und gleichermaßen geliebt. Das ist eine sehr wertvolle Erfahrung für dein Kind. Es ist okay so wie es ist – mit jeder Facette.

Die Spiegelung der Gefühle („Ich spüre, dass du traurig bist.") allein hilft deinem Kind nicht. Sie ist ein wichtiger Schritt, um das Gefühl für dein Kind zu benennen und ihm auch das Gefühl zu geben, gesehen und ernst genommen zu werden. Weiterhin braucht es ein Angebot („Möchtest du auf den Arm? Weinen? In deine Kuschelecke?") und die Gewissheit, nicht allein zu sein (es sei denn, es äußert ab einem gewissen Alter explizit diesen Wunsch). Darüber hinaus kannst du da sein und echte Lösungsvorschläge mit deinem Kind gemeinsam erarbeiten, wie sich die Situation entweder ändern oder besser aushalten lässt.

So stärkst du dein Kind ohne Macht

Du bist groß, dein Kind ist klein. Du hast den Überblick, dein Kind (noch) nicht. Du weißt, wie es richtig geht, dein Kind (noch) nicht. Du kannst Sanktionen aussprechen, bestrafen, drohen, schimpfen und bestimmen. Das alles kannst du tun, denn du bist deinem Kind sowohl körperlich als auch kognitiv überlegen. Du hast die Macht etwas von ihm zu verlangen, das du möchtest. Dein Kind ist völlig abhängig von dir.

Klingt alles ziemlich gruselig und bedrohlich. Dahinter steckt oft die eigene Sozialisation, also was du es selbst erfahren und gelernt hast. Es kommt in manchen Situationen zur Hilflosigkeit, Überforderung und Kurzschlussreaktion, obwohl man doch eigentlich ganz anders mit seinem Kind umgehen möchte. Bitte fühl dich nicht so schlecht, wie du es vermutlich tust, wenn du mal anders reagiert hast, als du gerne wolltest. Reflektiere dein Verhalten und konzentriere dich darauf, es ab jetzt besser zu machen.

Du als Elternteil trägst die Verantwortung für dein Kind. Ja, es stimmt – du verfügst über mehr Handlungsmöglichkeiten als dein Kind. Ja, es stimmt – du wirst manchmal Entscheidungen treffen müssen, die deinem Kind nicht gefallen. Um eine Gefahr abzuwenden oder es zu schützen zum Beispiel. Hier liegt eindeutig ein Ungleichgewicht zwischen dir als Elternteil und deinem Kind vor. Die Frage ist nur, wie du mit diesem Ungleichgewicht – auch Machtgefälle – umgehst. Du ahnst es vermutlich schon: Du kannst dein Kind mit dem entsprechenden Umgang damit stärken oder aber auch schwächen. Zwar möchte ich in der Begleitung deines Kindes nicht mit den Worten „richtig“ und „falsch“ arbeiten. Fakt ist jedoch, dass du als Elternteil deine Macht verantwortungsvoll einsetzen, sie aber auch missbrauchen kannst. Und das prägt dein Kind.

Schauen wir uns diese machtvollen Strukturen genauer an:

Schneide alte Zöpfe ab

Die Erziehung unserer Eltern und Großeltern war noch sehr viel durch Macht geprägt. Kinder hatten blind zu gehorchen und das zu tun, was die Erwachsenen sagten. Die Eltern gaben ganz klar die Richtung vor und trafen jede Entscheidung – die großen weitreichenden, aber auch die kleinen alltäglichen. Das Kind wurde selten als eigenständige Persönlichkeit gesehen, sondern als kleines Wesen, das erst nach den Vorstellungen der Eltern geformt werden musste. Nicht selten durch einen sehr autoritären Erziehungsstil. Die Bedürfnisse, Wünsche und Empfindungen der Kinder spielten eine untergeordnete Rolle. Sie mussten funktionieren.

Kinder und ihr Verhalten wurden sehr schnell bewertet. Ein Kind mit eigener Meinung war „aufmüpfig", ein ruhiges angepasstes „artig". Selbstbestimmung, Eigenständigkeit und Begegnung auf Augenhöhe fanden in den wenigsten Fällen statt.

Natürlich möchte ich nicht eine oder mehrere Generationen komplett über einen Kamm scheren. Mit Sicherheit wollten auch sie ihr Kind nach bestem Wissen und Gewissen erziehen. Der Blick aufs Kind und die damit verbundenen Kinderrechte jedoch haben sich gewandelt und manches wäre heute undenkbar beziehungsweise sogar strafrechtlich relevant. Körperliche Züchtigung zum Beispiel ist heute zum Glück verboten. Früher jedoch war sie ein gängiges Mittel, um Kindern „Respekt" nahe zu bringen und vor allem, um zu sanktionieren.

Das sagt der Gesetzgeber

Seit dem Jahr 2000 ist körperliche Gewalt in der Erziehung verboten. Dies ist im Grundgesetz verankert: „Kinder haben ein Recht auf gewaltfreie Erziehung. Körperliche Bestrafungen, seelische Verletzungen und auch andere entwürdigende Maßnahmen sind unzulässig." Dazu gehört auch der „Klaps auf die Hand, der ja noch niemandem geschadet hat". Körperliche Gewalt ist eine ganz besonders schlimme Form der machtvollen Erziehung. Auch wenn sie verboten ist, stellt sie immer noch einen großen Anteil im Bereich der Kindswohlgefährdung dar.

Unter Kindswohlgefährdung fallen alle körperlichen, aber auch seelischen Misshandlungen eines Kindes; ausgeübt durch die Eltern oder Dritte. Gewalt kann also auch psychisch ausgeübt werden, in

Form von Demütigungen, Erniedrigung, Ausgrenzung, Liebesentzug und so weiter.

Nicht alles ist dabei kindswohlgefährdend im rechtlichen Sinn, also auch strafrechtlich relevant. All diese Verletzungen hinterlassen aber Narben auf der Seele des Kindes, wenn sie oft genug geschehen. Manchmal passieren solche Dinge unbewusst im Alltag. Ich möchte dich sensibilisieren, was alles zu einem machtvollen Umgang mit deinem Kind gehört und wie du das vermeiden kannst. Kinder ohne Macht zu begleiten ist wunderbar möglich und trägt sehr viel zur Stärkung deines Kindes bei. Ihr begegnet euch viel mehr mit Respekt und das stärkt euch sogar beide.

ADULTISMUS

Adultismus bezeichnet das Ungleichgewicht (und dessen Missbrauch) aufgrund des Altersunterschiedes. „Ich habe recht, weiß es besser, bin also intelligenter, klüger, besser; habe mehr Rechte als du ... nur weil ich älter bin."

Typische Sätze, die in diesem Zusammenhang fallen, sind:
„Weil ich es dir sage!"
„Das kannst du noch nicht, ich zeige es dir."
„Du musst tun, was ich dir sage."
„Ein Kind muss gehorchen, wenn Erwachsene etwas sagen."
„Ein Kind muss leise sein, wenn Erwachsene sprechen."

Sätze und Denkweisen wie diese beschreiben Adultismus sehr gut. Darunter fallen aber auch alle anderen Kriterien, die ein Ungleichgewicht beschreiben, also auch Strafen, Lob, alle Bewertungen und Entscheidungen, in die ein Kind nicht involviert ist.

Adultismus findet nicht nur innerhalb der Familie statt, sondern auch in Einrichtungen wie Kita und vor allem Schule. Lehrer*innen bewerten täglich die Schüler*innen, diese aber haben kaum Möglichkeiten, die Lehrer*innen zu bewerten. Aufgrund der Stellung der Erwachsenen haben es Kinder oft schwer, sich gegen diese zu behaupten.

So geht's ohne Macht

Adultismus lässt sich oft nicht vermeiden. Es sollte aber achtsam damit umgegangen werden, indem wir Kinder hören und ihnen ein echtes Mitspracherecht lassen – bei einer Kinderkonferenz in der Kita zum Beispiel. In einer Familie sowieso. Hier sollten alle Bedürfnisse sowohl gesehen als auch ernst genommen werden.

Verzichte auf Liebesentzug

Liebesentzug ist eine der schlimmsten Maßnahmen einer machtvollen Erziehung. Er äußert sich durch Sätze wie diese: „Ich nehme dich nicht in den Arm, wenn du so heulst!" oder „Oma hat deine Cousine viel lieber als dich, wenn du immer so wild bist bei den Familienfeiern."

Wenn dein Kind nicht funktioniert, wie du das möchtest, hast du es (oder haben es andere wichtige Personen) nicht mehr ganz so lieb, möchtest keinen Körperkontakt und stößt es verbal oder tatsächlich von dir. Dein Kind liebt dich bedingungslos und erlebt so eine Zurückweisung als richtig schlimm. Du machst es emotional völlig abhängig von dir und spielst mit einer der wichtigsten Grundlagen eurer Beziehung: Vertrauen.

So geht's ohne Macht

Streiche Formulierungen, die einen Liebesentzug beinhalten, aus deinem Sprachgebrauch und deinem Verhalten. Wenn du gerade nicht für dein Kind da sein kannst, weil es deine eigene Grenze überschritten hat, hole dir entweder Unterstützung „Ich brauche gerade eine Pause von der Situation (nicht von dir), du kannst aber mit Papa kuscheln." oder „Mir tun gerade die Ohren weh von der Lautstärke.

Lass uns dann herausfinden, warum du so weinst. Ich brauche einen Moment, um mich zu erholen, anschließend kuscheln wir." Du darfst deinem Kind also durchaus sagen, dass du von der Situation eine Auszeit brauchst. Du kannst nicht für dein Kind da sein, wenn du selbst am Limit bist. Das ist völlig legitim. Formulierst du das wertschätzend und nicht abschätzend, ist es für dein Kind auch in Ordnung.

Oma wird die Cousine vermutlich nicht lieber haben, auch wenn die Situation mit einem leiseren Kind nicht so anstrengend ist wie mit einem aufgeweckten Kind. Erkläre deinem Kind die Situation und bitte es, auf die Oma Rücksicht zu nehmen. Nicht dein Kind ist anstrengend, sondern die Situation. Das ist ein großer und sehr wichtiger Unterschied.

Verzichte auf Drohungen

Ich drohe meinem Kind doch nicht, wirst du jetzt vielleicht spontan sagen. Aber: Jede „Wenn-Dann"-Formulierung ist bereits eine Drohung.

„Wenn du jetzt nicht aufhörst, mit den Autos zu werfen, dann sind sie weg!" → Das ist eine **reale** Drohung. Du kannst die Autos jederzeit wegnehmen.

„Hör auf, deine Schwester zu ärgern, das sieht das Christkind und bringt dir dann keine Geschenke!" → Das ist eine **fiktive** Drohung, kommt beim Kind aber genauso an wie eine **reale** Drohung.

„Wenn du nicht brav bist, wenn wir deine Tante besuchen, ist Tante Manuela sehr traurig." → Das ist eine **emotionale** Drohung.

Bei jeder Form von Drohung spielst du mit deiner Macht und einer Angst deines Kindes. Du vermittelst, dass etwas (Schlimmes, Unangenehmes) passiert, wenn dein Kind nicht das tut, was du möchtest. Tut es dann, was du sagst, so geschieht das nicht aus eigener Überzeugung, sondern aus reiner Angst.

Aber: Wenn du eine Konsequenz aus einem Verhalten ankündigst und diese logisch und auch für das Kind nachvollziehbar ist, ist das okay! So fühlt es sich zwar im ersten Moment ebenfalls als Drohung an, ist aber in manchen Situationen unabdingbar und wichtig für die Sicherheit deines Kindes oder anderen Personen. Die Grenze zwischen Drohung und notwendiger Konsequenz mag also manchmal kaum sichtbar sein, ist aber essenziell.

Ein Beispiel sind hier die fliegenden Autos: Wenn dein Kind mit Autos wirft und jemanden dabei verletzen kann, musst du eingreifen. „Ich habe dich gebeten, die Autos fahren zu lassen, statt zu werfen. Ich sehe, dass du die Autos weiter wirfst. Ich habe Sorge, dass jemand verletzt wird. Bitte lass die Autos nur fahren, sonst muss ich sie wegnehmen."

So geht's ohne Macht

Strafen arbeiten oft mit Drohungen, verbunden mit „Wenn-Dann"-Formulierungen.

Sag deinem Kind lieber, was du möchtest. Klar und deutlich und ohne „Wenn-Dann"-Formulierung. Vermeide jede Art von Manipulation oder Bewertung („Wenn du nicht brav bist ...").

Macht spielt mit den Gefühlen deines Kindes. Spürt dein Kind einen Missbrauch des Machtgefälles, so wird es mit Ablehnung und Gegenwehr reagieren, denn dies ist die einzige Möglichkeit, sich dazu zu äußern und sich zu positionieren. So lernt es, dass sich durchzusetzen und sich zu positionieren nur mit Macht möglich sind, und wird diese Verhaltensweisen entsprechend für sich selbst übernehmen. Es wird nicht lernen, wie es sich aus dem eigenen Selbstbewusstsein heraus wertschätzend artikulieren kann und wie ein Umgang auf Augenhöhe möglich ist.

Eine Begleitung ohne Macht kommt ohne Strafen aus.

So begleitest du ohne Strafen

Erinnerst du dich noch an deine Kindheit? Wurdest du bestraft? Kannst du spontan sagen, welche Strafe du als besonders ungerecht empfunden hast? Welche Auswirkung hatte sie auf dein Verhalten? Lehnst du diese Art der Bestrafung heute ab oder hast du sie schon selbst bei deinem Kind angewendet?

In der wertschätzenden Begleitung deines Kindes gibt es keine Bestrafung. Das hört sich im ersten Moment fast unmöglich an. Wie soll ein Kind denn lernen, dass ein Verhalten eine Konsequenz hat oder es bestimmte Dinge nicht mehr tun darf? Eine Strafe ist das naheliegendste Mittel, denn es ist das uns bekannteste.

Strafe geschieht oft aus einer eigenen Überforderung oder Hilflosigkeit. Du möchtest, dass dein Kind etwas tut oder nicht mehr tut und es hört einfach nicht auf dich. Du bist am Ende deiner Nerven und greifst auf bekannte Muster zurück – du spielst deine Macht aus und bestrafst. Dabei fühlst du dich eigentlich überhaupt nicht machtvoll, du weißt dir nur nicht anders zu helfen.

Früher wurde das oft an die Väter delegiert. Den Spruch „Warte nur, bis der Vater nach Hause kommt!" hörte man oft in Familien. Er hatte dann die Aufgabe, seine missratenen Kinder zu sanktionieren (wie bereits erwähnt oft mit Gewalt). Aber auch Institutionen bekommen häufig den Part des Sanktionierens zugeschoben – „Deine Lehrer*in wird schimpfen, den Erzieher*innen wird das aber nicht gefallen" und so weiter.

Oft steht Strafe mit dem Verhalten in keinem Zusammenhang, ergibt keinen Sinn, wird willkürlich gewählt und drohend angekündigt. Schau dir das an den folgenden zwei Beispielen genauer an:

- „Wenn du nicht aufhörst, mit dem Essen zu spielen, ist es weg!"
  Mal abgesehen davon, dass niemals mit Essensentzug gedroht werden sollte, hat das Kind anschließend immer noch Hunger, die Eltern ein schlechtes Gewissen (weil das Kind noch hungrig ist), die gemeinsame Mahlzeit wird unschön unterbrochen und

das Kind weiß immer noch nicht, warum es nicht mit dem Essen spielen soll, wo es doch so viel Spaß macht! Je nachdem wie alt dein Kind ist, gehört das Spielen mit dem Essen zu einem wichtigen Entwicklungsschritt. Nahrung wird nicht nur aufgenommen, sondern mit allen Sinnen erforscht und erlebt. Im Krippenalter ist es absolut legitim, dass dein Kind so ans Essen herangeführt wird. Im Kindergartenalter (über 3 Jahre) kannst du langsam von ihm erwarten, das Spielen auf andere Dinge zu verlegen. Aber auch nur, wenn du es ihm vorlebst und es die Gelegenheit hatte, zum Beispiel mit Besteck sanktionsfrei üben zu dürfen. Überschreitet das Gepansche mit dem Essen aber deine persönliche Grenze, so biete ihm Alternativen an („Du darfst nachher in der Badewanne Wasser aus einem Glas in das andere schütten.") oder gehe aus der Situation, wenn noch eine weitere erwachsene Person am Tisch sitzen bleiben kann. Ist dein Kind älter, so sag ihm, was dich stört („Die Flecken gehen nicht mehr aus dem Holztisch, bitte hör auf damit.").

- „Wenn du jetzt in die Pfütze springst, gehen wir kein Eis mehr essen!"

  Es gibt keinen logischen Zusammenhang zwischen Pfütze und Eisessen. Logischer wäre die Formulierung: „Wenn du jetzt in die Pfütze springst, wirst du nass." Das hat zwar vielleicht auch zur Folge, dass der Besuch in der Eisdiele ausfällt, weil du keine Wechselklamotten dabeihast und dein Kind sich so nicht auf die Stühle der Eisdiele setzen sollte. Das musst du deinem Kind dann auch genau so erklären. Packe eine Erklärung aber nicht in eine „versteckte Strafe" (weil irgendwie ein logischer Zusammenhang konstruiert wurde). Das durchschaut dein Kind.

Biete in solchen Situationen eine Alternative an:

- „Ich kann verstehen, dass du große Lust hast, in die Pfütze zu springen. Wir gehen jetzt ein Eis essen und auf dem Rückweg kannst du dann so viel springen, wie du möchtest."
- Oder: „Du kannst gerne in die Pfütze springen. Danach können wir aber kein Eis mehr essen gehen, weil du pitschenass sein wirst. Was meinst du?"
- Oder sei ehrlich: „Ich habe keine Wechselklamotten dabei und nicht daran gedacht, dir eine Matschhose einzupacken. Beim nächsten Mal versuche ich besser vorbereitet zu sein. Heute möchte ich nicht, dass du in die Pfütze springst."

BITTE NICHT

Schicke dein Kind nicht bewusst weg. „Du hast deinen Bruder so geschubst, dass er sich wehgetan hat. Geh auf dein Zimmer und denke über dein Verhalten nach!" Dies setzt eine hohe Reflektionsfähigkeit voraus, was von einem Kind im Kita-Alter nicht geleistet werden kann. Es kurz aus einer Situation zu nehmen, um die Gemüter zu beruhigen, ist das eine. Dies kannst du tun, wenn du es gut dabei begleitest. Dein Kind wegzuschicken, weil es etwas getan hat, das nicht richtig ist, vermittelt die Haltung: „Wenn du funktionierst, darfst du bei mir sein. Wenn nicht, möchte ich dich nicht bei mir haben" und kommt einem Liebesentzug gleich. Sprich mit deinem Kind darüber. Je nach Alter ist das mehr oder weniger gut möglich, aber auch wenn es dir (noch) keine Antworten geben kann, hört es dich und deine Worte. Versucht herauszufinden, warum dein Kind geschubst hat, und überlegt Lösungen, wie es sich beim nächsten Mal besser ausdrücken kann. Wie es die Psychologin Michèle Liussi auf Twitter (@sternstaubkorn) so schön ausgedrückt hat: „Nicht wegschicken. Ranholen. Der Not mit Liebe begegnen."

Bei all diesen Maßnahmen der Bestrafung und Drohung lernt dein Kind eines: Andere bestimmen darüber, was richtig und was falsch ist. Andere haben eine große Macht zu entscheiden, was Glück oder Kummer für dein Kind bedeuten kann.

Natürlich gibt es Regeln. Gesellschaftliche Regeln und Familienregeln beispielsweise. An diese müssen sich alle halten, sonst funktionieren die Systeme nicht. Diese Regeln aber muss dein Kind erst lernen, und zwar mit Liebe und durch Vorleben sowie Wiederholungen, nicht mit Bestrafung. Regeln können sich auch ändern und angepasst werden. Je älter dein Kind wird, umso mehr wird es auch Dinge hinterfragen. Eine gute Gelegenheit auch für dich, alte Muster zu überdenken und mit deinem Kind neu zu gestalten. Vielleicht sind manche Dinge dann gar keine Regelübertretung mehr und müssen auch nicht mehr sanktioniert werden. Schaut euch gemeinsam an, was zu euch passt. Das gilt vor allem für Familienregeln und/oder euren Wertekanon. Binde dein Kind mit ein und höre ihm zu. Regeln, die ein Kind selbst mit aufgestellt hat, sind viel leichter einzuhalten als starre, von außen und oft für ein Kind nicht nachvollziehbare Regeln.

IMPULS

Hinterfrage dich: Kennt dein Kind die Regeln/Verhaltensweisen überhaupt, die es befolgen sollte, oder setzt du voraus, dass es sie schon von irgendwoher kennt? Wenn dein Kind nicht weiß, dass es etwas nicht tun soll, kann es das auch nicht beachten. Natürlich kannst du nicht alle Eventualitäten mit deinem Kind besprechen, du sollest das aber im Blick haben, wenn dein Kind etwas getan hat, was du nicht gut findest.

Kennt dein Kind die Regeln bereits und hat wiederholt dagegen verstoßen, dann braucht es ebenfalls deine Begleitung. Sei weiterhin Vorbild, erläutere warum dir (oder anderen) diese Regel so wichtig ist und finde Wege, die deinem Kind helfen können, sie zu beachten.

Nimm Kooperation wahr

Kinder wollen helfen, uns etwas Gutes tun und mit uns zusammenarbeiten. Oft sehen wir diese Bereitschaft gar nicht, dabei geschieht das in so vielen Momenten am Tag. Du brauchst das starke Mittel der Drohung/Bestrafung also eigentlich gar nicht, denn dein Kind ist von sich aus interessiert daran, die Dinge richtig zu machen. Es möchte dir gefallen. Es braucht allerdings dich als Vorbild, als Korrektiv, als Wegbegleiter*in, als moralische Instanz.

Es muss erst lernen, sein Verhalten so einzusetzen, dass niemand und nichts zu Schaden kommt. In diesem Alter passiert noch nichts aus Absicht, schon gar nicht aus böser. Irgendwann lernt dein Kind natürlich schon, dass eine Reaktion eine Gegenreaktion auslöst. Am Anfang geschieht vieles noch aus reiner Faszination: ein anderes Kind wird geschubst, es weint, die Mama kommt, pure Action für dein Kind. Wie bei einem Spielzeug: Es drückt einen Knopf und etwas passiert. Cool! Später dann als Mittel, um etwas zu erreichen (Das geschubste Kind geht tatsächlich weg und überlässt dem Kind den Ball. Hat also funktioniert, die Lösung führte zum Erfolg. Prima.). Jetzt musst du deinem Kind zeigen, wie es alternativ mit anderen kommunizieren kann – von allein kann es das nicht. Woher soll es das auch wissen? Dein Kind muss erst lernen, dass sein Verhalten bei einem anderen Kind zum Beispiel Schmerzen auslösen kann – es hat noch keinen Sinn dafür.

Erst ab etwa 4 Jahren ist dein Kind in der Lage, sich in andere hineinzuversetzen und somit auch abschätzen zu können, dass sein Verhalten gerade der Auslöser für etwas war (Tränen beim anderen Kind zum Beispiel). Es merkt zwar schon vorher, wenn ein anderes Kind oder ein Elternteil traurig ist, es kann aber noch keinen Zusammenhang zu seinem Tun erkennen. Ein Kind hier zu bestrafen, um eine Verhaltensänderung zu bewirken, ist völlig wirkungslos, da dein Kind es nicht verstehen würde. Das schlechte Gefühl jedoch, etwas nicht richtig gemacht zu haben, die Wahrnehmung, eine Bezugsperson ist böse auf das Kind und es hat etwas gemacht, was offensichtlich nicht richtig war, bleibt jedoch. Das Kind kann das aber nicht richtig einordnen. Dies verunsichert Kinder und Verunsicherung ist das Gegenteil von Stärken. Dein Kind braucht dich an der Stelle, um von dir zu lernen, wie man mit anderen Menschen umgeht, sodass es ihnen gut geht. Von allein kann es das noch nicht wissen.

Manchmal ist etwas auch zu verlockend oder zu verwirrend für dein Kind. Warum darf es zu Hause Dinge, die es woanders nicht darf? Wie schwer ist es für ein kleines Kind, etwas nicht anzufassen, das aber doch so schön glitzert? Wie verlockend etwas auszuprobieren, das neu in der Wahrnehmung ist? Kinder sind geborene Forscher*innen und Entdecker*innen. Sie möchten die Welt be-greifen, im wahrsten Sinne des Wortes. Dass dabei Dinge kaputt gehen können, dass sie anderen Menschen gehören und so weiter können sie noch nicht gezielt verstehen.

Überschwang und Gefühlskontrolle sind bis zum Alter von 6 Jahren auch eine richtige Herausforderung. Manchmal passieren Dinge, die sie schlicht und ergreifend noch nicht unter Kontrolle haben – und in diesem Alter auch gar nicht sollen (Bewegungsdrang zum Beispiel). Auch hier braucht dein Kind dich, um sich zu regulieren, Hinweise, dass sein Verhalten im Moment nicht passend ist und Alternativen, den Bewegungsdrang (oder was immer es eben ist) zu einem anderen Zeitpunkt ausleben zu können.

Die Frage ist also, was du mit Strafe erwirken möchtest?

1. Dein Kind soll ein unerwünschtes Verhalten ändern

Strafe erreicht hier, dass dein Kind ein Verhalten aus Angst vor Sanktionen ändert, nicht aber aus Einsicht oder innerer Überzeugung. Es lernt nichts über das Verhalten und bekommt nicht die Chance, ein anderes – erwünschteres – Verhalten kennenzulernen.

CLARA UND DIE KATZE

Clara (3 Jahre) hat der alten Katze Sina wiederholt am Schwanz gezogen. Ihr Papa Jens ist sehr ungehalten und schickt sie früher ins Bett.

Was ist passiert?

Clara kann mit ihren 3 Jahren noch nicht einschätzen, wie verletzend ihr Verhalten der Katze gegenüber ist. Aus ihrer Wahrnehmung heraus wollte sie mit der Katze nur spielen. Jens konnte dies kaum ertragen, begleitet ihn die Katze doch schon sehr viele Jahre. Es macht den Vater wütend, dass seine Tochter anscheinend überhaupt kein Gespür für ein anderes Wesen hat, und er schickt sie ins Bett, in dem sie nichts mehr anstellen kann.

Clara versteht die Welt nicht. Warum soll sie jetzt ins Bett, wo sie doch noch gar nicht müde ist? Warum ist Papa denn so wütend?

Das hätte Clara geholfen:

Sie hätte mehr aus der Situation gelernt, wenn Jens sie in den Arm genommen und ihr ruhig und klar erklärt hätte, dass es Sina sehr weh tut, wenn Clara sie am Schwanz zieht. Gemeinsam hätten sie die Katze streicheln können, um Clara zu zeigen, wie sie besser ihre Gefühle für Sina ausdrücken kann. In den nächsten Tagen hätte Jens öfter dabei sein müssen, wenn Clara sich Sina nähert, und ihr immer wieder zeigen, wie sie Sina vorsichtig streicheln kann.

Clara hätte so eine echte Chance bekommen, ein anderes, respektvolleres Verhalten zu lernen.

2. Dein Kind soll eine Konsequenz erspüren, weil es etwas angestellt hat

Sei ehrlich zu dir selbst – steht hier der Rachegedanke im Vordergrund? „Du tust etwas, was mir nicht gefällt oder mich sogar verletzt hat, jetzt muss es auch dir schlecht gehen." Das klingt nicht sehr reflektiert und erwachsen, genau das aber steckt dahinter.

SIMON UND DIE STRAFE

Simon (6 Jahre) verschweigt seiner Mama Birgit, dass er etwas kaputt gemacht hat. Beim letzten Mal, als soetwas passierte, durfte er an diesem Tag nicht mehr auf den Spielplatz. Aus Angst vor einer erneuten Sanktion behält er sein Missgeschick lieber für sich.

Was ist passiert?

Birgit hatte den Impuls zu bestrafen. Es handelte sich um ihre Lieblingsvase und sie war wirklich sauer, zumal sie Simon schon oft darum gebeten hatte, in der Nähe dieser Vase vorsichtig zu sein. Da dieser kleine Unfall direkt vor einem gemeinsamen Spielplatzbesuch passierte, bestrafte sie ihren Sohn mit Spielplatzverzicht.

Der Zusammenhang „Vase ist kaputt – Spielplatzbesuch wird gestrichen" ist nicht logisch, denn diese beiden Dinge haben nichts miteinander zu tun. Simon lernt daraus nichts, was ihn stärker machen kann. Diese Bestrafung hatte zur Konsequenz, dass Simon aus Angst vor einer erneuten Strafe ein Missgeschick verschwiegen hat.

Das hätte Simon geholfen:

Birgit hätte klar kommunizieren können, dass sie traurig über die kaputte Vase ist, gemeinsam mit Simon die Scherben aufräumen (Konsequenz aus einem Verhalten) und gemeinsam mit ihm Lösungen suchen können, dass so etwas in Zukunft nicht mehr passieren kann (Vasen stehen nicht mehr in Reichweite; Simon rennt nicht mehr im Wohnzimmer usw.).

Simon hätte dabei erfahren, dass er zu einem Missgeschick (zu Fehlern) stehen darf und dass es gemeinsam Lösungen dafür gibt. Es wird sich damit auseinandergesetzt und Hilfe angeboten. Er wird nicht als Person abgewertet und bestraft nur um des Bestrafens willen.

Gehe in Kontakt

Dein Kind macht etwas „Falsches“, du bestrafst es, fertig. Klingt konsequent. Und bekannt.

Dein Kind macht etwas „Falsches“, du bestrafst es **nicht**, fertig. Klingt konsequent. Aber auch nach antiautoritärem Erziehungsstil, nach Kindern ohne Grenzen und nach Eltern, die ihre Kinder machen lassen, was sie wollen. Erstmal klingt es fremd. Aber du kannst dich damit bekannt machen.

Erziehen ohne Strafen erfordert Kontakt

Erziehen ohne Strafen bedeutet, sehr nahe an deinem Kind zu sein. Ständig in Beziehung, aufmerksam, achtsam. Erziehen ohne Strafen bedeutet nicht, Konflikte nicht anzusprechen – im Gegenteil. Du bist mit deinem Kind ständig im Gespräch. Statt dein Kind aber aufs Zimmer zu schicken, ihm etwas wegzunehmen oder zu verbieten setzt du dich mit ihm auseinander, versuchst gemeinsam Lösungen zu finden und den Sachverhalt zu klären, nicht die Beziehungsebene. Das ist nicht immer einfach und leicht umzusetzen. Der Impuls nach Strafe ist da – und das ist nicht schlimm, denn du bist es vermutlich nicht anders gewohnt. Gerade mit Kindern, die einen sehr starken Willen haben und ständig mit dir in Diskussion und Austausch sind, die dich fordern und an deine eigenen Grenzen bringen, ist es unglaublich anstrengend.

WICHTIG

Manchmal bringt es gar nichts, direkt in der Situation das Gespräch mit deinem Kind zu suchen. Dein Kind ist emotional zu aufgewühlt, um dir zuhören zu können. Hier helfen für den Moment nur das Dasein und das Verständnis für die Wut, den Frust oder den Impuls, etwas zu tun, was nicht in Ordnung ist (etwas kaputt zu machen zum Beispiel). Wenn dein Kind zur Ruhe gekommen ist, ist ein Gespräch viel effektiver. Erklär ihm deine Haltung und deinen Standpunkt zur Situation und dass du dir ein anderes Verhalten wünscht. Da du Vorbild bist und dein Kind kooperieren möchte, wird es mit der Zeit sein Verhalten auch ohne Strafe ändern.

Strafe hat immer etwas mit Erniedrigung und Macht zu tun. Bei Macht gibt es immer eine*n Gewinner*in und eine*n Verlierer*in. In der Regel wird dein Kind verlieren. Jede Art von Strafe beschämt dein Kind auf irgendeine Weise und lässt es am Ende hilflos zurück. Strafen beeinträchtigen zumindest in Moment die Beziehung zu deinem Kind. Strafst du häufig und willkürlich, schädigt das die Bindung auf Dauer.

Dein Kind lernt von dir, dass man andere Menschen erniedrigen darf, wenn sie Dinge tun, die einem selbst nicht gefallen. Mit Macht erreicht man also sein Ziel. Das ist die Botschaft. Wenn das zu Hause so vorgelebt wird, funktioniert es bestimmt auch woanders. In der Kita, bei kleineren Kindern zum Beispiel. Ich bin überzeugt, dieses Verhalten möchtest du deinem Kind nicht vorleben.

Investiere in Bindung

Vermutlich hast du wie so gut wie jeder Elternteil in der Vergangenheit bereits bestraft. Wir sind in einer Zeit groß geworden, da war das normal und unsere Elterngeneration und die Generationen zuvor haben so sanktioniert. Du handelst also aufgrund deiner Sozialisation und dem erlerntem Verhalten. Es ist aber nie zu spät, über neue Wege nachzudenken. Ich möchte dich einladen, auch hier alte Verhaltensweisen über Bord zu werfen. Trau dich, diesen (neuen) Weg zu gehen. Mit Strafe erreichst du wenig. Mit Reden, Verständnis und Liebe auf Dauer dafür sehr viel mehr. Wenn dein Kind weiß, dass Fehlverhalten nicht sanktioniert wird, sondern gemeinsam nach Lösungen geschaut wird, geht es gestärkt aus der Situation und lernt fürs Leben.

Eine **bindungs- und bedürfnisorientierte Begleitung** deines Kindes basiert nicht auf Macht, sondern auf Liebe, Vertrauen, Augenhöhe, Wertschätzung, Respekt und Verlässlichkeit.

- Du gehst also einen neuen Weg und somit achtsam mit deiner Verantwortung um.
- Du missbrauchst sie nicht, um dich durchzusetzen. Du respektierst dein Kind als eigenständiges Wesen und begleitest seine Persönlichkeit.
- Du ziehst nicht an ihm, um es in eine bestimmte Richtung zu formen, ungeachtet dessen, was dein Kind möchte und braucht.

Im Alltag mag es sein, dass dir machtvolle Momente im Umgang mit deinem Kind passieren. Du bist kein Lehrbuch, sondern ein Mensch mit Emotionen. Wichtig ist, dass es dir auffällt und du es beim nächsten Mal anders machen möchtest.

STARK DURCH KOMMUNIKATION

Wir kommunizieren täglich – verbal und nonverbal. Mit Worten kannst du dein Kind stärken, aber auch schwächen. Im folgenden Kapitel erzähle ich dir etwas über Kommunikationsformen und gebe dir viele Beispiele, wie du positiv stärkend mit deinem Kind kommunizieren kannst.

„Man kann nicht nicht kommunizieren". Diesen Satz prägte der Philosoph Paul Watzlawick. Gemeint ist, dass alles Kommunikation ist: das gesprochene Wort, die Mimik, die Gestik, jede nonverbale Haltung. Alles signalisiert beim Gegenüber etwas und löst eine Reaktion aus. Eine Nicht-Kommunikation ist somit nicht möglich, selbst wenn nicht gesprochen wird.

Je klarer kommuniziert wird, desto mehr kommt an und desto weniger wird interpretiert. Gerade mit Kindern ist es wichtig, **klar und deutlich, einfach und präzise** zu kommunizieren. Je älter dein Kind wird, desto inhaltlich komplexer kannst du natürlich auch mit ihm sprechen. Diskutieren und sogar streiten gehört ebenfalls zu einer stärkenden Kommunikation, solange gewisse Grundregeln der Wertschätzung und des Respekts eingehalten werden. Daran wird dein Kind wachsen.

Dazu gehört:

- zuzuhören und einander ausreden zu lassen
- nicht beleidigend oder verletzend zu werden
- bei sich zu bleiben (siehe auch → Ich-Botschaften, S. 132)

- sachlich zu bleiben, so gut wie möglich
- andere Meinungen gelten zu lassen
- Kompromisse und gute Lösungen für alle zu finden

So kommunizierst du klar

Je schwammiger du kommunizierst, desto weniger kann sich dein Kind darauf konzentrieren, was du möchtest, und kann oftmals nicht verstehen, um was es geht. Das führt zu Missverständnissen. Dein Kind braucht eine verlässliche und klare Kommunikation, um sich zurechtzufinden und entsprechend handeln zu können.

- Stelle deinem Kind zum Beispiel keine Fragen, wenn du nicht mit jeder Antwort klarkommst und diese respektierst und akzeptierst. Wenn du möchtest, dass dein Kind sein Zimmer aufräumt, dann formuliere es so. „Räum bitte jetzt dein Zimmer auf." ist eine klare Ansage. „Möchtest du dein Zimmer bitte aufräumen?" ist eine Frage, die dein Kind mit Ja oder Nein beantworten kann. Respektierst du dein Kind, so respektierst du auch jede Antwort. In manchen Situationen ist das in Ordnung, in anderen aber steht eine Bitte oder ein Bedürfnis von dir dahinter – formuliere dies dann auch klar für dein Kind.
- Wenn du Sorge hast, dass es zu harsch für dein Kind ist: Eine klar formulierte Ansage kann durchaus auch freundlich sein. Hier macht der Ton die Musik. Und nicht nur der Ton, auch Mimik und Gestik spielen eine wichtige Rolle. Wendest du dich deinem Kind zu und sprichst in einem respektvollen Ton mit ihm, wird es deine Ansage ganz anders annehmen, als wenn du dich drohend vor ihm aufbaust. Das passiert sehr leicht, allein schon aufgrund eurer unterschiedlichen Körpergröße. Hab das im Blick.
- Dein Kind braucht in manchen Situationen diese Art der Führung und klaren Ansagen. Je jünger ein Kind ist, desto mehr Klarheit braucht es auch. Es ist noch nicht in der Lage, herauszuhören oder

zu erahnen, was du wirklich möchtest. So machst du es deinem Kind nur unnötig schwer. Stellst du eine Frage und missachtest jede Art der möglichen Antwort, so ist dies wenig wertschätzend. Dein Kind merkt schnell, wenn es sich nur um eine Pro-Forma-Bitte handelt und es nicht ernst genommen wird. Dies aber ist wie schon oft gehört wichtig für dein starkes Kind.

- Bei noch sehr kleinen Kindern hilft es außerdem, eine Handlung gemeinsam durchzuführen und deinem Kind zu zeigen, was du von ihm möchtest. So lernt es für das nächste Mal und kann deine Worte besser zuordnen und umsetzen. Das geschieht nicht von heute auf morgen, aber nach einer gewissen Routine versteht dein Kind, was du möchtest. Räume also das Zimmer gemeinsam mit deinem Kind auf und begleite es verbal: „Das räumen wir jetzt in die Schublade, schau, das gehört hierhin, die Bücher stellen wir dorthin." Dein Kind fühlt sich mitgenommen und ihr beide agiert auf Augenhöhe. Starke Sache! Hilf deinem Kind, indem du kleine Alltagshelfer einbaust. Eine Kiste mit einem Bild darauf, was hineingehört, hilft deinem Kind schon sehr, den Überblick zu behalten und eine Struktur zu verfolgen.
- Unklar ist deine Kommunikation auch, wenn die Worte durch Mimik, Gestik und Körperhaltung oder Betonung ins Umgekehrte gedreht werden. Eine scheinbar freundlich formulierte Bitte mit scharfem Unterton oder ablehnender oder sogar aggressiver Körperhaltung bewirkt genau das Gegenteil oder zumindest maximale Verwirrung bei deinem Kind (und auch anderen Personen).
- „Wäre es jetzt möglich, dass du BITTE endlich die Malsachen vom Esstisch aufräumst?!" ist zwar eine Bitte, aber eine sehr unfreundlich formulierte Bitte. Das „endlich" zeigt, dass es schon längst überfällig ist und dein Kind etwas nicht (gut) gemacht hat. Erklärst du dein Gefühl, dein Bedürfnis oder einen anderen Hintergrund der Bitte, wirkst du auf dein Kind viel klarer: „Räum bitte deine Malsachen weg. Wir essen gleich und ich möchte den Tisch decken."

WICHTIG

Ironie und Sarkasmus verstehen Kinder bis ins Grundschulalter gar nicht beziehungsweise nur sehr schwer. Sie nehmen deine Worte ernst und sollten dabei nicht enttäuscht werden, weil du sie gar nicht so gemeint hast. Es ist für ein Kind unglaublich schwierig, die Komplexität unserer Sprache zu verstehen. Bitte erschwere das nicht durch lustig gemeinte Sätze, die so nicht gemeint sind. Die gute Nachricht: Irgendwann ist dein Kind bereit für Ironie und Sarkasmus (wenn es das auch möchte). Im Kindergartenalter solltest du jedoch darauf verzichten. „Na, das hast du ja jetzt wieder toll gemacht!" mit ironischem Unterton, wenn dein Kind etwas verschüttet hat, ist keine klare Botschaft. Es versteht in der Regel nur den Inhalt („toll gemacht") und nicht, warum du nun verärgert bist und es das nicht mehr tun soll.

Verzichte auf Verallgemeinerungen

Bitte vermeide Begriffe wie *immer, nie, ständig* und *schon wieder*. Vermutlich wird es auch gar nicht der Wahrheit entsprechen, dass dein Kind „nie" aufräumt oder „immer" laut ist. Damit zeigst du deinem Kind nur, dass du es nicht immer richtig wahrnimmst und das Negative über das Positive stellst beziehungsweise das Positive gar keinen Stellenwert hat. Bleibe also bei der konkreten Situation und benenne sie auch so: „Im Moment ist es mir zu laut." Vermutlich hast du solche Verallgemeinerungen, wie „Immer musst du das letzte Wort haben!" selbst oft schon gehört. Versuche dich zu erinnern, was dies in dir ausgelöst hat und wie machtlos du im ersten Moment deinem Gesprächspartner oder deiner Gesprächspartnerin gegenübergestanden bist. Verallgemeinerungen sind zunächst immer ein K.o.-Kriterium. Unfair sind sie obendrein. Überlege also gut, ob du das deinem Kind zumuten möchtest.

Achte auf Interpretationen

Wir Menschen neigen dazu, alles Gehörte für uns je nach eigenen Erfahrungen, Emotionen und auch Befindlichkeit zu interpretieren. Eine sachliche Annahme des Gesagten ist dann nicht möglich. Dann geht das berühmte Kopfkino los und Gedanken, Ideen und Meinungen drehen sich in unseren Köpfen. Eine wunderbare Grundlage auch für Vorurteile und Schubladendenken.

Interpretierst du die Aussagen deines Kindes auf diese Weise, stellst du es auf eine niedrige Stufe: Du als Erwachsene*r weißt es besser, auch wenn du in einer Situation nicht dabei gewesen bist. Du als Erwachsene*r weißt automatisch über die Gefühlswelt deines Kindes Bescheid und kannst sie auch noch beurteilen. Alles allein aufgrund der Tatsache, dass du groß bist und dein Kind klein. In manchen wenigen Situationen mag das auch zutreffen, weil du mehr Lebenserfahrung hast. Dennoch hat dein Kind ein Recht auf eigene Erlebnisse, Emotionen und Empfindungen, die vielleicht von deinen abweichen. Hör deinem Kind bewusst und wertneutral zu, was es sagt oder zeigt, und schiebe deine eigenen Interpretationen auf die Seite. Vertraue deinem Kind, dass es die richtigen Worte findet und für sich selbst die Situation einschätzen kann.

Sätze, die du vermeiden solltest:

„Du hast bestimmt keinen Hunger mehr.“
„Das hat deine Lehrerin so bestimmt nicht gesagt!“
„Du machst das doch nur, um mich zu ärgern!“

Vermeide bitte ebenfalls:

- unkonstruktive Kritik („Du machst das nicht richtig, das hast du falsch gemacht“, usw.)
- Bewertungen („Du bist gut, schlecht, faul, langsam, ...“)
- Analysen („Wenn du das gemacht hättest, dann ...“)
- Prognosen („Aus dir wird nie was!“)

- Pro-Forma-Wahlmöglichkeiten (entweder/oder) sind keine echten Wahlmöglichkeiten in einer Situation. Dazu gehört natürlich nicht die Wahl zwischen Wasser oder Tee, sondern die Wahl zwischen zwei Möglichkeiten, von denen du weißt, dass keine für dein Kind besonders angenehm ist oder es keine echte Alternative gibt, keines von beiden anzunehmen.

So kommunizierst du gewaltfrei

Wie viel Gewalt steckt in unserer Kommunikation? Auch Worte können Schläge sein – diesem Sprichwort wird leider viel zu oft Leben eingehaucht. Psychische Verletzungen oder Misshandlungen geschehen meistens aufgrund einer gewaltvollen Kommunikation. Dazu gehört jede Form der Erniedrigung und Demütigung, jemanden ins Lächerliche zu ziehen, klein zu machen, abzuwerten oder sich über jemanden lustig zu machen. Damit schwächst du dein Kind – oft auch unbewusst. Sprache sollte aber (be-)stärken und nicht schwächen und verletzen.

Vor allem, wenn es um Konflikte geht, ist eine gewaltfreie Kommunikation wichtig und wirkt auch oft deeskalierend. Wenn dein Kind spürt, es ist dir wirklich wichtig, auf Augenhöhe zu kommunizieren, selbst wenn die Situation einen Konflikt darstellt, wirst du auf viel mehr Verständnis und Entgegenkommen stoßen als mit wütenden machtvollen (teilweise veralteten) Kommunikationsstrukturen.

Gewaltfreie Kommunikation, auch wertschätzende Kommunikation, bedeutet nicht, dass du keine Konfliktgespräche mit deinem Kind führen sollst, dass es immer recht hat, du es auf einen Sockel stellst, du unangenehmen Gesprächen aus dem Weg gehst und dein Kind „in Watte gepackt" wird. Vielleicht wirst du von außen auf solche Vorurteile stoßen. In der Regel von Menschen, die selbst sehr machtdominant kommunizieren.

Gewaltfreie Kommunikation bedeutet, dass ...

- deine Worte auch in schwierigen Situationen wertschätzend, respektvoll und wohlwollend gewählt sind.
- du ohne Macht und Gewalt in der Sprache auskommst, wenn du mit deinem Kind (oder jedem anderen) in den Austausch trittst.
- dein Kind von dir lernt, dass es auch in Konfliktsituationen von dir geliebt und wertgeschätzt wird und seine Belange gesehen und angehört werden, egal, was vorher passiert ist.
- deine Liebe zu ihm nicht von seinem Verhalten abhängig ist. Das zeigst du deinem Kind auch mit Worten. Ziemlich stark!

Sprich in Ich-Botschaften

Ganz wichtig in einer wertschätzenden Kommunikation, gerade wenn es um inhaltlich unterschiedliche Ansichten oder Aufforderungen geht, sind Ich-Botschaften.

Bleibe immer bei dir und vermeide eine persönliche Anklage. Teile mit, was du brauchst oder möchtest und erzähle aus deiner Sicht.

Im Umgang mit Kindern ist man schnell dabei, aus der Ich-Perspektive in die Du-Perspektive zu wechseln. Das passiert auch oft, wenn man mit einem Menschen in einer sehr engen Beziehung steht, zum Beispiel in der Partnerschaft. Es ist auch viel leichter, den anderen zu beschuldigen, als auf die eigenen Gefühle zu achten und diese auch noch preiszugeben. Dazu ist es wichtig zu wissen, welche eigenen Gefühle man selbst überhaupt hat.

Die anderen, und vor allem dein Kind, können nichts für deine Gefühle oder dafür, was bestimmte Situationen oder Aussagen in dir auslösen.

Wertende Sätze

Kommen dir folgende Sätze so oder so ähnlich bekannt vor?

- „Du machst mich mit deinem Gebrüll wahnsinnig!"
- „Du machst mich wütend!"

Mit solchen Sätzen stellst du dich und dein Empfinden über das deines Kindes. Dein Kind löst etwas in dir aus, was es vermutlich gar nicht abschätzen kann. Du bringst dein Kind in eine Art Verteidigungshaltung und in die Lage, sich rechtfertigen zu müssen. Du überträgst die Verantwortung für dein Empfinden, deine Gefühle, deine Wut auf dein Kind. Ganz schön viel Last in diesem Moment für ein kleines Wesen. Gleichzeitig wertest du dein Kind ab und bewertest es.

- „Streng dich doch mal an!"
- „Denk doch mal nach!"

Solche Sätze signalisieren deinem Kind, es hätte bisher nicht nachgedacht oder sich angestrengt. Das ist keine respektvolle Rückmeldung, zumal du nicht wissen kannst, ob sich dein Kind sehr wohl etwas dabei gedacht oder sich angestrengt hat. Wie frustrierend kann so ein Satz wirken!

- „Du bist unmöglich!"

Sätze wie dieser sind unglaublich wertend. Dein Kind kann damit auch inhaltlich überhaupt nichts anfangen. Was bedeutet denn unmöglich sein? Welches Verhalten soll es denn nun konkret verändern? Womit genau hat es jetzt deinen Zorn entfacht? Du erreichst damit nur Unverständnis und Unsicherheit bei deinem Kind und gibst keine klare Rückmeldung, die es aber braucht, um dich zu verstehen. In einer Ich-Botschaft ist immer ein Gefühlsteil (der eigene) und ein inhaltlicher Teil versteckt; letzterer sollte neutral, sachlich und ohne Bewertung kommuniziert werden.

Umwandlung einer Du-Botschaft in eine Ich-Botschaft

In den folgenden Beispielen siehst du, wie die anklagende und bewertende Du-Formulierung in eine mitteilende Ich-Formulierung umgewandelt werden kann:

Du-Botschaft	Ich-Botschaft
„Du bist so unordentlich!“	„Mir ist es zu unordentlich, ich fühle mich in diesem Chaos nicht wohl.“
„Du hörst zu laut Musik!“	„Für mich ist die Musik zu laut. Sie tut mir in den Ohren weh.“
„Du störst mich!“	„Ich möchte mich konzentrieren, wenn du leiser bist, gelingt mir das besser.“
„Du bist viel zu wild!“	„Wie schön, du möchtest dich bewegen. Mach das bitte draußen im Garten und nicht im Wohnzimmer, hier habe ich Sorge, dass etwas kaputt geht.“

WICHTIG

Eine Umwandlung in eine Ich-Botschaft mit versteckter Abwertung ist keine echte Umwandlung. Die Abwertung ist nur versteckter formuliert, die Anklage bleibt.

Zum Beispiel: „Ich freue mich, dass du heute endlich mal nicht getrödelt hast!“ Die Worte *heute* und *endlich* bedeuten, dass dein Kind sonst immer bummelt. Das macht die positive Aussage schon wieder zunichte, da eine Kritik versteckt ist. Neutral wäre die Formulierung: „Ich freue mich, dass du dich beeilt hast.“

Alle Formulierungen, die eine Wertung beinhalten, sollten gut überlegt sein. Zum Beispiel: „Du bist heute aber hübsch.“ Dein Kind könnte denken, du findest es sonst nicht hübsch. Außerdem löst ein solcher Satz das Gefühl aus, dass dein Kind nur Anerkennung erhält, wenn es besonders „hübsch“ ist und „hübsch sein“ eine erstrebenswerte Eigenschaft ist.

Vielleicht denkst du dir gerade, man kann auch die Kirche im Dorf lassen und muss nicht jedes Wort auf die Goldwaage legen. Das stimmt natürlich. Ich möchte dich aber sensibilisieren, was scheinbar in deinen Augen harmlose Worte bei einem kleinen Kind auslösen können. Manche Äußerungen passieren im Affekt und unüberlegt. Ist die Bindung zu deinem Kind sicher und gebunden, so wird es deinem Kind nichts ausmachen, wenn sie die Ausnahme bleiben. Sind sie aber Teil deines täglichen Sprachgebrauchs, so brennen sie sich bei deinem Kind ein und können Auswirkungen auf die Psyche haben.

Worte haben viel Macht – gehe bitte sehr sorgsam mit ihnen um.

Nutze Giraffensprache

Die gewaltfreie Kommunikation, in der die Ich-Botschaften eine große Rolle einnehmen, wird auch Giraffensprache genannt.

Der Begründer der Giraffensprache, Marshall Rosenberg, hat in seinen Seminaren und Vorlesungen viel mit Handpuppen gearbeitet. Für den Part der gewaltfreien Kommunikation hat er die **Giraffe** gewählt, für den Part der gewaltvollen den **Wolf**.

Die **Giraffe** ist ein großes Tier mit hohem Hals und hat somit einen guten Überblick über eine Situation. Sie hat als großes Tier auch ein großes Herz und weiß es einzusetzen. Ihre Kommunikation ist geprägt von Wertschätzung und Respekt. Sie fragt, was der oder die andere braucht und wie es ihm oder ihr geht. Sie ist freundlich und positiv und formuliert ihre Sätze in Ich-Botschaften. Sie stärkt ein Kind in seiner gesamten Persönlichkeit und lässt es wachsen.

Im Gegensatz dazu steht der **Wolf**, der als unbeherrschter dargestellt wird. Er und nur er steht im Mittelpunkt, alles muss sich nach ihm und seinen Bedürfnissen richten.

Wenn dir diese Assoziation nicht gefällt, kannst du natürlich jederzeit ein anderes Tier oder ein anderes Gegenüber einsetzen – ein grummeliges Monster zum Beispiel. Auch für die Giraffe kannst du jedes andere Tier verwenden; sie bietet sich nur aufgrund ihrer Größe als Zeichen eines guten Überblickes gut an. Ist dein Kind in der Dino-Phase kannst du als Giraffe beispielsweise den Brachiosaurus wählen und für den Wolf den Tyrannosaurus-Rex.

Der **Wolf** ist nicht besonders wertschätzend. Er ist anklagend und negativ, oft am Schimpfen und Bewerten. Er legt den Fokus auf das Negative, geht auf Fehlersuche und Schuldzuweisungen und beleidigt. Häufig interpretiert er das Gesagte und wertet es anschließend mit seiner eigenen Meinung. Er spricht in Du-Botschaften. Er schwächt somit ein Kind in seiner gesamten Persönlichkeit.

Sätze und Sprüche aus der **Wolfsprache**:

- „Wie es hier schon wieder aussieht!"
- „Immer lässt du deine Sachen überall liegen!"
- „Deine Cousine Tara kann das aber schon!"
- „Du hast doch schon genug Spielsachen. Nie bist du zufrieden mit etwas!"
- „Wenn du so weiter machst, mag keiner mehr mit dir spielen."
- „Dafür bist du noch viel zu klein."
- „Warum bist du immer so langsam?"
- „Wenn du nicht aufräumst, gibt es kein Eis!"
- „Jetzt stelle dich nicht so an, ich bekomme auch nicht immer alles im Leben!"

Du merkst vielleicht schon beim Lesen, dass diese Art der Kommunikation dein Kind nicht besonders stärken wird.

Anders verhält es sich, wenn die **Giraffe** spricht.

Wolfsprache		Giraffensprache
„Wie es hier schon wieder aussieht!"	→	„Ich sehe, du bist sehr kreativ in der Gestaltung deines Zimmers. Mir aber ist es zu unordentlich, ich mag es lieber aufgeräumter. Außerdem habe ich Sorge, dass es hier bald zu müffeln beginnt."
„Immer lässt du deine Sachen überall im Haus liegen!"	→	„Mir ist Ordnung wichtig. Es gefällt mir nicht, wie unordentlich das Haus aussieht. Lass uns Lösungen finden, wie wir deine Sachen besser aufräumen."
„Deine Cousine Tara kann das aber schon!"	→	„Schau, was du besonders gut kannst."
„Du hast doch schon genug Spielsachen. Nie bist du zufrieden mit etwas!"	→	„Ich verstehe, dass du gerne neues Spielzeug möchtest. Du hast aber noch so viele andere Sachen, mit denen du kaum spielst. Lass uns gerne eine Wunschliste für Weihnachten gestalten."
„Wenn du so weiter machst, mag keiner mehr mit dir spielen."	→	„Wir schauen gemeinsam, was du gerade brauchst."
„Dafür bist du noch viel zu klein."	→	„Schau mal, was du schon alles kannst. Wenn du magst, helfe ich dir gerne bei XY. Sag du es mir."
„Warum bist du immer so langsam?"	→	„Mir ist wichtig, pünktlich zu sein. Beeile dich bitte."
„Wenn du nicht aufräumst, gibt es kein Eis!"	→	„Lass uns dein Zimmer gemeinsam aufräumen, dann gehen wir Eis essen."
„Jetzt stelle dich nicht so an, ich bekomme auch nicht immer alles im Leben!"	→	„Ich verstehe, wie wütend und traurig du bist, dass du an der Kasse keinen Schokoriegel bekommen hast. Du hattest heute aber schon sehr viel Süßigkeiten. Das ist gerade sehr schwer für dich, richtig?"

Du merkst nun, dass diese Art der Kommunikation um ein vielfaches wertschätzender ist, dein Kind gesehen wird und ihr gemeinsam nach Lösungen sucht. Es wird ein Umstand, eine Tatsache angesprochen und nicht die Persönlichkeit deines Kindes beurteilt oder (ab) gewertet.

IMPULS

Fallen dir noch mehr Beispiele aus deinem Alltag ein? Schreibe sie auf und antworte einmal als Wolf und anschließend als Giraffe. Welche Arten der Antworten sind aktuell in deinem Sprachgebrauch mit deinem Kind? Welche ging dir also leichter von der Hand? Reflektiere diese Beispiele in vier Wochen erneut, dann in weiteren vier Wochen und so weiter. Bemerkst du eine Veränderung? Ist es dir leichter gefallen, die Giraffensprache anzuwenden?

Bei der Giraffensprache gibt es vier Ebenen, die vor allem in einer Konfliktsituation wichtig sind. Sie können aber auch in positiven, schönen Momenten angewendet werden.

VIER EBENEN DER GIRAFFENSPRACHE:

Beobachtung

Formuliere diese möglichst sachlich und wertfrei.
Was hast du wahrgenommen? Worum geht es eigentlich?
„Ich sehe …"
„Ich nehme wahr …"

Gefühl

Formuliere es unbedingt als Ich-Botschaft.
Was hat deine Wahrnehmung in dir ausgelöst, wie geht es dir?
„Ich bin …"
„Ich fühle mich …"

Bedürfnis
Hinter so gut wie jedem Gefühl steckt ein Bedürfnis.
Auch das sollte als Ich-Botschaft formuliert sein.
„Mir ist wichtig, dass …“
„Ich brauche …“

Bitte
Formuliere eine Bitte, die hinter deiner Kommunikation steckt.
Was möchtest du konkret?
„Kannst du bitte …“

Hier ein Beispiel: Dein Kind will beim Abholen in der Kita nicht gleich mitkommen, dir ist das aber sehr wichtig. So kannst du die vier Ebenen in dieser Situation in deine Bitte einbinden:

- Beobachtung: „Ich sehe, dass du gerne noch in der Kita weiterspielen möchtest.“
- Gefühl: „Ich bin aber sehr müde und hungrig nach der Arbeit.“
- Bedürfnis: „Ich würde gerne kochen und essen.“
- Bitte: „Bitte komm jetzt mit. Du kannst zu Hause weiterspielen.“

Oder wenn dein Kind seinem Geschwisterchen etwas weggenommen hat:

- Beobachtung: „Du hast ohne zu fragen den Ball deines kleinen Bruders genommen. Jetzt streitet ihr.“
- Gefühl: „Das ärgert mich.“
- Bedürfnis: „Ich möchte Frieden und Rücksichtnahme zwischen euch.“
- Bitte: „Bitte frag in Zukunft oder nimm dir ein anderes Spielzeug.“

Die Giraffensprache kannst du üben. Du wirst sie nicht über Nacht beherrschen und die wenigsten Menschen wenden sie immer in jeder Situation konsequent an. Es geht aber darum, ein Bewusstsein zu schaffen und dabei helfen dir diese Ebenen als Basis. Im Alltag wird es nicht möglich sein, vor jeder Kommunikation diese vier Ebenen abzurufen und anzuwenden. Je öfter du dich aber damit beschäftigst und es ausprobierst, desto mehr wirst du diese Art der Kommunikation verinnerlichen und automatisch anwenden. Hilfreich ist es auch, am Abend Situationen vom Tag gedanklich nachzuspielen. Wie hast du reagiert? Wie hättest du in der Giraffensprache reagieren können?

Dabei ist es nicht immer wichtig, die Reihenfolge der vier Ebenen einzuhalten – so wie es gerade passt, passt es. Wichtig ist auch, dass du keine Formulierungen auswendig lernst, sondern die gewaltfreie Sprache in deinen eigenen Sprachgebraucht übergeht. Sie soll nicht gestellt oder aufgesetzt wirken. Dies gelingt, wenn du sie so oft übst und einsetzt, bis du nicht mehr darüber nachdenken musst. Das dauert seine Zeit – sei also nicht zu streng mit dir, wenn es nicht immer gleich auf Anhieb funktioniert.

Auch Kinder können die Giraffensprache lernen. Manche Kitas und Grundschulen bieten eigene Programme dafür an. Je früher und intensiver die Giraffensprache bei euch in der Familie also Einzug hält und beachtet wird, desto natürlicher fließt sie in euren Sprachgebrauch ein. So stärkst du nicht nur dein Kind, indem du wertschätzend mit ihm sprichst, sondern auch seine eigene Kommunikationsstärke. Und wie immer: Du bist das beste Vorbild für dein Kind.

Die Bedürfnisse deines Kindes sehen und darauf eingehen

Wenn du mit deinem Kind anhand dieser vier Ebenen kommunizierst, sind diese auch immer auf dein Kind anzuwenden. Sprich auch die Gefühle und Bedürfnisse deines Kindes nehmen einen großen Raum ein.

Wenn dein Kind zum Beispiel seine Schuhe auf dem Weg zur Kita nicht anziehen will, obwohl es draußen regnet und sehr kalt ist, wären folgende Sätze wertschätzend, verständnisvoll und stärkend:

- „Ich merke, dass dich das Schuheanziehen gerade sehr frustriert. Möchtest du mir sagen, was passiert ist?“ (Dein Kind wird gesehen und ernst genommen.)
- „Möchtest du vielleicht andere Schuhe anziehen?“ (Dein Kind wird mit einbezogen.)
- „Wäre es möglich, dass du eigentlich überhaupt nicht in die Kita möchtest? Bei uns ist es heute so warm und gemütlich, bestimmt ist es das in der Kita aber auch. Allerdings ist der Weg dorthin erstmal kalt und ungemütlich. Sollen wir einen Taschenwärmer mitnehmen, dass es dir nicht so kalt wird?“ (Du äußerst eine Vermutung und teilst sie deinem Kind mit. Du fragst, ob deine Vermutung richtig ist, und zeigst Verständnis dafür. Dann bietest du eine Lösung an und bindest dein Kind mit ein.)
- „Ich laufe auch super gerne barfuß. Heute aber ist es zu kalt. Ich habe Angst, dass du krank wirst, wenn du so lange im Regen barfuß läufst. Mir ist es sehr wichtig, dass du für den Weg deine Schuhe anziehst.“ (Du teilst deine Gefühle, Befürchtungen und Ängste. Gleichzeitig teilst du eine Gemeinsamkeit mit und signalisierst, dass du dein Kind grundsätzlich sehr gut verstehen kannst.)

Du bleibst so immer auf der Empathie-Ebene und im Austausch mit deinem Kind. Du zeigst Interesse und möchtest ehrlich verstehen, was hinter seinem Verhalten steckt. Gleichzeitig gibst du eine ehrliche Rückmeldung, warum es dir so wichtig ist, dass dein Kind die Schuhe anzieht und nicht barfuß bei Wind und Wetter in die Kita marschiert. Am Ende wirst du entscheiden, denn dein Kind ist noch zu klein, um diese Art Entscheidung mit allen Auswirkungen treffen zu können. Du nimmst es aber mit, bist offen für Wünsche (andere Schuhe zum Beispiel) und begleitest dein Kind liebevoll durch diese für es frustrierende Situation.

IMPULS

Die Giraffensprache lernst du nur durch Übung! Trau dich. Formuliere folgende Sätze in die Giraffensprache um und ergänze anschließend um die Bedürfnisse deines Kindes.

„Immer machst du Theater ums Zähneputzen. Jetzt ist endgültig Schluss, du putzt jetzt sofort die Zähne und gehst dann ins Bett."

„Hör auf, im Auto ständig gegen den Sitz zu treten. Ich baue wegen dir noch einen Unfall!"

Übe das immer wieder im Alltag.

So lobst du richtig

Jeder Mensch strebt nach Lob und Anerkennung. Besonders bei Kindern ist es sehr wichtig für ihre Entwicklung und stärkt sie für das Leben. Lob kann sehr viele Gefühle auslösen. Nicht alle sind auf den ersten Blick angenehm. Zum Beispiel schämen wir uns nicht selten, wenn wir gelobt werden. Auch viele Erwachsene können mit Lob von außen nicht immer gut umgehen.

IMPULS

Wie ist es bei dir? Wie fühlt es sich an, wenn du gelobt wirst? Kannst du Lob gut annehmen oder ist es dir eher unangenehm und peinlich (vor anderen) gelobt zu werden?

Wie gut oder schlecht man Lob annehmen kann, hängt auch oft von der Person ab, die es ausspricht. Wichtig dabei sind Mimik, Gestik und Körperhaltung.

Bleiben wir bei deinem Loben: Dein Kind macht etwas in deinen Augen Positives und du möchtest es gerne positiv bestärken. Vermutlich geschieht das auch, ohne dass du groß darüber nachdenkst. Du findest etwas super und äußerst das auch, in der Absicht, deinem Kind damit etwas Gutes zu tun.

Kann Lob aber auch falsch sein? Vermutlich wird es dich überraschen, aber übertriebenes und zu häufiges Lob kann Kinder sogar eher schwächen. Zum Beispiel wenn du dein Kind für jedes Kunstwerk überschwänglich lobst.

Vermeide zu viel Lob

Lobst du dein Kind ständig und für alles, was es tut, auch wenn es sich um alltägliche Dinge handelt, so wird dein Kind abhängig von diesem Lob. Bleibt es dann einmal aus, wird dein Kind unsicher. Sein Selbstwertgefühl ist aufgebaut auf diese Form der Bestätigung von außen und davon abhängig. Fällt das Lob also weg, fällt damit auch eine große Stütze des Selbstwertgefühles weg. Der Aufbau eines eigenen, von Dritten völlig unabhängigen Selbstvertrauens, wird immens erschwert. Im Prinzip der gleiche Effekt wie bei zu viel Kritik – dein Kind wird von außen bewertet und erhält nicht die Möglichkeit zu lernen, seine Persönlichkeit und das, was es ausmacht, selbst einzuschätzen.

Kleinkinder brauchen erstmal keine Bestätigung von uns. Sie machen ihr Ding und lernen erst durch unser Verhalten, dass sie Dinge „gut" oder „schlecht" machen können. Ohne diese Bewertung würden sie einfach weiter ausprobieren und sich erfahren. Ruft dein Kind „Schau mal, Papa!", möchte es in erster Linie wahrgenommen und gesehen werden. Eine Reaktion wie „Hast du toll gemacht, Schatz!" bringt es erst auf die Idee, dass sein Handeln bewertet wird. Wird es positiv bewertet, liegt auch schon bei einem Kleinkind der Verdacht nahe, dass es diese Dinge auch hätte schlecht machen können. Die Idee, dass sein Handeln überhaupt bewertet werden könnte, ist neu für dein Kind. Das ist ein typisches Erwachsenending.

Erwünschtes Verhalten wird mit Lob, Liebe, Anerkennung gewertet. Unerwünschtes Verhalten mit Kritik, Schimpfen, Ablehnung. Kinder machen also Dinge, um positiv bewertet zu werden, und nicht, um wirklich zu verstehen, was dahintersteckt. Sie lernen nicht, ein Gespür für richtiges Verhalten zu entwickeln. Das solltest du gut begleiten und bedenken. Lobst du zu überschwänglich („So toll wie du kann niemand sonst malen!“), dann lernt dein Kind, dass es immer Höchstleistungen bringen sollte, um anerkannt zu werden. Die Messlatte für weitere Bilder ist ziemlich hoch gehängt.

Lobe mit Bedacht

Deshalb hier einige Anregungen, wie Loben gut funktionieren kann:

- **Lobe dein Kind nur, wenn es wirklich so gemeint ist**
  Lob sollte immer ehrlich sein und von Herzen kommen. Ein lapidares und knappes „Ja, schön gemacht.“ ohne wirkliche Aufmerksamkeit für dein Kind führt irgendwann dazu, dass es sich nicht mehr ernst genommen fühlt. Gleiches gilt, wenn du routinierte Alltagsdinge, die es schon längst kann, immer wieder über den grünen Klee lobst. Das Lob verliert seine Glaubhaftigkeit und somit seine Wirkung. Dabei möchtest du doch genau das Gegenteil bewirken!
- **Gib konkretes Feedback**
  Also besser nicht loben? Natürlich nicht. Eine Bestärkung und Anerkennung durch positives, aber konkretes Feedback ist sehr wichtig für dein Kind. Teile ihm mit, was genau du gut findest. „Toll, wie du auf das Klettergerüst geklettert bist.“ kannst du mit „Oh, so hoch kannst du klettern!“ viel deutlicher beschreiben. Dein Kind kann damit viel mehr anfangen, da es weiß, was genau es denn „toll“ gemacht hat.
- **Erkenne seine Bemühungen an**
  „Du bist ja ein*e große*r Künstler*in“ kannst du mit „Wow, wie lange du an diesem Bastelprojekt gearbeitet hast!“ ebenfalls ausdrücken. Du erkennst damit zwar weniger das Ergebnis (die Fähigkeit) an, allerdings wertschätzt du die Bemühung und An-

strengung, die dahintersteckt. Das motiviert dein Kind viel mehr als ein unspezifisches Lob, das es nicht einordnen kann. Dein Kind lernt, dass eigene Anstrengung zu einem Ergebnis führt und es etwas eigenmotiviert geschafft hat. Wie stark! Das Ergebnis kannst du immer noch anerkennen, aber bitte auch so konkret wie möglich.

- **Bedanke dich bei deinem Kind**
  „Super, dass du die Windel in den Müll geworfen hast." kannst du in „Danke, dass du die Windel in den Müll geworfen hast." umwandeln. Mit Erwachsenen würdest du es nicht anders machen. Vermutlich sagst du eher „Danke, dass du die Spülmaschine ausgeräumt hast." und nicht „Toll, wie geschickt du die Spülmaschine ausgeräumt hast!" Dein Gegenüber würde sich ziemlich veräppelt fühlen und deinem Kind geht es genauso. Ein „Danke" passiert auf Augenhöhe, ein Lob auf einem Ungleichgewicht (Ich bewerte, was du getan hast.).
- **Lobe ohne manipulierende Hintergedanken**
  „Du kannst doch so gut malen, malst du der Oma ein Bild zum Geburtstag?" oder „Komm, du kannst doch schnell laufen, also schnell nach Hause." ist ein Lob mit Hintergedanken. Eigentlich möchtest du keine Stärke deines Kindes wertschätzen, sondern damit etwas bezwecken, und zwar für dich – ziemlich fies, oder? Mit deinem Kind hat das nichts zu tun. Stelle deine Frage also ohne vorheriges Lob – es ist eh nicht ernst gemeint, sondern nur Mittel zum Zweck. „Möchtest du der Oma ein Bild zum Geburtstag malen?" Das passiert auch im Alltag. Du möchtest ein Verhalten deines Kindes loben, um es zu verstärken, also erreichen, dass es dies nun öfters macht. „Oh toll hast du dein Zimmer aufgeräumt!" soll bewirken, dass dein Kind nun öfters aufräumt. Clever. Hat nur mit bestärkendem Lob nichts zu tun. Hier wäre ein Danke besser platziert.

- **Erkenne an, wenn dein Kind Fehler zugibt**
  „Ich freue mich, dass du mir erzählt hast, dass du Lina geärgert hast. Das zuzugeben erfordert viel Mut. Danke dafür!“ oder „Danke, dass du zugegeben hast, dass du vergessen hast, mir den Zettel für den Ausflug zu geben. Das kann passieren. Fehler zuzugeben ist nicht leicht. Mir fällt das auch oft schwer. Wir sprechen morgen gemeinsam mit deiner Erzieherin und sagen ihr, dass du auch mitgehen darfst.“ Dein Kind ist über seinen Schatten gesprungen und hat sich dir anvertraut. Eure Bindung ist also so, dass dies ohne Angst möglich ist. Wenn dein Kind von dir lernt, dass Fehler zu machen okay ist, es aber dazu stehen muss und man dann gemeinsame Lösungen findet, kann es auch in Zukunft stark zu sich stehen. Aus Fehlern lernt man!
- **Und dann darfst du es doch!**
  Lobe! Ehrlich und aufrichtig und voller Superlative, wenn dein Kind etwas richtig Großes, Einzigartiges oder Besonderes in der Entwicklung erreicht hat. „Du hast deinen ersten Schritt ganz allein gemacht, „Juhuuuu, wie toll!“ ist ein Grund für echte Freude, die du gerne mit deinem Kind teilen kannst.

So förderst du die Sprachentwicklung

Sich ausdrücken und mitteilen zu können, ist ein wichtiger Meilenstein im Leben deines Kindes. Endlich kann es seine Bedürfnisse und Wünsche nicht mehr nur mit Gestik oder seiner eigenen Sprache, die wir nicht immer gleich verstehen, verbalisieren, sondern klar benennen, was es möchte und was es braucht. In diesem Kapitel geht es um die Sprachentwicklung. Ich möchte dich ermutigen, dein Kind entspannt beim Sprechenlernen zu begleiten und ihm Raum und Zeit dafür zu lassen – und dir selbst auch.

So stärkst du dein Kind sprachlich im Alltag:

- Begleite sprachlich, was immer du tust. Das beginnt im Babyalter beim Wickelvorgang und endet im konkreten Austausch mit deinem Vorschulkind über ein bestimmtes Thema. Dein Kind hat somit die Möglichkeit, Worte mit einer Tätigkeit/einem Ablauf zu verbinden. So lernt es am besten.
- Begleite es in leicht verständlichen Sätzen. Packe nicht zu viel Information in einen Satz und benutze leichte Wörter.
- Schau Bilderbücher an, lies deinem Kind vor und erfinde eigene Geschichten, die es weiter fortsetzen darf. Schaut gemeinsam Bilder an und benennt sie zusammen. Erkläre, was ein Subjekt alles tun kann: „Das ist ein Auto, das fährt." Mithilfe von Verben kann dein Kind in die Kommunikation mit seiner Umwelt treten. Es hat somit die Möglichkeit, seine Bedürfnisse oder Gefühle zu äußern.
- Sprich einfach bei jeder Gelegenheit mit deinem Kind und höre zu, wenn es etwas selbst sagen möchte.
- Animiere dein Kind ohne Druck zum Sprechen, indem du *mit ihm* sprichst. Je mehr Worte es hört, umso mehr kann es diese abspeichern/prägen sich bei ihm ein.
- Baue keinen Stress auf! Dein Kind muss keine Leistung erbringen, sondern darf in Ruhe und eigenem Tempo Sprache für sich entdecken.
- Korrigiere dein Kind nicht aktiv, wenn es ein Wort oder eine Grammatikform falsch anwendet. Wiederhole den Satz und verwende die richtigen Worte oder die korrekte Form. So hört dein Kind wie es richtig geht und übernimmt das irgendwann von allein. Sagt dein Kind beispielsweise: „Ich habe ein Eis gegesst." kannst du statt „Das heißt: gegessen!" besser sagen: „Oh schön, du hast ein Eis gegessen!"

SPRACHENTWICKLUNG UND SPRACHVERZÖGERUNG

Die Sprachentwicklung ist wie alle Entwicklungsschritte sehr individuell. Jedes Kind spricht dann, wenn es an der Zeit ist – das kann bei den einen mit den ersten Worten nach dem 1. Geburtstag passieren, bei den anderen zwischen dem 2. und 3. Geburtstag. Es kann sein, dass dein Kind bis zum 2. oder 3. Geburtstag kaum ein Wort spricht und irgendwann wie aus dem Nichts loslegt. Man spricht dann von einem *Wortspurt* oder einer *Sprachexplosion*, bei dem/der quasi jeden Tag plötzlich neue Worte heraussprudeln.
Das typische Zwei-Wort-Stadium kann ebenfalls sehr früh (um den 18. Lebensmonat) oder auch erst später (weit nach dem 2. Geburtstag), erreicht werden. Spricht dein Kind um den 2. Geburtstag herum weniger als 50 Wörter und legt dann los, ist es ein *Late-Talker*.

Folgende Tabelle soll dir eine grobe Orientierung über die Sprachentwicklung deines Kindes geben.

	Sprachverständnis	Aktiver Wortschatz	Beispiele
bis 6 Monate	• erkennt Betonungsmuster der Muttersprache • artikuliert erste Silben	0 Wörter	„bababa" „dadada"
1. Lebensjahr	• spricht das erste Wort • reagiert auf den eigenen Namen • versteht einfache Aufträge	0–50 Wörter	„Mama" „Papa"
2. Lebensjahr	• benennt Dinge • versteht längere Sätze • bildet Wortkombinationen	50–200 Wörter	„Ball weg" „Lene müde"
3. Lebensjahr	• bildet Mehrwortsätze • nutzt Nebensätze • nutzt erste Präpositionen	200–450 Wörter	„nein ich schlafen" „meine Mama da"

Eine **Sprachentwicklungsverzögerung** liegt dann vor, wenn dein Kind bis zum Alter von 36 Monaten um mindestens sechs Monate von dieser Tabelle abweicht. Von einer **Sprachentwicklungsstörung** wird gesprochen, wenn das ab einem Alter von über 36 Monaten der Fall ist. Sollte dies bei deinem Kind der Fall sein, so besprich das mit deiner Kinderarztpraxis. Eventuell kann ein Hör-Problem die Ursache sein. Außerdem können dir wertvolle Tipps an die Hand gegeben werden, wie du die Sprachentwicklung deines Kindes gut begleiten kannst. Dein Kind wird engmaschiger betreut und angeschaut werden und ihr bildet gemeinsam ein starkes Team. Eventuell kann **Logopädie** eine Unterstützung sein.

Ob ein Kind Logopädie benötigt, lässt sich nie pauschal beantworten. In den ersten Jahren der Sprachentwicklung wird sie auch eher selten eingesetzt, da sich jedes Kind sehr individuell entwickelt. Ab dem vierten Lebensjahr ist sie dann jedoch sinnvoll, da das Kind am Ende seiner Sprachentwicklungsphase steht. Außerdem bleibt dann noch genug Zeit bis zum Schuleintritt, um sprachliche Defizite zu korrigieren. Natürlich kann Logopädie auch schon früher durchgeführt werden. Prinzipiell gilt, dass bei Auffälligkeiten im sprachlichen Bereich entsprechende Fachleute sich ein Bild machen und eine Empfehlung aussprechen sollten.

WICHTIG

Wächst dein Kind bilingual auf, so ist es sehr wichtig, dass jeder Elternteil in der jeweiligen Muttersprache spricht. Kinder lernen Sprache durch Hören, durch die Verknüpfung von Emotionen, Handlungen und Betonungen. Das gelingt am besten und am authentischsten durch Muttersprachler*innen.

STARK IN DER KITA UND BEI SCHULANTRITT

Der Übergang von der Betreuung zu Hause in eine außerhäusliche Betreuung bedeutet sowohl für dein Kind als auch für dich einen großen Schritt. Ein neuer Lebensabschnitt beginnt. Dabei ist es nicht relevant, ob dein Kind in die Kita oder zu Tageseltern kommt. Im folgenden Kapitel betrachte ich mit dir gemeinsam neue Situationen für dein Kind und wie du es gemeinsam mit anderen Bezugspersonen in dieser Phase stärken kannst. Betreust du dein Kind ausschließlich zu Hause, wirst du ebenfalls Tipps und Anregungen für dein Kind finden, die du auf deine Situation anpassen kannst – in einer Kindergruppe zum Beispiel.

Bevor wir auf die Kita direkt zu sprechen kommen, ein paar Worte zu Übergängen im Allgemeinen. Ein Übergang ist der Wechsel von einer Situation in die nächste. Das können kleine Übergänge sein (vom Spielen zum Essen, vom Tag zur Schlafenszeit etc.) oder große Übergänge wie ein neuer Lebensabschnitt. Zum Beispiel der Eintritt in die Kita. Vor allem größere Übergänge müssen gut begleitet werden, denn sie stellen dein Kind urplötzlich vor eine neue Situation. Als erwachsene Person wirst du gut damit umgehen können, für dein Kind bedeuten diese oft unangekündigten Wechsel immer wieder ein Herausreißen aus einer gewohnten Situation. Auch für Übergänge kannst du dein Kind stark machen. Im Großen wie im Kleinen. Je nach Temperament ist es nämlich für einige Kinder schon eine große Herausforderung, morgens das Haus zu verlassen.

Eine der Grundregeln lautet: **Kündige Übergänge immer an!** Im Kleinen zu Hause mit weniger Vorlauf: „Noch einmal rutschen, dann gehen wir nach Hause." anstatt „Wir gehen jetzt!" Größere Veränderungen, wie zum Beispiel die Geburt eines Geschwisterkindes, sollten mit mehr Vorlauf vorbereitet werden.

Im Alltag eines Kindes gibt es sehr viele Übergänge. Sehr prägend sind die großen Übergänge als Eintritt in einen neuen Lebensabschnitt wie zum Beispiel die Eingewöhnung, der Wechsel von der Krippe zum Kindergarten und die Einschulung. Auf diese drei Fälle werden wir uns im Folgenden konzentrieren.

So geht ihr stark in die Eingewöhnung

Steht ein größerer Schritt wie die Kita-Eingewöhnung bevor, so ist es für euch als ganze Familie wichtig, dass dies gut und sicher passieren kann. Die Eingewöhnung ist die Basis für einen gelungenen Start in der Kita oder bei Tageseltern. Du als Elternteil bist am Anfang mit dabei und kannst ganz viel dazu beitragen, wie sie sich für dein Kind gestaltet.

Sei positiv

Wenn es möglich ist, führe ein Aufnahmegespräch mit der Kita. Hier kannst du alle wichtigen Fragen bereits im Vorfeld stellen und dich damit in Ruhe beschäftigen. Du selbst wirst auch viel über die Eingewöhnung erfahren. Je mehr du über die Abläufe weißt, desto sicherer bist du – je sicherer du bist, desto mehr Sicherheit kannst du deinem Kind vermitteln.

Mögliche Inhalte dieses Gesprächs können sein:

- Nach welchem Modell wird eingewöhnt? Hat die Kita ein Eingewöhnungsmodell? (Zur Auswahl stehen in der Regel das Münchner Modell oder das Berliner Modell.)
- Gibt es ein Vorgespräch vor der Eingewöhnung?
- Wie viel Zeit wird für die Eingewöhnung eingeplant? Wie wird damit umgegangen, wenn das Kind länger Zeit braucht?
- Wie finden die Trennungen statt?
- Gibt es ein Eingewöhnungsabschlussgespräch?
- Wer gewöhnt ein? (Welcher Elternteil oder auch welches Familienmitglied? Manchmal gewöhnen auch die Großeltern etc. ein.)
- Wie ist es geregelt, wenn ein Elternteil wechseln muss? Wie geht die Kita damit um?
- Was hilft deinem Kind? Wie lässt es sich gut beruhigen? Gibt es ein Lieblingslied? Was macht es gerne? Welche Interessen hat es bereits? Wie ist die Schlafsituation zu Hause? Was isst es gerne? Was spielt es am liebsten?
- Gab es schon Trennungen von den Eltern? Wenn ja, in welchem Umfang und bei wem (Tageseltern, Übernachtung bei den Großeltern etc.)?
- Teile offen und ehrlich mit, wie es dir mit dem Gedanken der Eingewöhnung geht. Hast du Ängste, Sorgen, Befürchtungen? Je transparenter du bist, desto besser kann die Kita dich und dein Kind begleiten. **Auch du als Elternteil wirst mit eingewöhnt, nicht nur dein Kind!**
- Gibt es noch formale Dinge, die du besprechen möchtest? (Bring- und Abholsituation etc.)
- Hast du Fragen zum Konzept? Manchmal sind Konzepte sehr pädagogisch geschrieben. Du als Elternteil musst nicht alles gleich verstehen. Frag nach. Es ist wichtig für dich zu wissen, in welches Umfeld dein Kind kommt.

BERLINER UND MÜNCHNER MODELL FÜR DIE EINGEWÖHNUNG

Beide Eingewöhnungs-Modelle orientieren sich an Phasen.

Berliner Modell: Information, Grundphase, 1. Trennungsversuch, Stabilisierung, Schlussphase.

Münchener Modell: Vorbereitung, Kennenlernen, Sicherheitsphase, Vertrauensphase, Auswertungsphase.

Beim **Münchner Modell** sind die Eltern in der Regel länger mit dem Kind in der Kita. Das Kind darf die gesamte Kita erkunden, während es beim **Berliner Modell** stärker an die Bezugserzieher*in gebunden ist. In der Regel ist auch der Raum begrenzt, sodass sich das Kind nicht verloren fühlt.

Beide Modelle dürfen nie starr gesehen werden, sondern sollten sich immer am Kind und dessen Bedürfnisse orientieren. Es wird für die Eingewöhnung eine Zeit von 2–4 Wochen angesetzt. Individuell kann die Eingewöhnung aber länger, selten kürzer dauern. Ein enger Austausch mit den Pädagog*innen ist bei beiden Modellen sehr wichtig.

Je nach Alter deines Kindes kannst du dein Kind schon im Vorfeld auf die Kita vorbereiten. Wenn es möglich ist, schaut euch die Kita vorher an – bei einem Tag der offenen Tür, einem Sommerfest, einem Kennenlerngespräch. Sprich immer positiv von der Kita. Sätze wie „Ach, bald haben wir nicht mehr so viel Zeit zusammen, ich vermisse dich jetzt schon!“ helfen deinem Kind nicht. Schaut Bilderbücher an, in denen eine Kita vorkommt. Erzähle viel, was es in der Kita alles machen kann – mit anderen Kindern spielen, malen, basteln, im Garten toben, Ausflüge, Bücher anschauen, Spiele spielen, in der Turnhalle flitzen und so weiter. Kennt ihr Kinder, die bereits in der

Kita sind und gerne dorthin gehen? Lass sie erzählen. Sie sind die besten Botschafter*innen.

Dein Kind hat feine Antennen. Bist du unsicher oder noch nicht bereit, so wird dein Kind dies spüren, aber vermutlich noch nicht richtig einordnen können. Unter Umständen kann das folgende Gedanken oder Emotionen auslösen: „Oh, wenn Mama oder Papa zögerlich sind, dann wird es einen guten Grund haben. Ich bin es lieber auch mal und bleibe skeptisch!" Ich weiß, damit baue ich gerade Druck auf. Es ist allerdings tatsächlich so: Je entspannter die Eltern mit der Eingewöhnungssituation umgehen, desto entspannter gehen die Kinder damit um. Je entspannter sich die Eltern trennen können, desto entspannter trennen sich auch die Kinder. In der Regel. Jedes Kind ist anders und reagiert auch anders. Trennst du dich gut und entspannt, kann es dennoch passieren, dass bei deinem Kind dicke Tränen fließen. Du erleichterst es deinem Kind aber trotzdem, wenn du dich gut auf die Situation einlassen kannst und dies deinem Kind auch vermittelst.

Wenn dir das schwerfällt, reflektiere deine Gründe. Bist du noch nicht bereit, dein Kind loszulassen, musst aber wieder arbeiten? Sprich darüber. Mit deiner*m Partner*in, anderen Eltern, Freund*innen, einer Bezugsperson. Lass alle Gefühle zu, denn sie sind wichtig! Geh nochmal alle Möglichkeiten durch, ob es Alternativen gibt. Und: Vertrau dich der Kita an. Es mag dir unangenehm sein, denn es handelt sich um (noch) fremde Personen. Sie kennen sich aber damit aus und können auch dir den Start erleichtern. Sie müssen es nur wissen.

Nimm dir Zeit

Teile der Kita auch mit, wenn du selbst unter einem gewissen Zeitdruck stehst. Je mehr Zeit du für die Eingewöhnung einplanen kannst, desto besser. Dein Kind bestimmt das Tempo, nicht ein Zeitplan. Das ist natürlich nicht immer realistisch. Dennoch solltest du genug Puffer einplanen, falls die Eingewöhnung länger als angedacht dauert. In der Regel kann man von 2–4 Wochen ausgehen. Dauert es aber länger oder wird die Eingewöhnung unterbrochen, durch Krankheit zum Beispiel, so gibt dir ein Puffer mehr Flexibilität und nimmt euch den Druck. Falls dies nicht möglich ist, ist es wichtig, dass die Kita das weiß.

Aufgeregt dürft ihr beide sein – und voller Vorfreude. Erkläre deinem Kind ganz genau, was jetzt passiert, vielleicht habt ihr diesem Tag auch entgegengefiebert und Strichliste geführt, bis er endlich da war. In den ersten drei Tagen geht es darum, dass dein Kind ankommen kann – du bist immer noch mit dabei. Zusammen könnt ihr den Raum erkunden und den oder die Bezugserzieher*in kennenlernen. Nach dem dritten Tag (vorher empfiehlt sich eine Trennung nur in Ausnahmefällen) beginnt die erste Trennung.

BITTE NICHT

... einfach unangekündigt den Raum verlassen!

Du verabschiedest dich von deinem Kind aktiv und sagst ihm, dass du nun für einen kurzen Moment gehen wirst. Die Abstände der Trennungen werden von Tag zu Tag länger. Brüllt dein Kind und klammert sich an dir fest, bitte nicht einfach den Raum verlassen. Dann lieber noch einen Tag warten. Weinen allerdings ist ein ganz normaler Vorgang beim Trennungsprozess – es handelt sich um einen Abschied, der ist ungewohnt, der darf erstmal traurig machen. Ein wichtiger Meilenstein in der Eingewöhnung ist, wenn sich dein Kind von der Bezugserzieherin oder dem Bezugserzieher trösten lässt. Abgeschlossen ist eine Eingewöhnung in der Regel, wenn dein Kind am Tagesablauf teilnimmt (ankommen, mittagessen, schlafen), sich gut beruhigen lässt und je nach Alter dort schläft. Bestärke dein Kind und mach aus dem Kita-Besuch etwas Positives.

Jede Eingewöhnung verläuft anders, sie ist von Kind zu Kind ganz individuell. Wenn dein Kind mehr Zeit braucht, dann ist nichts verkehrt, sondern dann ist das eben so. Eine Eingewöhnung kann auch mehrere Wochen dauern. Wichtig ist, mit der Kita im Austausch zu bleiben und immer wieder neu zu überlegen, wie man dem Kind die Trennung erleichtern kann. Das können schon ganz einfache Dinge wie eine veränderte Situation bei der Trennung sein. Manchen Kindern hilft es, bereits im Flur an die Erzieherin oder den Erzieher übergeben zu werden, anderen hilft es, wenn ein Elternteil noch kurz mit in den Raum geht. Für mache Kinder ist es super, anzukommen und gleich zu frühstücken, andere brauchen erst eine Anlaufzeit oder Spielzeit. In der Eingewöhnungsphase sollten alle gut auf das Kind eingehen und verschiedene Möglichkeiten durchprobieren. Manchmal bietet sich an, kleinere Schritte als gedacht zu gehen, manchmal ist es wichtig, auch wieder einen Schritt zurückzugehen (die Trennungszeit wieder zu verkürzen zum Beispiel). Vereinzelt ist es auch ratsam, die Begleitperson zu wechseln (Mama/Papa). Das alles geschieht im Rahmen einer guten Erziehungspartnerschaft im Austausch mit der Kita.

WENN ES GAR NICHT GEHT

Nur sehr selten muss eine Eingewöhnung abgebrochen werden. Ist das bei euch der Fall, dann ist dein Kind noch nicht so weit, in einer anderen Umgebung betreut zu werden. Vielleicht kannst du noch eine Weile zu Hause bleiben oder eine andere Form der Betreuung ist besser für dein Kind – Tageseltern mit einer kleineren Gruppe zum Beispiel. Schau nach einer individuellen Lösung für dich und dein Kind und lass dich unter Umständen auch gut beraten.

Hin und wieder ist die Kita nicht ganz so kindorientiert, wie du es dir wünschen würdest. Personalmangel, viele Kinder in der Eingewöhnung, die nächsten warten schon – das alles kann dazu führen, dass seitens der Kita ein gewisser Druck aufgebaut wird und nicht ganz so individuell nach deinem Kind und dessen Tempo geschaut wird. Wenn du merkst, das tut deinem Kind nicht gut, sprich das bitte an. Du kennst dein Kind am besten. Versucht, gemeinsam nach einer individuellen Lösung für dein Kind zu schauen.

BITTE NICHT

Bitte stell keine Vergleiche an („Schau, Mona geht doch auch schon ganz allein in die Kita!") und erniedrige dein Kind nicht („Du bist doch jetzt schon groß und kein Baby mehr!"). Nimm die Gefühle ernst und rede sie nicht klein („Du musst doch echt nicht ständig weinen, wenn ich gehe!"). Verzichte auf Bestechungen („Wenn du heute nicht weinst, bekommst du den roten Ball, der dir so gut gefallen hat."). Ihr könnt euch aber natürlich gerne etwas Gutes tun („Deine Woche war so voller neuer Eindrücke, das war anstrengend. Wollen wir am Wochenende ins Schwimmbad gehen?").

Bist du unzufrieden mit der Kita, so versuche, dies zu klären – aber ohne dein Kind. Dein Kind hat, egal wie alt es ist, ein sensibles Gespür oder auch große Ohren – es bekommt mehr mit, als du vielleicht denkst. Schick es aber nie weg mit den Worten „Jetzt müssen wir Erwachsenen noch etwas klären.", das verunsichert dein Kind nur.

Je nach Thema kann es auch dabei sein, wenn es darum geht, was es an dem Tag gemacht hat, zum Beispiel. Dein Kind ist ja schließlich die Hauptperson, um die es primär geht.

So stärkt die Kita

Egal wie alt dein Kind ist: Wenn es das erste Mal in die Betreuung geht, dann beginnt ein neuer Lebensabschnitt. Plötzlich gibt es neben den Eltern und der engsten Familie neue Bezugspersonen. Das ist wichtig für die Entwicklung deines Kindes, denn nun ist es gefordert, soziale Beziehungen einzugehen. Betreust du dein Kind zu Hause, wird es vielleicht in Spielgruppen oder ähnlichen Zusammenkünften ebenfalls auf andere Kinder treffen. Dein Kind lernt, sich in einem sozialen Gefüge zu orientieren und seinen Platz zu finden.

In der Krippe (Betreuungseinrichtung für Null- bis Dreijährige; auch U3 genannt) spielen Kinder eher noch getrennt voneinander und eher nebeneinander (auch Parallelspiel genannt). Je älter dein Kind wird, umso mehr wird es auch in Kontakt mit anderen Kindern gehen. Aber bereits Babys sind soziale Wesen und nehmen Kontakt auf – mit den Augen, mit den Händen, mit allen Sinnen. Wenn dein Kleinkind noch viel für sich spielt, so mach dir keine Gedanken – das ist wie gesagt völlig normal. Mit dem Übertritt in den Kindergarten (für Drei- bis Sechsjährige; auch Ü3 genannt) beginnen so langsam auch die ersten richtigen Freundschaften.

Kita ist ein wichtiger Lern- und Lebensraum für dein Kind. Plötzlich ist es mit Regeln, Abläufen und anderen Kindern konfrontiert und das muss alles erst gelernt werden. Eine gute Eingewöhnung erleichtert hier den Start (siehe auch Kapitel → „So geht ihr stark in die Eingewöhnung“).

Über die Entwicklung des Selbst hast du nun auch schon viel gelesen. Nun ist es so weit: Dein Kind hat einen Ort außerhalb der Familie gefunden, an dem es sich ausprobieren und Neues erleben kann. Dieser Ort ist sicher sowie überschaubar und bietet dadurch einen geschützten Rahmen.

Dein Kind lernt nun Folgendes:

- Wie wirke ich auf andere?
- Wie nehmen mich andere wahr und wie gehe ich mit einer Rückmeldung um?
- Was passiert, also welche Reaktionen bekomme ich auf Aktionen?
- Wie gehen andere mit meinen Worten um?
- Wie und wo finde ich meinen Platz in der Gemeinschaft?

Die Kita unterstützt dein Kind in einer so wichtigen Phase der Entwicklung. Jedes Kind wird sowohl als individuelle Persönlichkeit als auch als Teil einer Gruppe gesehen.

Auch in diesem neuen Umfeld bleiben **Rituale** wichtig für dein Kind. Es kann sich daran orientieren und sie bieten ihm Sicherheit im Alltag. Sie sind verlässlich und sorgen für Vertrautheit im abwechslungsreichen Kita-Alltag.

Rituale können sein:

- Morgenkreis
- Essenszeiten/Essensrituale wie Tisch decken, Tischsprüche etc.
- Ankündigende Lieder wie ein Aufräumlied etc.
- Begleitende Lieder wie ein Zahnputzlied etc.
- Bring- und Abholzeiten

Welche Rituale gibt es in der Kita beziehungsweise bei der Tagesmutter deines Kindes? Kennst du sie?

Bei den Ritualen sind Wiederholungen ein starkes Element. Immer wiederkehrende Lieder und Worte fördern die geistige Entwicklung, den Wortschatz und die Gedächtnisleistung und somit auch die Kommunikationsfähigkeit deines Kindes. Ist das Gelernte sicher verankert, ist das Kind mutig genug, das auszudrücken und wiederzugeben, was es schon kann. Rituale stärken auch den Gemeinschaftssinn – alle kommen (freiwillig!) zusammen und gestalten einen Teil des Tages gemeinsam (Morgenkreis zum Beispiel). Jedes Kind kann sich einbringen, muss aber nicht.

Dein Kind lernt in der Kita außerdem Dinge wie:
- andere aussprechen zu lassen,
- zu warten, bis es dran ist,
- welche Außenwirkung es z. B. beim Sprechen hat,
- zuzuhören,
- Rücksichtnahme,
- Empathie
- und so weiter.

Traut es sich, etwas zu sagen oder braucht es Ermutigung? Auch für die Pädagog*innen sind solche Zusammenkünfte wie der Morgenkreis ein wichtiges Element für die Beobachtung.

Auch **Regeln** bieten für dein Kind eine gute Orientierung und Sicherheit. Sie sollten niemals starr in Stein gemeißelt sein und im besten Falle gemeinsam als Gruppe festgelegt werden. Immer mal wieder sollten die Kinder mit den Erwachsenen diese Regeln anschauen und neu besprechen. So sind die Kinder involviert und es sind „ihre" Regeln. Danach zu leben und sie zu akzeptieren, fällt deutlich leichter, wenn die Kinder daran beteiligt waren.

Regeln können sein:
- Gruppenregeln
- Hausregeln
- Badregeln
- Gartenregeln
- Raumregeln
- Spielregeln

Kitas haben einen Bildungsauftrag

Kindertagesstätten haben einen klaren Bildungsauftrag. Verankert sind diese in den jeweiligen Bildungsplänen der einzelnen Bundesländer. Dort ist geregelt, welche Inhalte, also Bildungsbereiche, den Kindern vermittelt werden sollen. Die Bildungsbereiche haben in den Bundesländern unterschiedliche Namen, aber wurden alle auf einer Grundlage erstellt und sind somit gleich. Kinder dürfen sich in diesen Bereichen ausprobieren und erfahren.

Je nach Träger und/oder Bundesland sind die einzelnen Bereiche mit unterschiedlichen Schwerpunkten gewichtet. Manche Kitas haben einen speziellen Fokus auf einem einzelnen Bereich, eine Sport-Kita zum Beispiel. Die anderen Bereiche werden selbstverständlich ebenfalls gefördert, nur der Schwerpunkt ist ganz klar gesetzt.

Bildungsbereiche sind:

- Sprache und Mehrsprachigkeit
- Naturwissenschaften/Mathematik/Technik
- Ästhetische Bildung (Künstlerisches Gestalten, Musik, Tanz)
- Medienpädagogik
- Bewegung, Gesundheit und Ernährung
- Philosophie und Religion
- Werteerziehung/soziale Kompetenzen

Was und wie wird gestärkt?

Die jeweiligen Kompetenzen werden gestärkt durch Lieder, Reime, Projektarbeiten, Gespräche, Kunstangebote, Bewegungsangebote, freies Spiel, angeleitetes Spiel, die Gestaltung der Räumlichkeiten, Funktionsräume (Atelier, Bauraum etc.) und so weiter. Interessen werden aufgegriffen, dein Kind kann sich mit vielen unterschiedlichen Bereichen auseinandersetzen. Die Kita hat sich also gewandelt. Früher war sie eher ein Ort der reinen Betreuung. Die Kinder haben zwar auch lebenspraktische Dinge wie Schuhe binden et cetera gelernt, der Fokus aber lag klar auf der Beaufsichtigung. Heute weiß man, dass die Kita ein Lern- und Lebensort für die Kinder ist, und es wird Wert auf die Förderung der einzelnen Bildungsbereiche gelegt. Das alles findet spielerisch und am Kind orientiert statt, es gibt aber einen klaren Auftrag von Bund und Ländern.

Kitas leben Partizipation

Partizipation bedeutet Teilhabe, sich einbringen können, mitgestalten dürfen. Dein Kind wird gemeinsam mit den anderen Kindern in Entscheidungsprozesse, welche die Gemeinschaft betreffen, mit einbezogen und darf eigene Ideen, Wünsche und Bedürfnisse äußern. Voraussetzung ist, dass es vorher gelernt hat, diese überhaupt wahrzunehmen und zu benennen. Auch hier unterstützt die Kita.

Die Pädagog*innen beteiligen die Kinder regelmäßig an den unterschiedlichsten Prozessen und nehmen die Bedürfnisse und Interessen der Kinder wahr und ernst. Sie trauen ihnen zu, Prozesse mitgestalten zu können und geben ihnen den entsprechenden Raum und den Rahmen dazu. Die Kinder werden ermutigt, sich einzubringen. Hierbei kann es sich um generelle Strukturen handeln (Zusammenleben) oder um tagesaktuelle Belange (Ausflüge etc.).

Bedürfnisse werden gesehen und es wird darauf Rücksicht genommen – zum Beispiel ob dein Kind schlafen möchte oder nicht, beim Essen probieren möchte oder nicht und so weiter.

Dein Kind lernt dabei, eine eigene Meinung zu entwickeln und ganz wichtig: Es erfährt, dass seine eigene Meinung wichtig ist und einen Unterschied machen kann. Es lernt außerdem, dass Entscheidungen Konsequenzen nach sich ziehen – positive wie auch negative. Teilhabe bedeutet auch immer Verantwortung. Diese wird teilweise deinem Kind und den anderen Kindern übertragen. Dabei wird es aber von den Fachkräften gut und altersentsprechend begleitet. Du musst also keine Angst haben, dass dein Kind überfordert wird. Ist dies zu erkennen, wird es gut begleitet, Aufgaben werden verteilt und so weiter. Du wirst merken: Geht dein Kind in eine Kita, in der Partizipation großgeschrieben wird, wirst du dein Kind auch zu Hause selbstbewusster und selbstbestimmter erleben. Schön ist, wenn alle an einem Strang ziehen, also Kita und du immer im Austausch seid und die Selbstbestimmung deines Kindes gut unterstützt.

KINDERKONFERENZEN

Kinderkonferenzen sind ein wichtiger Teil der gelebten Partizipation. Sie finden regelmäßig statt, alle Kinder dürfen daran teilnehmen. Sie dürfen ihre Meinung, ihre Gedanken, auch Sorgen und alles, was ihnen nicht gefällt, einbringen. Die Fachkräfte hören erstmal zu, moderieren diese Konferenzen und erarbeiten mit den Kindern Lösungen. Dein Kind bekommt vermittelt, dass es als Teil einer Gemeinschaft etwas zu sagen hat und auch gehört wird. Kein Kind wird aber zur Beteiligung gezwungen. Also keine Angst: Wenn dein Kind zurückhaltend/schüchtern ist und sich in diesem Forum/dieser Situation nicht einbringen möchte oder kann, so ist das nicht schlimm. Die Fachkräfte behalten das im Auge und begleiten dein Kind. Vielleicht traut es sich ja zu einem späteren Zeitpunkt, vielleicht ist diese Form des Einbringens aber auch einfach nicht das Richtige für dein Kind. Jede*r darf, keine*r muss. Auch das macht ein respektvolles Miteinander und das Sehen und Wahren von Bedürfnissen aus.

WICHTIG

Nicht jede Kita bietet Kinderkonferenzen an. Finden sie statt, so sind sie Teil des Konzeptes. Du kannst dies nachlesen oder erfragen. Eine Kita kann auch wunderbar partizipativ arbeiten, wenn sie keine Kinderkonferenzen anbieten, aber auf andere Weise Kinder gut teilhaben lassen. Teilhabe an sich ist in den Kinderrechten verankert und Teil einer jeden Konzeption. Die Umsetzung ist stark vom Kita-Team, der Leitung und dem Träger abhängig. Eine partizipative Grundhaltung benötigt viel Teamarbeit im Voraus. Das Team muss sich bewusst sein, dass Teilhabe der Kinder ihre Arbeitsabläufe auf den Kopf stellen kann. Die entsprechende pädagogische Haltung und die Umsetzung müssen gut erarbeitet werden. Frag beim Kennenlerngespräch nach, wie Partizipation in eurer Kita gelebt wird und welche Rolle sie im Alltag der Kinder hat.

Kitas kooperieren

Kitas und Tagespflegepersonen arbeiten sehr eng mit anderen, unterstützenden Institutionen und Einrichtungen zusammen, wenn ein Kind eine besondere Unterstützung braucht. Exemplarisch stelle ich dir die Frühförderung vor, da sie am häufigsten kontaktiert wird, wenn ein Kind Hilfe von außen in der Kita oder bei Tageseltern braucht.

HILFE VON AUSSEN – INTERVIEW MIT ANNE BERGER

Anne Berger ist Ergotherapeutin mit eigener Praxis im Münchner Umland. Sie arbeitet vorwiegend mit Kindern im Kindergartenalter und kooperiert außerdem mit einer Frühförderstelle. Darüber habe ich mit ihr gesprochen.

Anne, wann brauchen Kinder die Unterstützung der Frühförderung?

Manchmal reichen Kita und bereits unterstützende Angebote wie Ergotherapie, Logopädie etc. allein nicht aus. Dann kann eine Betreuung durch die Frühförderung durchaus sinnvoll sein. Die Frühförderung greift, wenn ein Kind mit besonders erhöhtem Förderbedarf Unterstützung im pädagogischen oder psychologischen Bereich benötigt und zusätzlich eine therapeutische Versorgung, wie Ergotherapie, Physiotherapie oder Logopädie braucht.

Wie ist der Weg zur Frühförderstelle?

Oft ist es so, dass den Erzieherinnen im Kindergarten auffällt, dass ein Kind in seiner Entwicklung verlangsamt ist und eventuell eine fachliche Betreuung durch die Frühförderung nötig wäre. In diesem Fall wird nach Rücksprache mit den Eltern die Mobile sonderpädagogische Hilfe (MSH) hinzugezogen. In einigen Bundesländern gibt es dafür die sozialpädagogischen Zentren (SPZ). Diese kommt in den Kindergarten und beobachtet das Kind. Stellt die MSH ebenfalls einen erhöhten Förderbedarf fest, wird den Eltern eine Vorstellung für eine Diagnostik in der Frühförderung empfohlen. Diese setzt sich aus drei Terminen zusammen. Ein Erstgespräch, die Testung des Kindes und ein Auswertungsgespräch mit einer Empfehlung, ob eine Aufnahme in die Frühförderung nötig ist.

Es muss aber auch nicht immer der Kindergarten sein, der die Empfehlung für eine Aufnahme in die Frühförderung ausspricht. Direkt durch den Kinderarzt oder auf Anraten von Kliniken und dem Sozialpädagogischen Zentrum ist dies ebenfalls möglich.

Kommt es zu einer Aufnahme in die Frühförderung, findet die Behandlung entweder ambulant, sprich in der Frühförderstelle oder als mobile Einheit zum Beispiel im Kindergarten oder zu Hause statt. Ein besonders großer Vorteil der Frühförderung ist die enge Zusammenarbeit der Fachbereiche untereinander. Der Austausch untereinander ist von großer Bedeutung. Dadurch ist eine optimale Förderung des Kindes möglich, da Behandlungsinhalte und gemeinsame Ziele auf kurzem Weg kommuniziert werden.

Ein wesentlicher Bestandteil ist auch die Zusammenarbeit mit den Eltern. Von Anfang an werden die Eltern mit einbezogen. Das beginnt mit dem Gespräch im Kindergarten, woraufhin die MSH hinzugezogen wird, welche im Anschluss ihre Beobachtungen mit den Eltern teilt. Danach erfolgt das Beratungsgespräch in der Frühförderstelle und die Auswertung und Empfehlung nach der Diagnostik. Im Verlauf der Therapie sind Austauschgespräche mit den Eltern sehr wichtig. Dadurch werden sie in die Inhalte mit einbezogen und sie bekommen Tipps und Anregungen für zu Hause. Besonders der pädagogische/psychologische Fachbereich arbeitet sehr eng mit den Eltern zusammen, bezieht diese in die Behandlung ein, berät und ist ein stetiger Begleiter für die Eltern.

Hast du noch wertvolle Tipps für Eltern?

Gerade bei Geschwisterkindern ist es wichtig nicht zu vergleichen. Jedes Kind hat seine eigenen Stärken. Jedes Kind ist etwas Besonderes. Schau hin. Nimm dein Kind so an, wie es ist.

Nutze seine Interessen. Wenn dein Kind im Dinosaurierfieber ist, greif dies auf. Wähle zum Beispiel Ausmalbilder zum Thema. Achte darauf, dass die Aufgabe überschaubar für dein Kind ist. Dein Kind sollte nicht von vorneherein denken, dass es das nicht schaffen kann, und dadurch gleich die Lust verlieren. Wähle lieber ein kleines Bild.

Oder biete Bewegungsspiele an, indem du überlegst, wie ein Dinosaurier sich fortbewegt (stampfen, fliegen, kriechen, rollen). Nutze die Fantasie deines Kindes. Gehe dabei unbedingt auf die Ideen deines Kindes ein.

Alles was du mit deinem Kind tust, ist gut für die Entwicklung deines Kindes. Jedes Buch anschauen/vorlesen, jedes Spiel spielen. Erklär deinem Kind viel, kommentiere, was du tust. Dein Kind lernt so die Welt verstehen.

Übertreibe es nicht mit Freizeitangeboten, wie Musikschule oder Sportverein. Angebote dieser Art sollten maximal zweimal die Woche stattfinden. Im Freispiel kann sich dein Kind mehr entfalten und selbst die Inhalte wählen, die für es wichtig sind. Der innere Antrieb spielt beim Lernen eine ganz entscheidende Rolle. Dein Kind ist bereit, sich viel mehr anzustrengen, wenn es etwas von sich aus möchte. Es wird viel mehr ausprobieren und nicht so schnell aufgeben, um das eigene Ziel zu erreichen.

Wenn alle Beteiligten gut zusammenarbeiten, kann dein Kind bestmöglich unterstützt und begleitet werden.

Deine Kita ist nicht stark – das kannst du tun

Vielleicht hast du dir beim Lesen dieses Kapitels mehrmals gedacht: „Oh. Die Kita meines Kindes macht einiges anderes. Sie ist also gar nicht stark – sie schwächt mein Kind vermutlich eher."

Als Erstes möchte ich dir dazu sagen: Nur weil sie bestimmte Elemente nicht umsetzt, heißt das noch nicht, dass die Kita die Stärken deines Kindes nicht sieht oder es auf dem Weg, ein starkes Kind zu werden, nicht gut begleitet. Die Wege sind unterschiedlich und die Konzepte sind es auch.

Hast du darüber hinaus aber das Gefühl, die Kita arbeitet noch nach alten Standards und sieht dein Kind nicht, so solltest du aktiv werden.

Dass dies nicht immer so einfach ist, wie es sich gerade liest, das ist mir klar. Zum einen ist es nicht leicht, überhaupt einen Kita-Platz zu bekommen, den möchtest du sicher nicht leichtfertig aufs Spiel setzen. Zum anderen bist du vielleicht kein*e Pädagog*in und traust dir nicht zu, überhaupt eine Einschätzung geben zu können. Vielleicht bist du selbst auch eher schüchtern und zurückhaltend und es fällt dir schwer, solche Dinge anzusprechen. Du möchtest keinen Ärger, der unter Umständen Auswirkungen auf dein Kind hat.

Ich gebe dir Inspirationen, wie du dennoch gut ins Gespräch kommen und Dinge positiv anstoßen kannst:

- **Lies in Ruhe das Konzept der Kita durch.** Dieses findest du oft auf der Homepage oder im Anhang des Vertrages. Jede Kita muss ein Konzept haben, sonst würde sie keine Betriebserlaubnis erhalten. Als Elternteil hast du das Recht, dieses Konzept auch zu lesen und entsprechend nachzufragen, wenn etwas nicht klar ist oder in deinen Augen fehlt. Vielleicht gibt es plausible und gute Gründe dafür. Nicht jede Kita bietet den Kindern Kinderkonferenzen an, partizipativ arbeiten kann sie trotzdem. Das wirst du in einem persönlichen Gespräch herausfinden.

- **Versuche es, wenn dir das möglich ist, immer mit dem persönlichen Gespräch.** Gibt es ein*e Erzieher*in, die oder der dir besonders sympathisch ist? Versuche es erst auf dieser Ebene. Wenn du da nicht weiterkommst, bitte die Leitung um ein Gespräch. Scheiterst du auch hier, wäre der nächste Schritt der Träger oder zuvor eine Trägervertretung.
- **Bist du nach diesen Gesprächen noch nicht schlauer, so involviere den Elternbeirat.** Dieses Gremium soll verbindend zwischen Eltern und Kita arbeiten und kennt oft beide Seiten. Wenn es für dich keine Option ist, Gespräche selbst zu führen, dann kannst du den Elternbeirat auch gleich miteinbeziehen. Er kann vermittelnd für dich deine Fragen stellen oder bei einem Gespräch dabei sein.
- **Informiere dich.** Je besser du informiert bist über die Möglichkeiten, die Kinder in der Kita haben, desto besser bist du vorbereitet.
- **Höre deinem Kind zu.** Was erzählt es, wie erzählt es? Hast du das Gefühl, es geht ihm gut in der Kita? Dann wird es dort vielleicht auch gut gestärkt, auch wenn manche starken Aktionen und pädagogischen Impulse in der konkreten Umsetzung bei dir als Elternteil gar nicht ankommen. Erzählt es dir von Episoden, die ihm nicht gefallen und die in deinen Augen auch nicht akzeptabel sind, so sieh dich als Anwält*in deines Kindes und gehe dem nach. Dein Bauchgefühl ist hier ein guter Ratgeber. Sobald sich etwas nicht gut anfühlt, solltest du genauer hinschauen. Das muss nicht heißen, dass auch gleich etwas im Argen liegt. Kannst du deine Bedenken aber aus der Welt schaffen oder zumindest aussprechen, wird es dir wohler damit gehen.
- **Führe das Gespräch wertschätzend und auf Augenhöhe.** Bring deine Punkte an, aber höre auch zu. Wie so oft macht der Ton die Musik. Am Ende geht es um das Wohl deines Kindes, da sollte ein sachliches Gespräch immer möglich sein.
- **Eltern und Kita haben eine Erziehungspartnerschaft.** Das heißt, ihr beide solltet im guten Austausch sein. Ihr arbeitet nicht als

Konkurrenz, sondern gemeinsam zum Wohle deines Kindes. Die Kita wird dich auch ansprechen, wenn sie Fragen hat oder besorgt ist – das gleiche Recht hast auch du. Du musst dich sicher fühlen, dass dein Kind gut und liebevoll betreut wird. Du hast also jedes gute Recht, nachzufragen.

- **Wenn du kein persönliches Gespräch führen möchtest, dann schreib deine Fragen auf und stelle sie per E-Mail.** Eine Mail ersetzt kein persönliches Gespräch, ist aber eine gute Möglichkeit, Punkte sachlich und strukturiert mitzuteilen.
- **Hab keine Angst vor dem Gespräch.** Auch die Kita ist an einer guten Beziehung mit dir als Elternteil interessiert. Wenn du sachlich und aus Liebe zu deinem Kind argumentierst, werden sie dir zuhören. Sollte es tatsächlich keine Möglichkeit geben, ins Gespräch zu gehen, besprich den Kita-Alltag regelmäßig mit deinem Kind und versuche es dort zu stärken, wo du denkst, die Kita macht es nicht.
- **Ein Kita-Wechsel sollte immer die letzte Möglichkeit sein.** Es ist nicht leicht, einen Kita-Platz zu bekommen und jeder Wechsel bedeutet natürlich auch eine neue Eingewöhnung für dein Kind. Manchmal aber ist genau das die beste Lösung.

So gelingt der Übergang von Krippe zu Kindergarten

Dein Kind wird bis zu einem Alter von maximal 3 Jahren in der Krippe sein, anschließend steht der Übergang in den Kindergarten an. Es gehört dann zu den großen Kindergartenkindern. Der Alltag und die Abläufe werden sich verändern, eventuell wechselt es sogar die Einrichtung. Das ist auf jeden Fall ein weiterer Meilenstein für dein Kind.

Die Pädagog*innen in der Kita werden dein Kind gut im Blick haben. Sie sind für die Entwicklungsdokumentation verantwortlich.

In der Regel haben die einzelnen Pädagog*innen ihre Bezugskinder, die sie während der Kita-Zeit als Hauptperson betreuen. Sie sind nah dran am Kind und können dir eine gute Rückmeldung geben, wann dein Kind in welchen Bereich wechseln sollte. Manchen Kindern tut es gut, noch eine Weile in der geschützten Krippenumgebung zu bleiben, andere blühen auf, wenn sie sehr früh in den Kindergarten wechseln können. Das eine oder das andere ist nicht besser oder schlechter – so wie jedes Kind individuell ist, sind die Angebote entsprechend passend oder nicht passend. Neben der Beobachtung der Kita und deiner eigenen Einschätzung gibt es einen weiteren Indikator, der eine übergeordnete Rolle spielen sollte: dein Kind. Frag es, was es gerne möchte. Kinder haben oft ein gutes Gespür dafür, was ihnen guttut und wo sie gerne ihre Zeit verbringen möchten.

Ist dein Kind bei Tageseltern, so wird es nach dem dritten Geburtstag in einen Kindergarten wechseln. Vielleicht wechselt es auch schon vorher in eine Krippengruppe. Du siehst, die Möglichkeiten sind vielfältig und du kannst für dein Kind das richtige Modell aussuchen.

So sieht es jedenfalls in der Theorie aus. In der Praxis sind Kita-Plätze rar und du hast nicht immer die Wahlmöglichkeit. Informiere dich so gut es geht über die Kita deines Kindes und versuche, in einem guten Austausch zu sein. Sprich mit anderen Eltern, aber sei vorsichtig: Wenn es ums eigene Kind geht, sind Eltern natürlich sehr sensibel und beurteilen manche Situationen nicht immer ganz objektiv. Die einen sind super zufrieden, die anderen schimpfen über die Dinge, die für dich vielleicht gar nicht wichtig sind. Hole dir also mehrere Meinungen ein und ganz wichtig: Mach dir dein eigenes Bild.

Schau auf dein Kind

Geht dein Kind in eine Einrichtung, in der Krippe und Kindergarten unter einem Dach sind, so wird es eine Umgewöhnung geben. Dies ist ähnlich einer Eingewöhnung, allerdings findet sie ohne Eltern statt. Die Bezugserzieher*in begleitet dein Kind vor dem offiziellen Kindergartenstart an mehreren Tagen für ein paar Stunden in den Kindergarten. Dort wartet bereits die oder der neue Bezugserzieher*in und nimmt sich deinem Kind an. Vielleicht kennt dein Kind schon die Räume, die Pädagog*innen und hatte schon Kontakt mit ihnen und den Kindern aus der Gruppe. Die Umgewöhnung kann deinem Kind gut gefallen, es kann superstolz sein, endlich zu den Großen zu gehören. Es kann aber auch sein, dass die neue Situation deinem Kind Angst macht. Der Kindergarten ist größer (es sind mehr Kinder in einer Einheit), lauter und bietet mehr Angebote als die Krippe. Die Erzieher*innen werden in dieser Phase mit dir im Austausch sein.

Du kannst dein Kind wie auch schon bei der Eingewöhnung positiv bestärken, indem du da bist. Seine Sorgen und Nöte ernst nimmst und zuhörst. Auch hier bieten sich Bilderbücher gut an. Nehmt bewusst Abschied von der Krippe. Hat es eine Portfoliomappe, so schaut die ruhig öfters zu Hause an. Manchen Kindern fallen Abschiede leichter als anderen. Jedes Gefühl darf sein!

Eventuell verändert sich das Verhalten deines Kindes, weil eine Veränderung ansteht. Du bist der Experte oder die Expertin für dein Kind und wirst es bemerken. Ist es ängstlicher, aufgedrehter, verletzlicher? Völlig nachvollziehbare Reaktionen. Überlege dir, wie es dir geht, wenn du einen neuen Arbeitsplatz annimmst – vermutlich bist du auch erstmal aufgeregt, abwartend, gespannt. So geht es deinem Kind auch, nur dass es noch nicht so gut wie du die Situation überblicken und abschätzen kann. Spielt verschiedene Situationen durch. Dein Kind darf Angst haben oder aufgeregt sein, neu in eine Gruppe zu kommen.

Überlegt euch gemeinsam, wie der erste Tag gestaltet wird. Legt zusammen die Kleidung heraus. Möchte es nach dem ersten Tag Oma und Opa anrufen und davon erzählen? Lieber seine Ruhe haben? Wäre es ein guter Tag für das Lieblingsessen? Gestaltet es so, wie es sich gut für dein Kind anfühlt. Verzichte auch hier bitte auf Äußerungen wie „Du bist doch schon so groß!“ Auch große Kinder und Erwachsene haben Respekt vor Veränderungen. Das ist völlig legitim.

Traust du deinem Kind den Wechsel in den Kindergarten zu? Dann lass das dein Kind auch wissen. Anders als in der Schule kann dein Kind nicht zurückgestellt werden, es kann nicht noch ein bisschen länger in der Krippe bleiben. Der Übergang sollte also gut begleitet werden. Lass die Erzieher*innen wissen, wenn dein Kind Sorgen und Nöte äußert.

Am Anfang kann alles sehr überwältigend sein. Braucht dein Kind also mehr Kuscheleinheiten oder mehr Schlaf, dann achte darauf. Verzichte falls nötig in der ersten Zeit auf weitere aufregende Freizeitgestaltungen. Dein Kind wird dir zeigen, was es braucht.

Geht dein Kind in eine neue Einrichtung, so wirst du wie schon bei der Krippe die Eingewöhnung begleiten. Wichtig ist hier, die Pädagog*innen gut zu informieren, wie die Krippenzeit verlaufen ist, ob es Besonderheiten gab und auf was sie besonders achten sollten.

Unterstütze dein Kind dabei, Freund*innen zu finden

Mit dem Eintritt in den Kindergarten, also mit etwa 3 Jahren, beginnen auch die ersten Freundschaften. Kontakte aus der Krippe werden gefestigt oder neue kommen hinzu. Während dein Kind in der Krippe eher zufällig mit anderen Kindern spielt (je älter, desto zielgerichteter und zugewandter) und das Wort *Freundschaft* noch keine Bedeutung hat, wird die Beziehung zu anderen Kindern immer wichtiger.

Darum sind Freundschaften so wichtig

Plötzlich gibt es eine gleichaltrige Person, die eine bedeutende Rolle im Leben deines Kindes spielt. Mit ihr kann es spielen, großartige Sachen machen und seine Zeit verbringen. Dein Kind kann ihr Dinge anvertrauen, es werden Geheimnisse geschmiedet und Verbündete geboren. „WIR wollen zusammen in der Bauecke spielen!" klingt doch schon gleich viel mächtiger und überzeugender, als wenn dein Kind allein fragen muss. Außerdem versteht die neue Freundin oder der neue Freund viel mehr vom Kinder-Alltag, denn die Erwachsenen haben ja keine Ahnung. Das verbindet ungemein. Das Abgrenzen von Erwachsenen spielt eine wichtige Rolle in der Findung der eigenen Identität. Wunderbar, wenn hier ein Freund oder eine Freundin zur Seite steht.

Die Akzeptanz und Zuneigung von einem anderen Kind (oder anderen Kindern) stärkt das Selbstwertgefühl natürlich ungemein. Und sie lernen voneinander. Nicht selten suchen sich leise Kinder eher laute Kinder, ruhige Kinder eher wildere Kinder als beste Freundin oder besten Freund aus und umgekehrt. Sie lernen unglaublich voneinander und bereichern sich gegenseitig.

Einen Freund oder eine Freundin zu haben, mit dem oder der dein Kind durch dick und dünn gehen kann, Quatsch machen kann, den Alltag teilen kann und dem es sich auch anvertrauen kann, wenn es ihm schlecht geht, ist eine sehr wertvolle Erfahrung für dein Kind. Die Interaktion mit anderen Kindern ist wichtig für die Festigung der Bindungsfähigkeit. Freundschaften stärken – fürs Leben.

Freunde fürs Leben oder für einen Vormittag

In diesem Alter können Freundschaften aber auch noch sehr kurzlebig sein. Sie werden schnell geschlossen und können ebenso schnell auch wieder gelöst werden.

Oft werden Freundschaften geschlossen, weil sich dein Kind einen Vorteil davon erhofft: „Kann ich was von deinem Kuchen haben? Ich bin doch dein Freund!" oder als Druckmittel verwendet: „Wenn du mein Freund bist, darfst du mitspielen."

Mach dir da also bitte keine Gedanken, wenn die innig geschlossene Freundschaft nächste Woche schon wieder vorbei ist. „Du bist nicht mehr mein*e Freund*in!" ist das schärfste Instrument, das Kinder in diesem Alter haben. Freund sein, dazugehören – das alles ist auf einmal sehr wichtig geworden. Je mehr Freund*innen dein Kind in der Kita hat, desto „angesehener" ist es auch.

Als Freund*innen können auch erwachsene Personen bezeichnet werden, die dein Kind einfach toll findet – der Eisverkäufer, die Bedienung in der Pizzeria, die Postbotin. Mama und Papa können auch Freund*innen sein – das ist die höchste Auszeichnung, die dir ein Kind in diesem Alter verleihen kann. Auch wenn du nicht der Freund oder die Freundin deines Kindes sein möchtest und gerne in deiner Elternrolle bleiben möchtest, erkenne das bitte an. Du bleibst in deiner Rolle, dein Kind hat dir aber ein großes Kompliment gemacht.

Freundschaften im Kindergartenalter können also einen Vormittag überdauern oder fürs Leben halten – beides ist drin und völlig normal.

So unterstützt du dein Kind

- Um Freunde finden zu können, braucht dein Kind natürlich erstmal die Gelegenheit, soziale Kontakte zu knüpfen. Das kann in der Kita sein, aber auch beim Sport, auf dem Spielplatz, in der Musikschule. Biete ihm also Möglichkeit dazu.
- Lass deinem Kind sein eigenes Tempo. Du bist besorgt, weil dein Kind kurz nach Eintritt in den Kindergarten noch keine Freunde hat? Oder bist alarmiert, weil noch immer keine Einladung zu einem Kindergeburtstag kam? Bitte mach dir keine Sorgen und mach vor allem deinem Kind gegenüber keinen Druck. Manche Kinder brauchen einfach auch ihre Zeit, um sich auf andere Menschen einzulassen – das ist bei uns Erwachsenen ja auch nicht anders. Wenn dein Kind so gar keinen Anschluss findest, darfst

du vorsichtig in der Kita nachfragen, ob die Erzieher*innen eine Idee haben, warum das so ist. Versuche Strategien, wie sie im Kapitel → „Zeige Alternativen auf, wenn dein Kind andere ärgert" beschrieben sind, wenn das ein Grund wäre. In den allermeisten Fällen jedoch sind die Ängste unbegründet und dein Kind stellt dir bald die ersten Freund*innen vor.
- Ob ein bester Freund oder eine beste Freundin oder viele Freund*innen – es entwickelt sich, wie es sich eben entwickelt und deinem Kind muss es damit gut gehen. Das ist der einzige Indikator. Nimm es, wie es kommt, und vertraue auf dein Kind.
- Betrachte deine eigenen Freundschaften – was lebst du vor? Dein Kind lernt auch hier sehr viel von dir und beobachtet, wie du mit Freundschaften umgehst. Sind Freundschaften ein wichtiges Thema bei euch zu Hause? Erlebt dein Kind das Thema Freundschaft oder werden Freundschaften nicht so gepflegt? Wenn du wenig Freundschaften pflegst, heißt das nicht, dass dein Kind keine Freundschaften haben wird – lebst du ihm aber innige und ehrliche Freundschaften vor, so wird es auch deinem Kind leichter fallen, diese zu schließen.
- Es gibt viele Bilderbücher zum Thema Freundschaften, im Kapitel → „Starke Bücher für dich und dein Kind" findest du ein paar als Anregung.

Freundschaften sind also sehr wichtig für dein Kind. Eine ehrliche und aufrichtige Freundschaft stärkt – egal in welchem Alter.

BITTE NICHT

- Misch dich nicht in Freundschaften ein. Es sind nicht deine Freund*innen, sondern die deines Kindes. Ganz egal, ob du lieber möchtest, dass dein Kind mit einem bestimmten Kind befreundet ist oder mit einem bestimmten Kind NICHT befreundet ist, es ist ganz allein die Entscheidung deines Kindes (außer es ist Gefahr im Verzug, aber das wird in den seltensten Fällen so sein). Wenn

du der Meinung bist, ein Freund oder eine Freundin deines Kindes hat einen schlechten Einfluss auf dein Kind, so thematisiere das. Sprich mit deinem Kind darüber, was dir auffällt. Versuche so neutral und sachlich wie möglich zu sein, denn es wird in Verteidigungshaltung gehen und du wirst sonst keinen Zugang mehr haben. Beobachte die Freundschaft, aber unterbinde sie nicht abrupt.
- Halte dich auch bei Streitigkeiten heraus. Die Auseinandersetzung mit anderen Kindern ist ein wichtiger Lernprozess für dein Kind. Es lernt dabei, Konflikte zu bewältigen und Lösungen zu finden. Sei für dein Kind da und tröste es, wenn es wegen eines Streits sehr traurig ist. Hör zu, begleite es dabei, Lösungen zum Versöhnen zu finden. Misch dich aber aktiv nicht ein, das ist eine Sache zwischen deinem Kind und dem Freund oder der Freundin. Ein Streit unter Kindern sollte auch nicht auf der Erwachsenenebene über die Eltern gelöst werden. Du nimmst deinem Kind damit eine wichtige Erfahrung.

So wird dein Kind in der Gruppe stark

Im Kapitel → „Das macht deine starke Familie aus“ hast du bereits erfahren, dass die Familie (völlig unabhängig davon, in welcher Konstellation sie geführt wird) das erste soziale Gefüge für dein Kind ist. Vielleicht hast du diese Gefüge für ein paar Stunden bereits in der Babyzeit verlassen, zum Beispiel für eine Krabbelgruppe oder Babykurse. Vermutlich warst du da aber immer mit dabei und konntest dein Kind sofort begleiten, wenn eine Situation schwieriger wurde. Das ist super und diese Sicherheit hat dein Kind definitiv gestärkt.

Mit dem Eintritt in die Kita oder zu Tageseltern verändert sich das. Dein Kind ist nach der Eingewöhnung nun auf sich gestellt und muss sich mit anderen Kindern und auch anderen Erwachsenen auseinandersetzen.

Das kann im ersten (und auch im zweiten) Moment durchaus Angst machen oder zumindest ein unsicheres Gefühl auslösen – sowohl bei dir als auch bei deinem Kind. Das geht sehr vielen Eltern und Kindern so. Für die meisten Familien ist der Eintritt in die außerhäusliche Betreuung die erste Trennung vom Kind für mehrere Stunden am Tag. Das ist ein ziemlich großer Schritt, der gut begleitet werden muss und gleichzeitig sehr wichtig für dein Kind ist.

Ihr könnt euch gut darauf vorbereiten. Nicht auf alles und jede Gegebenheit im Alltag, aber auf jeden Fall auf den Einstieg. Darüber hinaus schaue dir mit deinem Kind gemeinsam herausfordernde Situationen zu Hause an. Sprich mit den pädagogischen Fachkräften oder tausche dich mit anderen Eltern aus. Wichtig ist auch hier, mit deinem Kind in Beziehung zu sein, also nah dran (so nah es dich heranlässt) und im Austausch zu bleiben.

Hilf deinem Kind, seinen Platz zu finden

Du erlebst dein Kind zu Hause, vielleicht auch im Umgang mit anderen Kindern im Freundeskreis oder begleitet von dir in einer Krabbelgruppe. In der Kita oder bei der Tagespflegeperson musst du dich darauf verlassen, was dir zurückgemeldet wird – von deinem Kind und von den pädagogischen Fachkräften. Du musst dich darauf verlassen, dass es gut begleitet wird und seinen Platz in der Gruppe findet. Manche Kinder brauchen noch ein bisschen Unterstützung, um gut anzukommen. Gemeinsam mit der Kita kannst du dein Kind gut begleiten, auch wenn du vor Ort gar nicht dabei bist. Ich gehe mit dir ein paar Szenarien durch, die dich beschäftigen können und die typisch für den Kita-Alltag sind:

Dein Kind kann sich nicht durchsetzen

SUSANNE, LOUISA UND DAS SELBSTBEWUSSTSEIN

Louisa (4 Jahre) geht in den Kindergarten Sommerhöhe. Sie ist dort in einem teiloffenen Konzept und fühlt sich grundsätzlich auch wohl dort. In ihrer Stammgruppe gibt es ein paar dominante Kinder, die gerne vorgeben, was gespielt wird. Louisa spielt oft mit, auch wenn sie eigentlich keine Lust dazu hat oder im Rollenspiel eine andere Rolle übernehmen möchte. Sie traut sich aber selten, ihre Meinung zu äußern und wird oft nicht gehört. Ihre Mama Susanne möchte sie gerne dabei unterstützen.

Was kannst du tun, wenn du in einer solchen Situation bist?

- Du kannst dein Kind zu Hause ermutigen, sich im Familienleben einzubringen und seine Meinung zu äußern. Diese sollte dann auch gehört und respektiert werden. Lernt es von zu Hause, dass seine Meinung zählt, so nimmt es dieses Vertrauen gestärkt mit in die Kita. Allerdings ist dort natürlich eine andere Situation. Kinder, die zu Hause selbstbewusst und stark sind, können sich in der Kita ganz anders verhalten. Ein Übungsfeld ist die Familie dennoch. Der geschützte Rahmen, in dem sie sicher agieren können, fehlt manchen Kindern aber in der Kita.
- Du kannst deine Beobachtung mit den Fachkräften teilen und gemeinsam mit der Kita nach Lösungen suchen, wie man dein Kind unterstützen kann. Was kann verändert werden, damit sich der sichere Rahmen für Louisa entwickeln und verfestigen kann? Kann es in Zusammenkünften wie dem Morgenkreis ermutigt werden, sich einzubringen? Natürlich immer ohne Druck oder Bloßstellen des Kindes. Die anderen Kinder können es so hören und besser kennenlernen. Gibt es Räume, in denen sich dein Kind wohler fühlt? Vielleicht trifft es dort auf andere Kinder, mit denen es besser in den Austausch treten kann und sich bei ihnen sicherer fühlt.

- Du kannst zu Hause mit deinem Kind Rollenspiele spielen und es animieren, viele verschiedene unterschiedliche Rollen einzunehmen. Ist es sich in den jeweiligen Rollen sicher, kann es diese auch leichter in der Kita einfordern.
- Auch Bilderbücher oder Vorlesegeschichten zu diesem Thema können dein Kind stärken, indem es erfährt, dass es auch anderen Kindern (oder Personen, Tieren etc. in den Geschichten) oft so geht. Wichtig ist, dass alles spielerisch und natürlich abläuft und dein Kind nicht das Gefühl bekommt, etwas „falsch" zu machen. Es sollte also nicht in einer Art Übungseinheit oder Unterricht enden und auf jeden Fall freiwillig bleiben.

WICHTIG

Sich durchzusetzen bedeutet nicht, gewaltvoll zu agieren, sondern seine Meinung respektvoll und wertschätzend zu äußern. Das lernt dein Kind durch dein Vorbild.

Durchsetzungsvermögen ist keine Methode. Es ist Teil der Persönlichkeit und kann geübt werden. Je selbstsicherer dein Kind ist, desto stärker wird es darüber verfügen. Aber es gibt auch Kinder, denen es gar nicht so wichtig ist, sich überall durchzusetzen. Das ist auch gar nicht erstrebenswert. Ist dein Kind sehr harmoniebedürftig und kommt damit gut klar, dann baut eine Forcierung auf dieses Thema nur Frust und Stress auf. Sei aufmerksam und bestärke dein Kind, seine Meinung zu äußern, respektiere aber auch, wenn es ihm nicht so wichtig ist wie dir. Das bedeutet nicht, dass dein Kind jedes Mal seine eigenen Bedürfnisse hintenanstellen soll und nicht lernen sollte, seine Bedürfnisse zu äußern und dafür einzustehen. Aber manchen Kindern macht das weniger aus und das sollte respektiert werden, solange es bei den wichtigen Dingen selbstbewusst genug ist, sich durchzusetzen. Starke Bilderbücher zu diesem Thema findest du im Kapitel → „Starke Bücher für dich und dein Kind".

Dein Kind kann sich nicht wehren

MARKUS, TOM UND DIE KONFLIKTE

Tom (6 Jahre) ist ein eher ruhiges Kind. In seiner Gruppe, den Sonnenblumen, kommt es immer wieder zu Konflikten. Ein paar Jungs und Mädchen möchten gerne den Ton angeben und beim Spielen bestimmen. Um ihren Willen durchzusetzen, beleidigen sie schon mal auch andere Kinder. Das war bereits Thema beim Elternabend in der Kita. Tom bekommt es oft ab. Gestern kam er mit einem blauen Fleck nach Hause. Eines der Kinder hat ihn böse geschubst, als er seine Bausteine, mit denen er gerade gespielt hat, nicht hergeben wollte. Seinem Papa Markus reicht es jetzt langsam. Er möchte die Situation klären und einen „richtigen Mann“ aus Tom machen.

Die letzte Aussage ist, das hast du sicher gemerkt, schwierig. Tom ist genau richtig, wie er ist, er braucht keine Zuordnung von vermeintlichen Geschlechtermerkmalen. Diese Bemerkung ist unangebracht. Markus reagiert völlig emotional aus Hilflosigkeit und Wut darüber, dass sein Sohn so behandelt wird. Verständlich. Dennoch sollte er selbst kurz innehalten und dann nach Lösungen suchen, die sein Kind wirklich stärken.

Sich zu wehren bedeutet, einem anderen ganz klar die eigene Grenze aufzuzeigen. Dies geschieht am besten verbal, durch Signale oder anderen Zeichen. **Niemals durch Gewalt!** Es ist allerdings nicht immer einfach, anderen Grenzen aufzuzeigen. Kinder brauchen hier eine gute Begleitung und die Sicherheit, eigene Grenzen haben und diese auch verteidigen zu dürfen.

So kannst du dein Kind unterstützen, wenn du in einer ähnlichen Situation bist:

- Ein verständnisvolles Gespräch, bei dem du wirklich zuhörst, kann hier eine gute Lösung sein. Sätze wie „Ich kann gut verstehen, dass dich das geärgert hat!“ oder „Das war wirklich sehr gemein, dass die anderen dich geschubst haben.“ zeigen Verständnis und Mitgefühl. Deinem Kind signalisierst du so, dass seine Gefühle richtig sind und auch andere Menschen das Verhalten der anderen Kinder nicht gut finden. Auch wenn es nicht sofort eine Lösung dafür gibt, erfährt es: Seine Gefühle (Wut, Trauer, vielleicht auch Angst) waren berechtigt. Nicht es hat etwas falsch gemacht, sondern die anderen Kinder haben sich nicht gut verhalten. Sie waren diejenigen, die seine Grenze nicht respektiert haben.

- Du solltest herausfinden, was dein Kind davon abgehalten hat, seine Grenze aufzuzeigen. Welche Gefühle spielten dabei eine Rolle? Kannst du diese benennen? Wie fühlte sich Angst zum Beispiel an? Welche Gedanken hast du in der Situation? Spielt in Ruhe durch, wie es hätte weitergehen können – was wäre passiert, wenn dein Kind deutlich gesagt hätte, dass er jetzt mit den Bausteinen spielt und diese nicht hergeben möchte? Welche Hilfe vor Ort hätte es sich holen können?
- Gute Übungen wären zum Beispiel, laut vor dem Spiegel auszusprechen, was dein Kind möchte bzw. nicht möchte: „Ich spiele gerade mit den Bausteinen. Such dir ein anderes Spiel!“ oder „Das ist meine Jacke. Du hast eine eigene. Gib sie mir wieder!“ oder „Ich möchte nicht mitspielen. Respektiere das bitte.“.
- Mimik, Gestik und Körperhaltung können ebenfalls gut vor einem Spiegel geübt werden. Bitte mach aber keinen Leistungsdruck daraus. Animiere dein Kind, mitzumachen, aber achte auch du auf seine Grenze, wenn es das nicht machen möchte.
  Im Kapitel → „Dein Kind darf Nein sagen“ findest du gute Impulse.

WICHTIG

Es geht bei so einem Gespräch nie darum, sofort eine Lösung zu finden. Ziel ist, deinem Kind zu vermitteln, dass seine Gefühle okay waren. Zeige Verständnis: „Ich weiß, es ist nicht immer einfach, sich zu wehren und zu sagen, was einem nicht gefällt. Das ist auch für Erwachsene nicht immer einfach. Wir können aber zu Hause üben, wie du den anderen deine Grenze aufzeigen kannst. Dann fühlst du dich vielleicht schon sicherer."

BITTE NICHT

Vermittle deinem Kind nicht das Gefühl, du würdest beim nächsten Mal eine andere Reaktion erwarten. Erniedrige es nicht mit Sätzen wie „Du bist doch kein Baby mehr. Wehr dich doch einfach!" Wenn es so einfach wäre, wäre dieses Gespräch nicht nötig.

Es ist auch absolut okay und wichtig, dass dein Kind sich Hilfe holt, wenn es nicht mehr weiterkommt. Das ist auch nicht schwach, sondern in manchen Situationen braucht man einfach die Hilfe anderer. Sich der pädagogischen Fachkraft anzuvertrauen ist kein Petzen, sondern eine Schutzmaßnahme. Wenn dein Kind von dir hört, dass das okay ist, wird es sich das vielleicht beim nächsten Mal zu Herzen nehmen.

Dein Kind traut sich nicht, Bedürfnisse zu äußern und mit Erzieher*innen in den Austausch zu kommen

WICHTIG

Dein Kind muss seine Bedürfnisse erst einmal kennen. Das ist nicht immer so einfach, auch Erwachsenen fällt es nicht immer leicht, diese zu kennen oder zu benennen. Ein bisschen könnt ihr das aber auch zu Hause üben, indem du dein Kind ermutigst, seine Bedürfnisse (aber auch Gefühle) zu äußern. Du kannst ihm auf die Sprünge helfen und ihm Möglichkeiten unterbreiten. Bitte aber so neutral wie möglich und aus deiner eigenen Wahrnehmung heraus: „Hast du Hunger? Was möchtest du gerne essen?" statt „Du möchtest jetzt bestimmt ein Käsebrot."

Ermuntere dein Kind in vielen verschiedenen Situationen und unterschiedlichen Personenkonstellationen. Traut es sich, Omi und Opa nach etwas zu trinken zu fragen? Den Kellner im Restaurant nach einem Eis? Ermutigen heißt nicht, öffentlich bloßstellen. Traut es sich nicht, ist das völlig in Ordnung. Dann vielleicht beim nächsten Mal.

Sprich mit deinem Kind. Gibt es eine*n andere*n Erzieher*in als die Bezugserzieherin oder den Bezugserzieher, zu der oder dem es mehr Vertrauen hat? Das kennen die pädagogischen Fachkräfte. Suche das Gespräch in der Kita. Gerade, wenn es um die Grundbedürfnisse wie Essen und Schlafen geht, sollte dein Kind feste Ansprechpartner*innen haben, denen es sich anvertrauen kann.

CLAUDIA, KIARA UND DAS ESSEN

Claudia hat nun schon mehrere Tage eine noch ziemlich volle Brotbox aus Kiaras (2,5 Jahre) Rucksack geholt. Sie macht sich Sorgen, dass Kiara zu wenig isst, gerade weil sie nach der Kita meistens einen großen Appetit hat.

Wie kannst du in einer solchen Situation reagieren?

- Mal abgesehen davon, dass man überlegen kann, ob es an den mitgegebenen Sachen liegt, ist das ein wichtiger Grund, mit der Kita ins Gespräch zu gehen. Liegt es an den Angeboten, an den Essenszeiten oder daran, dass sich dein Kind nicht traut, Hunger zu äußern? Wie ist es zu Hause? Wird es ernst genommen, wenn es ein Hungergefühl äußert? Darunter fallen auch Äußerungen wie „Du kannst doch nicht schon wieder Hunger haben!“ oder „Du spielst doch eh nur wieder mit dem Essen und isst nichts!“

BEDÜRFNISAUFSCHUB

Natürlich musst du nicht sofort alles stehen und liegen lassen und kannst deinem Kind mitteilen, dass es noch ein bisschen warten muss: „Ich habe dich gehört, du hast Hunger. Ein bisschen braucht das Essen aber noch. Du kannst mir helfen, in der Zwischenzeit den Tisch zu decken, wenn du möchtest". So signalisierst du deinem Kind, dass du das Bedürfnis gesehen hast, es ernst nimmst und es erfüllen wirst. Das klappt etwa ab einem Alter von 3 Jahren.

- Interessant ist hier auch zu erfahren, welches Essenskonzept die Kita deines Kindes verfolgt. Müssen Kinder probieren? Aufessen? Wird Essen als Druckmittel eingesetzt? („Wenn du nicht still sitzen bleibst beim Essen, darfst du nicht mit in den Garten gehen!") Falls ja, musst du mit den Fachkräften sprechen. An der Stelle kann sich dein Kind noch nicht behaupten – es braucht dich als Anwält*in an seiner Seite.

Dein Kind geht unter in der Gruppe, findet keinen Anschluss oder keine Freund*innen

TOBIAS UND DIE FREUNDSCHAFTEN

Tobias (5 Jahre) ist Anfang des Jahres neu in die Kita Regenbogen gekommen. Bereits in seiner alten Kita hatte er nur wenig Freunde – bis auf seinen besten Freund Carl hat er wenig intensive Kontakte gefunden. In der neuen Kita ist es ähnlich: er wurde bisher nur einmal auf einen Kindergeburtstag eingeladen, er darf oft nicht mitspielen und traut sich nicht, von sich aus auf andere Kinder zuzugehen. Seine Eltern Marlene und Hannes erkennen, wie traurig er oft ist, wissen aber nicht, wie sie ihm helfen können.

Kommt dir diese Situation bei deinem Kind bekannt vor?

Die Gründe hierfür können sehr vielfältig sein. Auch hier: Geh ins Gespräch mit deinem Kind und der Kita. Du kannst ihm nicht alles abnehmen. Sich innerhalb einer Gruppe zu positionieren, gehört zur Entwicklung dazu. Auch Ablehnung und der Umgang damit sind eine wichtige Erfahrung, wenn auch eine schmerzhafte. Du kannst dein Kind davor nicht beschützen, aber da sein.

Sei also da:

- am Abend zum Erzählen
- zum Kuscheln
- um gemeinsame Strategien zu entwickeln
- um Situationen im Vornherein durchzuspielen
- indem du dein Kind zu dir einlädst
- indem du Interessen herausfilterst und entsprechende Angebote suchst (unter Gleichgesinnten mit den gleichen Interessen schließen sich auch leichter Freundschaften)

Nutze alle Methoden und Impulse, die du bisher kennengelernt hast, um das Selbstvertrauen und Selbstbewusstsein deines Kindes zu stärken. Geh ins Gespräch mit den Fachkräften, die dein Kind jeden Tag beobachten und begleiten.

- Gibt es Kinder, mit denen es öfter spielt? Vielleicht auch aus einer anderen Gruppe? Gibt es Möglichkeiten, die Kontakte zu intensivieren?
- Wie verhält sich dein Kind? Wie unterstützen die pädagogischen Fachkräfte? Ist das Problem überhaupt schon aufgefallen?

Unterstütze dein Kind, wenn es gehänselt wird

Erstmal vorweg: Kinder kommen vorurteilsfrei auf die Welt. Für sie sind alle Menschen gleich, egal welche Hautfarbe, Herkunft, Behinderung, Geschlecht und so weiter. Kinder sind von sich aus offen für Neues, auch für neue (unbekannte) Menschen.

Irgendwann teilen Kinder ein in „mag ich" und „mag ich nicht", das aber hat nichts mit den oben genannten Merkmalen zu tun. Auch Kinder können Sympathien oder Antipathien empfinden. Ein anderes Kind ohne Vorkommnisse (einen Streit zum Beispiel) komplett abzulehnen, wird aber oft von den Eltern, der erweiterten Familie oder, je nachdem wie alt das Kind ist, auch durch andere Personen, Nachrichten oder Medien übernommen.

Ist dein Kind „anders" als die meisten Kinder in der Gruppe und sprechen wir vom Kindergartenalter (in der Krippe kommen Hänseleien so gut wie nie vor), kann es leider sein, dass es andere Kinder in der Gruppe gibt, die dein Kind aufgrund seiner Besonderheit auch anders behandeln. Mobbing kommt im Kindergartenalter noch nicht vor, dazu sind die Kinder noch gar nicht in der Lage, weil Absicht und Vorsatz in diesem Alter noch keine Rolle spielen. In abgeschwächter Form aber kann man durchaus Parallelen erkennen.

Vermutlich bist du dir dessen auch bewusst und tust bereits alles, um dein Kind entsprechend zu stärken. Auch Kinder, die sich objektiv von den anderen Kindern erstmal nicht unterscheiden, können gehänselt und geärgert werden.

Wie erkennst du, dass dein Kind in die Opferrolle gerät? Folgende Punkte können dir dabei helfen. Aber Achtung: Jeder Punkt kann auch einen sehr harmlosen oder anderen Grund haben. Von daher ist es sehr wichtig, nah am Kind zu sein und die Situation genau zu beobachten und eventuell mit der Kita zu sprechen:

Dein Kind …

- hat keine Lust mehr auf die Kita. (Achtung: Solche Phasen sind völlig normal und treten auch auf, wenn nichts in der Kita passiert ist. Wie auch wir Erwachsene haben Kinder nicht jeden Tag gleich viel Lust auf ihren Job, sprich den Kitaalltag. In der Regel handelt es sich dabei um ein paar Tage und die Unlust gibt sich wieder. Nur wenn sie eine ganze Weile andauert und dein Kind nicht konkret sagen kann, warum es so ist, solltest du handeln und mit der Kita ins Gespräch gehen.)
- leidet abends vor dem Schlafengehen häufig an Symptomen wie Bauch- und Kopfschmerzen und ist auch sonst generell schnell anfällig für Krankheiten.
- hat wenig Kontakt zu gleichaltrigen Kindern und spielt häufig allein.
- ist ängstlich, bedrückt oder sogar depressiv. Es wiegelt im Gespräch mit dir ab und erzählt auch sonst nur sehr vage von der Kita. Es kann allerdings auch sein, dass dein Kind detailliert von seinen Erlebnissen, Gefühlen und Erfahrungen erzählt. Jedes Kind geht anders mit Erlebtem um.
- hat plötzlich keinen Appetit mehr.
- leidet unter Schlafstörungen und/oder Albträumen und/oder nässt nachts wieder ein, obwohl es bereits trocken war.

All diese Zeichen können, aber müssen keine Hinweise sein. Verhält sich dein Kind jedoch über einen längeren Zeitraum anders als sonst, solltest du genauer hinsehen.

Was kannst du in dieser Situation tun, um dein Kind zu stärken?

- Wie immer: Signalisiere, dass du zuhörst und mach das dann auch. Nimm dir Zeit für dein Kind.
- Besprich mit ihm die Gründe und die Anlässe, die zum Hänseln geführt haben könnten. Gab es einen konkreten Anlass (ein Kleidungsstück etc.) oder findet die Hänselei generell statt (Jungs

gegen Mädchen etc.)? Nur gezielt in Bezug auf dein Kind oder gibt es auch andere Kinder, die geärgert werden?

- Wie fühlt sich dein Kind in der Situation? Reagiert es anders, als es selbst gerne möchte? Wäre es gerne selbstbewusster? Dann übt vor dem Spiegel Reaktionen, die es in seinen sprachlichen Rucksack packen kann.
  „Ich möchte das nicht."
  „Hör auf damit."
  „Mir gefällt der Pulli aber."
  „Du findest das doof, ich nicht."
  „Ich mag meine Haare."
  „Dafür kann ich dies und das sehr gut."
- Hat dein Kind das Gefühl, es sei weniger wert und die anderen Kinder werden schon recht haben? Dann arbeite unbedingt an seinem Selbstwertgefühl und seinem Selbstbewusstsein. (→ „Stärke sein Selbstbewusstsein", „Stärke sein Selbstwertgefühl")
- Gehe achtsam mit deinem Kind um – wenn du es nicht ernst nimmst (und dabei ist es völlig egal, ob das im Zusammenhang mit einer Besonderheit steht), wer sonst sollte das tun? Es vertraut dir und braucht dich als Fels in der Brandung, als jemanden, bei dem es lernen kann sich selbst zu entdecken, ohne Wertung.
- Ermutige es, sich Hilfe zu holen bei einem Erwachsenen vor Ort – das ist in der Regel die pädagogische Fachkraft. Es hat nichts mit Petzen zu tun, wenn sich dein Kind in dem Moment nicht selbst helfen kann – denn das ist schwerlich von einem Kindergartenkind zu erwarten.
- Sprich mit der Kita, wenn du das Gefühl hast, es handelt sich um etwas, das vielleicht grundsätzlich in der Gruppe thematisiert werden sollte (Umgang mit Rassismus etc.) oder du das Gefühl hast, dein Kind kommt da nicht allein raus (andere Kinder sind sehr dominant). Ohne dein Kind an den Pranger zu stellen gibt es vielleicht Lösungen und Gruppenprozesse, die nur durch die pädagogischen Fachkräfte gesteuert werden können.

BITTE NICHT

- Kontaktiere in deiner Wut nicht sofort die Eltern des anderen Kindes. Im schlechtesten Falle streitet ihr dann auch noch. Das macht die Situation nur noch schlimmer.
- Lästere mit deinem Kind nicht über das andere Kind. Damit vermittelst du nur, dass es okay ist, über andere schlecht zu reden. Finde lieber Methoden, dein Kind liebevoll zu stärken und sich selbst zu verteidigen. Du kannst aber natürlich sagen, wie gemein du das Verhalten des anderen Kindes findest. So fühlt sich dein Kind nicht allein gelassen mit seinen Gefühlen und bekommt die direkte Rückmeldung, dass seine Gefühle und die Wahrnehmung der Situation okay sind. Der „Fehler“ liegt nicht bei deinem Kind, sondern beim anderen Kind.
- Keine Aufforderung zu Gewalt! Durch Sätze wie „Dann schlag doch einfach zurück!“ lernt dein Kind, dass Gewalt doch eine Lösung sein kann.
- Sätze wie „Jetzt reiß dich doch mal zusammen!“ sind ebenfalls keine Hilfe. Dein Kind hat sich vermutlich schon eine ganze Weile „zusammengerissen“ und die Dinge mit sich selbst ausgemacht. Jetzt vertraut es sich dir – einer wichtigen Bezugsperson – an, bekommt aber nur Ablehnung zu spüren, dazu wurde es auch noch lächerlich („dein Verhalten ist nicht richtig und falsch“) gemacht. Keine gute Lösung.

Dein Kind durchläuft einen sehr wichtigen Lernprozess – es lernt vermutlich zum ersten Mal, dass nicht alle Menschen es mögen oder alles an ihm gut finden. Das tut weh und es darf auch Zeit brauchen, das zu verstehen und anzunehmen.

Zeige Alternativen auf, wenn dein Kind andere ärgert

Für dein Kind ist Aggressivität oft ein Ausdruck seiner Gefühle. Gerade in der Autonomiephase weiß es oft nicht wohin mit den vielen Gefühlen, die gerade auf es einprasseln, und findet im Schlagen, Schubsen, Beißen und Ärgern ein Ventil. Für Kleinkinder U3 gibt es beim Beißen und so weiter noch gar keine Einteilung in „gut" oder „schlecht". Sie müssen erst lernen, dass es zwar okay ist, in ein Stück Wurst zu beißen, aber nicht in den Arm von Mama. Es handelt sich also nicht um Aggressivität wie wir sie verstehen, sondern um einen Ausdruck ihrer Emotionen, die sie noch gar nicht einordnen können. Die Wirkung – jemand anderem Schmerzen zuzufügen – kann dein Kind noch nicht wirklich abschätzen.

Weitere Gründe für in unseren Augen aggressives Verhalten:

Reaktion auf Aktion Wird dein Kind älter, bemerkt es natürlich eine Reaktion auf seine Aktion: Andere Kinder weinen, Erwachsene sind ganz aufgeregt, es ist große Action. Es passiert was und das ist spannend! Dein Kind macht etwas ganz allein und löst so viel Reaktion damit aus; erstmal supercool für dein Kind, was es da aus eigener Kraft bewegen kann!

Kräftemessen Gerangel unter Gleichaltrigen sieht oft böse aus, hat aber einen sehr harmlosen und wichtigen Hintergrund: Es geht darum, eigene Kräfte zu messen. Grenzen und sich selbst zu erfahren. Das hat für dein Kind keine weitere Bedeutung. Das heißt natürlich nicht, dass sich dein Kind nach Belieben prügeln darf. Ein wildes Herumbalgen allerdings ist noch nicht besorgniserregend (solange es die anderen Kinder freiwillig und gerne mitmachen).

Suche nach Beziehung Oft sind körperliche Attacken deines Kindes ein Weg, um in Beziehung zu gehen. Natürlich ist Beißen, Schubsen et cetera nicht der richtige Weg dafür, dein Kind kennt aber keinen anderen beziehungsweise kann es noch keinen anderen Weg ausprobieren. Je jünger dein Kind, desto weniger ist die Fähigkeit für Empathie entwickelt. Hier braucht es deine Unterstützung und deine spürbare Liebe, auch wenn du nicht gutheißt, wie dein Kind agiert. Sprich mit ihm: „Du hast das Mädchen auf dem Spielplatz einfach so geschubst. Kannst du sagen, warum? Wolltest du mit ihr spielen?“ oder „Ich kann verstehen, dass du heute eifersüchtig auf deinen kleinen Bruder warst. Ihn zu beißen tut ihm aber weh und macht ihm Angst. Mach das nicht. Jetzt bin ich für dich da. Tut mir leid, dass ich heute so wenig Zeit für dich hatte.“

Außerdem kannst du deinem Kind folgendermaßen helfen:

- Zeig deinem Kind, wie es anders geht. Je älter dein Kind, desto mehr wird es auch verstehen, dass das andere Kind kein Interesse daran hat, geschubst zu werden, oder warum das Geschwisterchen weint, wenn es gebissen wird.
- Zeige deinem Kind, dass du da bist und nimm dir vermehrt Zeit für es. Negative Aufmerksamkeit (schimpfen, wenn es ein anderes Kind geschubst hat) ist zwar auch Aufmerksamkeit, aber nicht die, die dein Kind braucht.
- Du bist auch hier Vorbild für dein Kind. Mache außerdem negative Vorbilder in seinem Umfeld aus. Wie löst du denn deine Probleme? Schimpfst du viel vor dich hin? Schlägst du schon mal mit der flachen Hand auf den Tisch, wenn du dich ärgerst? Sieht dein Kind woanders, dass Gewalt eine Lösung sein könnte? Im Fernsehen vielleicht? Hat es schon mal erlebt, dass ein Klaps auf die Hand ein Erziehungsmittel darstellen kann? (Wenn nicht bei euch, dann vielleicht in der Familie oder im Freundeskreis?)
- Um zu lernen, wie man Kontakt aufnimmt oder sich in einem sozialen Gefüge benimmt, muss dein Kind die Gelegenheit haben, sich inmitten sozialer Kontakte bewegen zu können. Es braucht also ein Übungsfeld. Das kann die Kita sein, aber auch andere soziale Umgebungen wie ein Sportverein etc.
- Zeige ihm Alternativen. Dein wütendes Kind darf in ein Kissen hauen oder einen Kegel umstoßen, statt ein anderes Kind zu hauen oder umzuschubsen, wenn es ein Ventil für seine Wut

braucht. Vielleicht hilft ein Wutball oder mit den Füßen aufzustampfen, wenn es den Impuls verspürt, seinen Ärger an anderen auszulassen.

- Ist dein Kind traurig, so überlegt Rückzugsmöglichkeiten, die helfen können.
- Hat es Schwierigkeiten, mit anderen Kindern Kontakt aufzunehmen, überlegt euch Strategien dagegen.
- Schau genau hin: Welches Bedürfnis oder welche Not steckt hinter dem Verhalten? Ist es Überforderung, mangelndes Einfühlungsvermögen (bitte Alter im Auge behalten), Gefühle, die nicht anders zu handeln sind (Angst, Wut, Traurigkeit, Hilflosigkeit, Einsamkeit ...) oder was beschäftigt dein Kind? Sprich mit ihm. Hör zu und signalisiere, du bist da.

WICHTIG

Emotionen sind okay und dürfen zugelassen werden, verletzendes Verhalten anderen gegenüber ist nicht okay und wird unterbunden mit einem klaren Nein. Im Kapitel → „So lernt dein Kind, Nein zu sagen“ hast du viel darüber gelesen, wie dein Kind zu anderen Nein sagen darf. Es muss aber ebenfalls lernen, ein Nein zu akzeptieren. Ein Nein ist ein Nein und gilt für alle!

Wenn du nicht weiterweißt, suche das Gespräch mit der Kita. Gemeinsam könnt ihr einen Weg finden, dein Kind gut zu begleiten. Vielleicht bietet die Kita auch Projekte zum Thema Gewalt an, die deinem Kind helfen können, oder nimmt an Programmen teil, die für dein Kind passend sind. Wenn du das Gefühl hast, du brauchst weitere Hilfe, so sprich mit deiner Kinderarztpraxis. Diese kann gut abklären, ob eine Erkrankung der Auslöser sein könnte. Überlegt gemeinsam, ob eine Unterstützung von außen sinnvoll sein könnte (Ergotherapie zum Beispiel).

Wenn dein Kind mal ein anderes Kind schubst oder ärgert, so ist das ein kindliches Ausprobieren und gehört zur Entwicklung dazu.

Dein Kind muss lernen, dass es mit bestimmten Verhalten auch negative Reaktionen zurückbekommt. Macht dein Kind das aber regelmäßig, so zehrt das an deinen Nerven und du möchtest deinem Kind unbedingt helfen und dieses Verhalten unterbinden. Vielleicht ist es dir auch schon unangenehm, in die Kita zu gehen, weil dein Kind „schon wieder" etwas gemacht hat. Das ist unglaublich belastend und auch spürbar für dein Kind. Wenn dein Kind von allen Erwachsenen als das „Problemkind" abgestempelt wird und sich ganz oft alles nur darum dreht, dann findet ihr aus dieser Spirale allein nicht mehr heraus. Es wird auf eine Verhaltensweise reduziert und alles andere wird nicht mehr richtig wahrgenommen. Wie deprimierend.

Egal was dein Kind tut – zeig ihm, dass du es liebst. Du musst nicht alles toll finden und darfst das auch sagen (Gewalt ist keine Lösung), aber du stehst dennoch immer hinter deinem Kind und gehst den Weg mit ihm. Es ist nicht allein und findet in dir immer einen sicheren Halt.

- Sieh seine Stärken und konzentriere dich eine Weile ausschließlich darauf.
- Sag deinem Kind auch, was es gut kann und welche Stärken es hat! Das andere Verhalten wird erstmal nicht mehr thematisiert, es sei denn, es passiert etwas und du musst eingreifen. Das nimmt euch beiden den Druck.
- Gehe diesbezüglich auch mit der Kita in den Dialog. Auch die Kita darf dein Kind nicht als „den Beißer" oder „das Mädchen, das ständig stört" abstempeln.

Jeder Tag ist ein neuer Tag und dein Kind hat eine neue Chance. Es braucht den sozialen Raum, um zu lernen, wie man sich so verhält, dass andere davon keinen Schaden tragen. Es braucht den Kompass der Erwachsenen, die ihm helfen, starke Gefühle so auszudrücken, dass andere nicht beeinträchtigt werden. Es braucht deine Geduld, immer wieder zu vermitteln, was sein Verhalten gerade beim anderen ausgelöst hat – ohne Strafe, ohne Druck. So lernt dein Kind langsam zu verstehen und zu verinnerlichen, welches Verhalten unsozial ist und welches nicht, und Mitgefühl für das andere Kind zu entwickeln. Und es braucht von uns Erwachsenen vorgelebte Konfliktlösungsstrategien, um beim nächsten Mal besser mit Herausforderungen umgehen zu können. Dazu benötigt es einen liebevollen und wertschätzenden Rahmen und die Sicherheit, angenommen zu werden, auch wenn es beim nächsten Mal noch nicht so klappt.

Holt euch Unterstützung, wenn nötig

Manchmal haben Kinder trotz aller Stärkung im Kindergartenalter Probleme anzukommen, zu interagieren oder sich selbst zu spüren. Dahinter können Wahrnehmungsbesonderheiten stecken, ein stark ausgeprägtes Temperament (ob schüchtern, ängstlich oder wild) oder bestimmte Entwicklungsverzögerungen. In vielen Fällen ist Ergotherapie eine gute Möglichkeit, den Kindern in einer solchen Situation zusätzlich Stärke mit auf den Weg zu geben. Weil sie sich dadurch besser kennenlernen und damit auch im Außen besser zurechtkommen.

ERGOTHERAPIE – INTERVIEW MIT ANNE BERGER

Die Ergotherapeutin Anne Berger erklärt dir, wie Ergotherapie bei bestimmten Indikationen im Kindergartenalter unterstützen kann.

Liebe Anne, wann kommen Eltern mit ihren Kindern in deine Praxis?

Die Kinder kommen mit ganz unterschiedlichen Themen in die Praxis. Eine der Hauptursachen ist eine Störung der Körperwahrnehmung, welche viele verschiedene Auswirkungen haben kann. So können die Kinder zum Beispiel Probleme im Bereich der Fein- und Grobmotorik, der Aufmerksamkeit oder im Bereich der visuellen oder auditiven Wahrnehmung haben. Aber auch Auffälligkeiten im Verhalten sind darauf zurückzuführen.

In einem Elterngespräch versuchen wir erst einmal herauszufinden, welche Wünsche und Erwartungen an die Ergotherapie gestellt werden. Es ist wichtig zu wissen, was sich ändern soll und vor allem für wen.

Im nächsten Schritt lernen wir das Kind kennen und führen eine ausführliche Diagnostik durch, um die Ursache für die genannten Probleme genau festzustellen und dort gezielt ansetzen zu können. Oft sieht es so aus als würden wir einfach nur spielen. Und ja, wir spielen. Aber wir spielen nicht irgendetwas. Nein — wir bieten gezielte Übungen mit spielerischem Charakter im Bereich der sensorischen Integration an, um die Defizite zu verbessern und das Kind bestmöglich in seiner Entwicklung zu unterstützen.

Wie kann Ergotherapie Kinder stärken?

Nach einer ausführlichen Kennenlernphase werden gemeinsam mit dem Kind die Ziele der Therapie besprochen und wie es diese mit meiner und der Unterstützung der Eltern und des Kindergartens erreichen kann. Um das Kind im Verlauf der Therapie zu stärken, ist das Aufzeigen von Fortschritten unabdingbar. Kinder brauchen für ihre Anstrengungen positives Feedback. Sie sollen stolz darauf sein, was sie bisher alles geschafft haben.

Ein Beispiel aus der Praxis: Friedrich, 6 Jahre, hat große Probleme im Bereich der Feinmotorik und Kraftdosierung. Während eines Sortierspieles mit einer Pinzette, welches ihm von der Koordination noch unglaublich schwerfällt, sagt er zu mir: „Ich schaff das!" Und genau das ist es, was die Kinder durch positive Bestärkung erfahren sollen. Ich kann alles schaffen. Besonders für Kinder mit erhöhtem Förderbedarf ist es wichtig, die kleinsten Fortschritte zu besprechen, ihre Bemühungen anzuerkennen und ihnen dadurch stets ein gutes Gefühl zu geben. Es ist in Ordnung, wenn etwas nicht von Anfang an klappt. Manche Dinge benötigen Übung. Und manche Kinder brauchen für eine Aufgabe mehr Übung, um diese bewältigen zu können. Es ist wichtig, dem Kind zu vermitteln, dass es vollkommen okay ist. Und manchmal muss man nach einer anderen Lösung suchen. Hilfsmittel einsetzen zum Beispiel, um die Aufgaben im Alltag bewältigen zu können.

Ein weiterer wichtiger Ansatz ist das ressourcenorientierte Arbeiten. Wie kann ich die Fähigkeiten, Fertigkeiten, das Wissen, besondere Begabungen, Talente, alles das, was einem Kind zur Verfügung steht, beziehungsweise worauf es direkt zurückgreifen kann, nutzen, um noch nicht ausgereifte Fähigkeiten zu trainieren.

Kannst du konkrete Beispiele nennen?

Natürlich. Hier zwei Beispiele aus Krippe und Kindergarten:

Aaron, zweieinhalb Jahre, Wahrnehmungsstörung.
Aaron hat große Schwierigkeiten die verschiedensten Reize aus der Umwelt zu filtern. Wenn sein Vater ihn aus der Krippe abholt, erzählt er gern, was er heute alles mit Aaron unternehmen möchte. Für Aaron ist es allerdings schwierig, die Komplexität der Worte zu erfassen und er schafft es somit nicht, seinem Vater zuzuhören und zu begreifen, was er ihm mitteilen möchte. Aarons große Stärke ist jedoch das Betrachten von Bilderbüchern und dort auf Details zu achten und diese zu erfassen.

Hier kann man in den Bereich ‚Unterstützte Kommunikation' gehen. In diesem speziellen Fall empfehle ich das Einsetzen von Bildmaterial. Der Vater kann Aaron erzählen, was sie heute unternehmen werden und ihm Fotos oder Bilder zum Verdeutlichen zeigen. Da der Vater dazu neigt, schnell und viel zu erzählen, und es Aaron dadurch noch schwerer fällt, den Inhalt wahrzunehmen, ist auch der Vater durch das Betrachten der Bilder gezwungen, langsamer zu sprechen und Aaron somit die benötigte Zeit zu geben.

Paul, fünf Jahre, Integrationskindergarten,
umschriebene Entwicklungsstörung.
Paul hat große Probleme im Bereich der Körperwahrnehmung/Koordination und Tonusregulierung, also arbeiten wir viel in Bewegung. Ein Parcours mit verschiedensten Stationen soll Paul dabei helfen, verschiedene sensorische Erfahrungen zu machen. Manchmal ist es Paul aber zu viel. Die Übungen strengen ihn sehr an und er verliert schnell die Lust. Wie kann ich es also schaffen, dass Paul trotzdem die verschiedenen Übungen mitmacht und Spaß hat? Pauls große Stärke ist das Malen. Außerdem liebt er Pokémon. Zur letzten Stunde brachte Paul einen Pokémon-Ball aus Stoff mit. Also griff ich dies auf und wir bauten uns einen Abenteuer-Parcours auf, in dem wir wilde Pokémons fangen mussten. Dazu

mussten wir natürlich erst einmal Pokémons malen. Also setzten wir uns gemeinsam an den Tisch und malten fleißig drauf los. Gemeinsam klebten wir dann die Pokémons an verschiedene Stellen im Raum und die Jagd konnte losgehen. Paul musste klettern, kriechen, krabbeln, robben und immer wieder die verschiedenen Pokémons in unterschiedlichsten Stellungen mit seinem Ball abwerfen. Was kam also raus bei der Stunde? Paul hatte so großen Spaß, dass er gar nicht bemerkt hat, wie anstrengend manche Übungen teilweise für ihn waren. Spaß – ein unverzichtbares Element für mich als Ergotherapeutin. Die Kinder da abzuholen, wo sie stehen, mit den Interessen, die sie haben. Denn wenn etwas Spaß macht, sind Erfolge viel leichter und ganz nebenbei zu erzielen. Und seien wir ehrlich, nichts ist schöner als ein Kind, das sich freut zu dir in die Therapie zu kommen und das du dabei unterstützen darfst, dass es in seiner Entwicklung vorwärtskommt.

Wie beziehst du Eltern in deine Arbeit mit ein?

Ein sehr wichtiger Faktor ist der Austausch mit den Eltern. Eltern müssen verstehen, was wir mit ihren Kindern tun und warum wir es mit den Kindern tun. Es bringt nichts, dass ich eine Therapiestunde durchführe und dabei die Eltern außen vor lasse. Manche Therapeuten neigen dazu, am Ende der Stunde den Eltern kein Feedback zu geben, nicht zu erzählen, was in der Therapiestunde durchgeführt wurde. Ich persönlich finde es sehr wichtig, dass die Eltern vollkommen im Bild sind und dadurch selbst Ideen entwickeln können, was sie mit ihrem Kind zu Hause davon umsetzen können. Als Therapeutin gebe ich natürlich immer Hausaufgaben mit, gebe verschiedene Anregungen, Ideen, wie die Eltern gemeinsam mit ihrem Kind nach der Therapie weiter üben können. Dabei binde ich die Gegebenheiten der Familie mit ein. So kann ich es nutzen, wenn Eltern zum Beispiel einen Garten haben, in dem eine Schaukel oder ein Trampolin steht. Ich biete ihnen verschiedene Spielmöglichkeiten an, die sie direkt, ohne großen Aufwand und ohne großes Material umsetzen können.

So startet dein Kind stark in die Schule

Die Einschulung deines Kindes ist nicht nur ein riesiger Schritt für dein Kind, sondern für alle in eurem familiären Umfeld. Die Zeit im Alter von 0–6 Jahren ist nur so dahingeflogen und jetzt wird aus deinem kleinen Baby ein Schulkind.

Starke Vorschule

Vorschule bedeutet streng genommen die gesamte Zeit „vor der Schule", klassisch allerdings bezieht sich der Begriff auf das letzte Kita-Jahr vor der Einschulung. Das Spiel, der Spaß und der Kindergartenalltag stehen nach wie vor im Vordergrund, jedoch rückt auch mehr und mehr das Thema Schule in den Fokus. Jeder Kindergarten definiert Vorschule anders. Eine einheitliche Regelung gibt es nicht. Ebenso gibt es auch keine Vorschulpflicht in Deutschland.

Lange hielt sich das Konzept, in der Vorschule bereits mit der Vorbereitung auf die Themen Rechnen, Schreiben, lange sitzen und so weiter zu beginnen. Die meisten Kitas machen das aber nicht mehr so und das ist auch gut so, denn alles, was in der Kita passiert, ist wichtig für die Schule und bereitet darauf vor. Viele Kitas bilden altershomogene Gruppen und die Kinder, die in die Schule kommen, und machen etwas Besonderes zusammen. Es werden nochmals mehr interessensbezogene Projekte angeboten und hier der Blick auf die Schulfähigkeiten gelegt. Viele beginnen damit erst im Frühjahr – da davor nicht feststeht, welche Kinder wirklich in die Schule gehen werden.

Gehe also ins Gespräch mit der Kita deines Kindes und frage nach, wie Vorschule dort gelebt wird. Einige Kitas haben Vorschulprogramme und arbeiten nach einem sehr strukturierten und teilweise vorgegebenen Konzept, manche Kitas sind da freier. Die meisten

Kitas bieten hierzu auch einen Elternabend an, um zu informieren und Fragen zu klären.

Eines aber sollte alle einen: Vorschule ist keine vorgezogene Grundschule. Lesen, Schreiben und Rechnen sollte nicht im Vordergrund stehen. Das ist alles Aufgabe der Schule, nicht des Kindergartens. Zeigt dein Kind bereits Interessen an diesen Themen, dann kann es sich selbstverständlich damit beschäftigen. Du und die Kita solltet das allerdings nicht verlangen.

- Verschiedene Inhalte werden noch sehr spielerisch und nahezu nebenbei vermittelt.
- Es braucht beispielsweise keine spezielle Einheit „Mathematik"; dieser Bildungsbereich wird auch abgedeckt, wenn dein Kind beim Tischdecken zählt, wie viele Kinder anwesend sind und wie viele Teller gebraucht werden. Im Prinzip ist die gesamte Kita-Zeit eine Vorbereitung auf die Schule.
- Es gibt auch tolle Vorschulprojekte wie zum Beispiel „Wuppi" vom Finken Verlag, die spielerisch die Vorschulphase in den Kita-Alltag mit einbauen.
- Die Stifthaltung, das Schneiden mit einer Schere, all diese motorischen Fertigkeiten kann die Kita bei entsprechenden Bastelprojekten anbieten und üben.
- Genauso wichtig wie die motorischen und schulvorbereitenden Inhalte sollten die Beobachtung und Unterstützung in der sozial-emotionalen Entwicklung des Kindes sein.

WICHTIG

Wenn du dir unsicher bist, ob dein Kind schulreif ist oder nicht, suche das Gespräch mit deinem Kind, der Kita und der Schule. Gibt es einzelne Punkte, bei denen du denkst, dein Kind bräuchte noch mehr Unterstützung, sprich das ebenfalls an. Zieht gemeinsam an einem Strang, aber nicht am Kind. Dein Kind bestimmt das Tempo. Es gibt Stichtage und die Schulpflicht, aber auch die Möglichkeit der Rückstellung in die Kita und viele weitere Stellen, die dich unterstützen können, wenn dein Kind noch nicht schulreif ist.

Du kannst dein Kind unterstützen, indem du spielerisch und OHNE DRUCK die einzelnen Punkte der Schulreife betrachtest und gemeinsam mit der Kita/den Tageseltern/deiner Familie/eurer Kinderarztpraxis überlegst, wie die Unterstützung ganz konkret für dein Kind aussehen könnte.

BITTE NICHT

Vergleiche dein Kind niemals mit anderen. Sätze wie „Das Nachbarskind kann dies oder das aber schon längst!" demotivieren dein Kind. Das kann dazu führen, dass es überhaupt keine Lust mehr auf „diese Sache" und/oder auf den Austausch mit anderen Kindern hat. Auch Sätze wie: „Jetzt beginnt bald der Ernst des Lebens!" sollten vermieden werden. Automatisch wird Schule damit negativ besetzt – und dein Kind soll sich doch darauf freuen dürfen.

Schulreife

Neben allen emotionalen Dingen beschäftigen dich vermutlich auch die folgenden Fragen: Ist mein Kind bereits schulreif? Falls nicht: Was kann ich tun, sodass es Spaß an der Schule hat und mit dem Pensum mitkommt?

JETZT IST DEIN KIND SCHULREIF – INTERVIEW MIT YVONNE KOPF

Dazu habe mit Yvonne Kopf gesprochen, sie ist Lehrerin und Rektorin an einer Grundschule in Baden-Württemberg sowie Autorin eines Kinderbuches.

Yvonne, jährlich schulst du als Rektorin einer Grundschule viele neue Erstklässler*innen ein. Wie definierst du den Begriff *Schulreife*, sprich wann ist aus deiner Sicht ein Kind schulreif und was spielt dabei alles eine Rolle?

Ein Kind ist schulreif, wenn es folgende Merkmale aufzeigt:

- kognitive (das Kind ist intellektuell in der Lage zu einem Schulbesuch) und sozial-emotionale Reife (es ist auch mental bereit, zur Schule zu gehen)
- „Stillsitzen" können (zumindest für einen längeren Zeitraum)
- Feinmotorische Entwicklung
- Frustrationstoleranz
- Lust auf Schule haben
- Impulskontrolle

Wie können Eltern ihre Kinder ohne Druck für die Schule stark machen?

Kinder müssen nicht extra für die Schule stark gemacht werden. Vertraue deinem Kind, dir selbst, den Expert*innen, die das Kind die ganze Zeit begleiten, und der Schule. Das Vertrauen gibt auch hier den Kindern die Stärke. Loslassen ist das Zauberwort.

Eltern beschäftigt oft die Frage, ob ein Kind zurückgestellt werden sollte oder nicht. Was sind aus deiner Sicht Kriterien dafür und wie können Eltern ihr Kind dabei unterstützen?

Das ist so individuell, dass keine pauschale Aussage möglich ist. Als Anhaltspunkte dienen die Merkmale für Schulreife. Ansonsten immer ins Gespräch mit den Beteiligten (KiGa, Beratungslehrkraft, Schulleitung, Gesundheitsamt und natürlich auch mit dem Kind) gehen und diesen vertrauen. Für manche Kinder ist ein weiteres Jahr Kindergarten genau das Jahr, das sie noch brauchen. Es ist weder ein Makel noch eine Schande, sondern ausschließlich eine Chance für das Kind, die bereits vorhandenen Merkmale der Schulreife weiter auszubauen, bis dann ein Jahr später die Schule tatsächlich startet.

Schule bedeutet ein neuer Lebensabschnitt für Kinder. Eltern von Kindern, die noch nicht so selbstbewusst sind, haben oft Sorge, dass ihr Kind in einem großen Klassenverbund nicht gesehen wird. Kannst du diese Sorge nehmen?

Vertraue deinem Kind und der Schule. Such das Gespräch mit der Klassenlehrerin oder dem Klassenlehrer und weiteren Beteiligten, die an der Schule für dein Kind verantwortlich sind (eventuell Ganztagsbetreuung etc.). Mache dir nicht schon vorher große Sorgen. Oft können wir in ersten Gesprächen viele Sorgen nehmen.

Je vertrauensvoller du als Eltern auf den Beginn der Schullaufbahn blickst, desto sicherer kann dein Kind in der Schule sein. Je mehr Gedanken und Sorgen du dir also machst, umso unsicherer wird auch dein Kind. Deswegen nochmal: Loslassen und sich darauf verlassen, dass alles gut wird. Das Kind schafft das! Warum auch nicht?

Sollten doch Themen aufkommen, so sind die Lehrer*innen nah am Kind und sehen es.

Vertrauen in das eigene Kind spielt also auch bei diesem Thema eine sehr große Rolle. Um dir die Einordnung des Begriffes *Schulreife* leichter zu machen, findest du im folgenden Abschnitt Beispiele für die einzelnen Kategorien. Dein Kind muss nicht alle Kriterien sofort erfüllen. Kinder sind individuell und lassen sich nicht in eine Checkliste pressen. Bist du unsicher, so suche das Gespräch mit der Kita, falls nicht schon geschehen. Hier sitzen Fachleute, die tagtäglich dein Kind beobachten. Vertraue deinem Bauchgefühl und sprich auch mit deinem Kind, was es von Schule hält – fühlt es sich denn selbst schulreif, hat es Lust auf die Schule und hat es eine Vorstellung davon? Unterhaltet euch am besten mehrfach darüber. Jedes Kind ist individuell und ist somit auch individuell schulreif.

Die folgenden Punkte dienen dennoch einer Orientierung und können die Grundlage für ein Gespräch mit der Kita sein. Manche kommen dir schon bekannt vor, da sie dein starkes Kind widerspiegeln.

Kognitive Schulreife

- Dein Kind kann sich über einen längeren Zeitraum, mindestens jedoch eine halbe Stunde, auf eine Sache konzentrieren.
- Immer mehr bringt es angefangene Aufgaben zu Ende.
- Es kann einzelne Symbole (Formen, Verkehrsschilder, Hinweissymbole, Zahlen oder Buchstaben) gut voneinander unterscheiden.
- Gegenstände können ohne Anstrengung der Größe nach geordnet werden.
- Dein Kind hat eigene Spielideen und setzt diese auch um.
- Dein Kind kann kurze Geschichten in eigenen Worten wiedergeben.
- Dein Kind malt detaillierte Bilder, spielt Memory oder Puzzles mit mehr als 20 Teilen ohne Hilfe.
- Gedichte, kurze Liedtexte und Melodien kann es sich gut merken.

Körperliche Schulreife

- Es sprechen keine gesundheitlichen und/oder psychische Bedenken gegen einen Schulbesuch.
- Dein Kind kann gut mit Bewegungsabläufen wie „einen Ball fangen und wieder wegwerfen" umgehen.
- Dein Kind kann einen Stift entspannt in der Hand halten.
- Es zieht sich ohne Hilfe von außen selbstständig an- und aus und kann Knöpfe öffnen und schließen.

Sozial – emotionale Schulreife

- Dein Kind kennt sich und seine Bedürfnisse und kann diese auch äußern.
- Es ist in der Lage, Kompromisse einzugehen.
- Es kann soziale Beziehungen eingehen, Freundschaften aufbauen und pflegen sowie andere Kinder respektieren.
- Es kann Konflikte allein lösen.
- Es kann mit Enttäuschungen umgehen.
- Es kann sich gut mit sich allein beschäftigen.
- Dein Kind ist offen für neue Situationen und kann sich gut darauf einstellen.
- Dein Kind ist Forscher*in und Entdecker*in und möchte dazulernen.
- Dein Kind kann sich in einer Gruppe positionieren.

KINDER STÄRKEN DURCH …

Du kannst dein Kind nicht nur in bestimmten Lebenssituationen stärken, sondern auch mithilfe verschiedener Bereiche. Kunst, Musik und Sport sind nur einige davon, in denen dein Kind Stärke tanken kann. Wenn ich sie dir in diesem Kapitel vorstelle, achte auf die Interessen deines Kindes – nichts ist frustrierender, als etwas tun zu müssen, das man nicht mag. Animiere dein Kind aber gerne, überall hineinzuschnuppern. Oft kristallisieren sich bestimmte Vorlieben auch erst später heraus oder werden durch ein Schlüsselerlebnis ausgelöst. Wichtig ist bei allem: Der Spaß muss immer im Vordergrund stehen.

Kunst

Malen und Gestalten, also alles Künstlerische, regt die Fantasie deines Kindes an. Dazu brauchst du keine große Ausstattung. Malen kann dein Kind im Prinzip immer und überall: im Sand, im Matsch, mit Stöcken in der Erde, im Schaum in der Badewanne und so weiter. Vermutlich wirst du aber auch Stifte und Papier zu Hause haben, sodass dein Kind jederzeit loslegen kann.

So stärkt Kunst dein Kind

Sich malerisch und gestalterisch zu betätigen, spricht viele Sinne und Stärken deines Kindes an:

- Wählt dein Kind selbst Motiv und Malutensilien (Buntstifte oder Wasserfarben zum Beispiel), so erlebt es ein hohes Maß an Selbstbestimmung und kann seine Autonomie voll ausleben.
- Klappt etwas nicht gleich auf Anhieb und versucht es dein Kind erneut oder verbessert es seine Arbeit so, dass es am Ende zufrieden ist, hat es sowohl an der Problemlösung als auch an seiner Frustrationstoleranz gearbeitet. Es wird unglaublich stolz auf das Erreichte sein.
- Malen ist für dein Kind eine sehr gute Möglichkeit, Gefühle auszudrücken, ohne (erstmal) darüber sprechen zu müssen. Dein Kind reflektiert so Situationen und bekommt auf diesem Wege einen Zugang zu Gefühlen. Gleichzeit erhält es die Möglichkeit, sich direkt mit ihnen auseinanderzusetzen. Greife solche Bilder gerne auf und bespreche sie mit deinem Kind, vor allem wenn du das Gefühl hast, dass dein Kind eine belastende Situation malt.
- Gedanken und Erlebnisse können direkt verarbeitet werden.
- Durch Bilder drücken Kleinkinder zum ersten Mal Gedanken aus, bringen ihre Vorstellungen von der Welt zu Papier – und das wird immer konkreter. Die Ergebnisse werden immer besser und sichtbarer, du wirst mehr und mehr erkennen.
- Ist dein Kind bei der Sache, fördert Kunst Konzentration und Ausdauer.
- Beim Malen wird die Hand-Augen-Koordination gestärkt, dies ist eine Vorstufe zum Schreiben und vor allem im Vorschulalter interessant.
- Kunstbücher regen die Fantasie deines Kindes an.

Der Spaß und die Freude an kreativem Ausprobieren sollten unbedingt im Vordergrund stehen. Wenn dein Kind das Gefühl bekommt, es muss etwas abliefern, ist eh nicht gut genug oder muss in einem vorgegebenen Rahmen eine Leistung bringen, so kann es gut sein, dass es bald das Interesse daran verliert.

So motivierst du dein Kind

- Gehe wertschätzend mit den Bildern um, die dein Kind gestaltet hat: Dein Kind ist unglaublich stolz auf seine Kunstwerke – sei du es auch. Du musst es nicht über den grünen Klee loben und jedes Bild sofort rahmen, aber bitte wirf es auch nicht sofort weg oder äußere dich genervt über die Menge an künstlerischem Output. Dein Kind hat Zeit und Energie in dieses Bild gelegt und etwas zum Ausdruck gebracht. Das ist großartig!
- Natürlich kannst du vermutlich aber auch nicht über Jahre hinweg jedes einzelne Bild deines Kindes aufheben. Bewahrt alle Bilder in einer Kiste, einem Ordner oder an einem anderen passenden Ort auf. Von Zeit zu Zeit kannst du diese Sammelstellen gemeinsam mit deinem Kind aufräumen und ausmisten, denn irgendwann nimmt es natürlich überhand. Schaut euch einmal im Monat (oder welches Zeitintervall zu euch passt) diese Bilder an und entscheidet gemeinsam, welche Bilder aufgehoben werden sollen und welche nicht.
- Sicher freuen sich auch die Großeltern oder andere Familienmitglieder oder Freund*innen über selbstgemalte Bilder. Du kannst die Bilder auch als Geschenkpapier verwenden, wichtig ist dabei nur, das mit deinem Kind abzusprechen. Ihr könnt sie auch beiseitelegen und für Bildergeschenke für Weihnachten oder sonstige Anlässe sammeln (ein Beispiel: Tischsets entstehen sehr einfach durch laminierte Bilder deines Kindes). So bekommen sie noch eine ganz andere Wertschätzung.

- Die gemeinsam als am schönsten deklarierten Bilder kannst du außerdem in einer Kunstmappe abheften, die restlichen dürfen gerne im Kinderzimmer aufgehängt werden. Digitalisiert nehmen sie außerdem kaum Platz weg und können immer wieder angeschaut werden.
- Wertschätze aber nicht nur das Ergebnis, sondern gleichermaßen die Ausdauer, Kreativität und Frustrationstoleranz deines Kindes: „Ich habe gesehen, wie lange du an diesem Bild gemalt hast. Du hast so viele tolle Farben genommen, das finde ich richtig toll!“ oder „Du wurdest zwischendurch richtig wütend, das habe ich mitbekommen. Ich finde es großartig, dass du weitergemalt hast und dein Bild jetzt so viele Formen und Farben bekommen hat und eine richtige Geschichte erzählt.“

BITTE NICHT

- (Be-)werte das Bild nicht. Sätze wie „Ach, das soll ein Schiff sein?!“ können sehr überheblich und demotivierend sein. Für dein Kind ergibt das Kunstwerk einen Sinn, auch wenn es für Außenstehende nicht gleich auf den ersten Blick erkennbar ist. Bist du dir also nicht sicher, was das Gemälde deinen Kindes darstellen soll, so bitte dein Kind dir zu erklären, was es gemalt hat.
- Ebenfalls vernichtend sind auch folgende Sätze: „Du bist doch jetzt schon so groß, langsam müsstest du mal ein Schiff malen können!“ oder „Deine Cousine ist ein Jahr jünger und kann schon besser malen als du!“
- Spiel nicht die Überlegenheitskarte aus: „Gibt mir mal den Stift, ich male jetzt mal ein richtiges Schiff.“ vermittelt dem Kind nur ein Gefühl: Es selbst hat etwas falsch oder nicht richtig gemacht, jetzt kommt Mama oder Papa und kann es mal wieder besser. Frustrierend. Mit dieser Art von Frustration sollte es seine Frustrationstoleranz nicht verbessern. Schlag deinem Kind aber gerne vor, Schiffe in einem Buch oder im Internet anzusehen – oder wenn es möglich ist, sogar in echt. „Schau mal, ich habe hier ein

Buch, da sind noch viele andere Schiffe abgebildet. Möchtest du es dir mal ansehen?" Aber: Bittet dich dein Kind aktiv um Hilfe, dann kannst du selbstverständlich mit malen.

Kreative Ideen für zu Hause:

Wenn du das Material und den Platz hast, gibt es viele weitere Ideen für kreative Projekte mit deinem Kind. Leintücher zum Beispiel eignen sich wunderbar für große Malprojekte. Hast du einen Garten, so kannst du deinem Kind Action Painting anbieten: Im Badeanzug oder nur in der Windel vor einem großen Blatt Papier stehend darf dein Kind mit Pinsel und Farbe experimentieren.

Musik und Tanz

Ähnlich wie die Kunst bieten Musik und Tanz eine wunderbare Möglichkeit, Gefühle kennenzulernen und diese auszuleben. Auch hier sollte der Spaß unbedingt im Vordergrund stehen.

So stärken Musik und Tanz dein Kind

- Musik berührt. Durch Musik kann dein Kind einen sehr guten Zugang zu seinen Gefühlen bekommen und diese auch gleich zum Ausdruck bringen. Bei Wut kann beispielsweise ein wilder Tanz oder lautes Trommeln helfen, diese zu spüren und auszuleben.
- Singen fördert den Spracherwerb.
- Musik fördert aber auch die Konzentration und die soziale Kompetenz sowie Rücksichtnahme (wenn in der Gruppe gesungen wird).
- Um ein Lied oder einen Tanz zu lernen, braucht es Konzentration und Ausdauer.
- Durch Tanzen können Hemmungen und Ängste abgebaut werden.

- Tanzen fördert die Körperwahrnehmung.
- Erlebt dein Kind, dass es etwas tun darf, was nicht sofort bewertet und in „gut oder schlecht“ eingeteilt wird, so stärkt dies das Selbstwertgefühl enorm. Denn bei deinem Kind kommt an: „Ich werde geliebt und wertgeschätzt, egal wie schief ich singe.“ Großartig für die Entwicklung der inneren Stärke!

So motivierst du dein Kind

- Singt dein Kind leidenschaftlich, aber schief und krumm, so ist das total egal. Ermuntere es immer, wenn sich die Gelegenheit ergibt, und sing am besten mit ihm gemeinsam. Auch du musst keinen Gesangswettbewerb gewinnen, es geht um die gemeinsame Aktivität und die Lust am Singen und Tanzen.
- Singt es nicht gerne, so ist das völlig in Ordnung. Biete deinem Kind dennoch immer wieder Zugang zu Musik oder Tanz an. Integriere hin und wieder einfach Lieder in den Alltag und versuche so, dein Kind dazu zu animieren. Ein Gute-Nacht-Lied zum Beispiel kann zu einem schönen gemeinsamen Ritual werden.
- Das Gleiche gilt für den Tanz. Tanzt durch das Haus, auf der Straße, wo auch immer es euch danach ist. Es muss keine aufwendige Choreografie sein, bewegt euch einfach, wie es euch gefällt.

BITTE NICHT

- Auch hier ist es wichtig, dass nicht be- oder gewertet wird. Dein Kind soll sich voll hingeben können ohne Leistungsdruck im Hinterkopf.
- Natürlich solltest du dein Kind auch nicht belügen. Wenn es gänzlich unmusikalisch ist, aber unbedingt in einem Chor singen möchte, so schau nach Möglichkeiten, bei denen der Spaß im Vordergrund steht und auch unmusikalische Kinder vollumfänglich

mitmachen können. Biete ihm Alternativen an, ohne das Interesse an Musik auszureden.
- Sätze die in etwa lauten „Hör auf zu singen, das hört sich furchtbar an!“ oder „Du kannst nicht so gut tanzen wie die anderen in deiner Gruppe.“ können den Spaß und das Interesse an der Musik oder am Tanz auf einen Schlag beenden.

Kreative Ideen für zu Hause

Bastelt Instrumente aus Alltagsgegenständen und nehmt sie als Begleitung bei euren Liedern und Tänzen. Veranstaltet Karaoke-Nachmittage, an denen jeder aus der Familie singen darf, wie er oder sie möchte. Hört Musik und lasst andere singen, wenn euch das lieber ist oder verbindet beides miteinander.

Theater und Rollenspiele

Theater und Rollenspiele animieren zu kreativem Ausdruck und lassen sehr viel Spielraum für Gestaltung. Gerade im Kindergartenalter ist Rollenspiel ein sehr wichtiges Element. Manche Einrichtungen bieten darüber hinaus Kindertheaterkurse an.

So stärken Theater und Rollenspiele dein Kind

- Es kann durch Rollenspiele in verschiedene Rollen schlüpfen und sich in einem geschützten Rahmen ausprobieren. Wie fühlt es sich denn an, ein tapferer Ritter zu sein oder eine Pippi Langstrumpf?
- Erlebtes kann nachgespielt werden.
- Dein Kind kann so Ängste, Hoffnungen, Wünsche und alle anderen Gefühle verarbeiten.

- Dein Kind kann auch Charaktereigenschaften ausleben, die es sonst eher verborgen hält. So lernt es sich immer besser kennen.
- Der Fantasie sind keine Grenzen gesetzt – dein Kind kann alles darstellen, was es möchte.
- Applaus bei einem kleinen Theaterstück hebt das Selbstbewusstsein und das Selbstwertgefühl.
- Dein Kind kann durch Theater und Rollenspiele seinen Körper sehr bewusst spüren und kennenlernen.
- Beim Textlernen wird die Konzentration gefördert.
- Theater und Rollenspiele finden in der Regel in einer Gruppe statt. So lernt dein Kind soziales Miteinander.
- Im Rollenspiel versetzt sich dein Kind in andere Personen hinein und lernt verschiedene Sichtweisen und Perspektiven kennen.

So motivierst du dein Kind

- Errichte zu Hause gemeinsam einen eigenen kleinen Rollenspielbereich. Stelle die Faschingskostüme auch außerhalb dieser Jahreszeit zur Verfügung und erlaube, dass dein Kind das ganze Jahr damit spielen darf.
- Gibt es einen großen Spiegel in eurem Haus? Stellt euch davor und schlüpft gemeinsam in die (neue) Rolle. Begleite dein Kind dabei – wie fühlt es sich denn an, plötzlich ein König zu sein? Ermutige es, sich für ein Theaterprojekt in der Kita zu melden, aber übe keinen Druck oder Zwang aus.

BITTE NICHT

- „Mama würde sich so freuen, dich als Prinzessin auf der Bühne beim Sommerfest zu sehen!" kann nicht der Beweggrund für eine Teilnahme sein. Das Kind muss es schon selbst wollen, und zwar nicht nur, um Mama oder Papa einen Gefallen zu tun, sondern weil es wirklich Spaß daran hat.

Möchte es das nicht, so akzeptiere bitte diese Entscheidung ebenfalls.

- Sei nicht der Anführer oder die Anführerin im Spiel. Lass dein Kind auch viel allein spielen und. agiere maximal als zweite*r Darsteller*in – das Thema des Rollenspiels gibt dein Kind vor. Bestärke es in seinen Ideen, aber urteile nicht – egal wie absurd dir die Situation vorkommt. Natürlich solltest du eingreifen, wenn Gewalt im Spiel ist oder nachfragen und gut begleiten, wenn dir etwas komisch vorkommt.

Sport und Bewegung

Manche Kinder bewegen sich gerne, andere eher nicht. Sport oder allgemeiner Bewegung jedoch sollte im Kindergartenalter nicht vernachlässigt werden, denn beides stärkt sowohl den Körper als auch die Psyche. Der Spaß sollte auch hier immer im Vordergrund stehen. Bewegung im Kleinkindalter läuft in der Regel noch sehr spielerisch ab, bereitet aber durchaus schon auf weitere sportliche Entwicklungen, wie die Mitgliedschaft in einem Sportverein, vor.

So stärkt Sport dein Kind

- Dein Kind lässt seine Emotionen heraus und wandelt sie um, zum Beispiel die Wut beim Rennen und Toben.
- Es baut Stress ab.
- Dein Kind lotet eigene Grenzen und Fähigkeiten aus.
- Dein Kind lernt durch sportliche Aktivität seine körperlichen Kräfte einzuschätzen.
- Sport fördert die Grobmotorik.
- Dein Kind kann ausprobieren, was es (schon) kann, verschiedene Sportarten kennenlernen und Vorlieben entwickeln.

- Erste Erfolge können gefeiert werden. Dein Kind traut sich immer mehr zu.
- Durch Sport übt und stärkt dein Kind seine Frustrationstoleranz bei vermeintlichen Misserfolgen (und braucht unter Umständen auch deine Begleitung).
- Soziale Interaktion und Teamfähigkeit wird bei Sportarten, an denen mehrere Kinder beteiligt sind, ebenfalls gefördert.
- Sport fördert das Selbstbewusstsein durch Erfolge oder Erreichtes (von „Ein Ball rollt, wenn ich das möchte." hinzu „Ich gewinne beim Ballspiel."). Steht der Spaß im Vordergrund und übst du keinen Druck aus, so kann es auch viel besser mit Misserfolgen umgehen. Dabei sein ist alles, ist die Devise.
- Je nach Sportarten werden Dinge wie Koordination, Ausdauer, Konzentration etc. gefördert.

WICHTIG
Es geht hier um individuelle Erfolge, nicht um den Vergleich mit anderen!

So motivierst du dein Kind

- Stelle den Spaß an erste Stelle. Lass es die Sportarten, für die es sich interessiert, selbst auswählen. Es gibt in vielen Städten und Dörfern Vereine, die ein buntes Angebot für Kinder haben und die Möglichkeit bieten, im Rahmen der Sportstunden verschiedene Sportarten kennenzulernen (Ballspiele, Turnen, Leichtathletik und so weiter).
- Gib deinem Kind viele Gelegenheiten und Möglichkeiten, sich aktiv zu bewegen. Geht auf den Spielplatz, auf die Wiese, in den Wald. Lass es balancieren, klettern, ausprobieren. Dazu braucht es erstmal keinen Verein.

- Du bist wie immer Vorbild – bewegst du dich gerne, so wirst du bald eine*n kleine*n Partner*in an deiner Seite finden.
- Bewegt sich dein Kind nicht so gerne, so biete niedrigschwellige Impulse an. Lass Seifenblasen aufsteigen und animiere dein Kind, diese zu fangen. Baue kleine Bewegungsabläufe in den Alltag ein, ohne es gleich als Sport zu deklarieren. Den Weg zur Eisdiele mit dem Laufrad oder Fahrrad in Angriff nehmen? Super. Erfindet Geschichten auf dem Spaziergang zur Kita und macht ein kleines Wettrennen auf dem Weg nach Hause.
- Achte darauf, dein Kind nicht zu überfordern. Das Interesse an Ball- und Fangspielen kommt in der Regel mit etwa 4 Jahren, Sportarten wie Judo etc. werden ab ungefähr 5 Jahren empfohlen und Turnen bietet sich schon für 2–3-Jährige an.
- Gib deinem Kind positive Rückmeldung, so konkret wie möglich: „Ui, du bist die ganze Holzstange entlang balanciert. Super, wie du dich gehalten hast!“

BITTE NICHT

- Sätze wie „Dein Freund Tom kann viel schneller rennen als du.“ oder „Streng dich doch einfach mehr an, dann kannst du auch so gut klettern wie die anderen Kinder.“ sind keine Motivation, sondern eine absolute Demotivation. Besser sind Formulierungen wie „Du kannst schon fast allein schwimmen. Wenn du möchtest, zeige ich dir noch eine Technik, wie es bald ganz allein geht.“
- Versuche, deinen eigenen Ehrgeiz (Kind muss immer Erste oder Erster sein) oder deine eigene Traumvorstellung (Kind spielt irgendwann beim Lieblingsfußballclub) für dich zu behalten. Es muss auch nicht deine verpatzen Träume verwirklichen – nur weil du gerne Ballett getanzt hättest und nie durftest, bedeutet das nicht, dass dein Kind es auch möchte.

Spiele

Dein Kind lernt den ganzen Tag. Was für dich nur nach Spielen aussieht, ist für dein Kind harte Arbeit. Beim Spielen entwickelt dein Kind fortwährend neue Fähigkeiten und Fertigkeiten in den unterschiedlichsten Bereichen und eignet sich neues Wissen an. Wichtig ist, dass dein Kind um des Spielens willen spielt und nicht, weil es etwas dabei lernen muss.

SPIELARTEN

Das Funktionsspiel (auch sensomotorisches Spiel)
Beispiel: Dein Baby greift nach einem Greifring, um ihn zu bekommen, dein Kleinkind fährt mit dem Dreirad, dein Kindergartenkind schaukelt auf einer Wippe.

Das Konstruktionsspiel
Beispiele: Bauklötze stapeln, Sandburgen bauen, kneten

Das Rollenspiel
Beispiele: Vater-Mutter-Kind, in der Kinderarztpraxis beim Einkaufen, Polizist und Räuber und so weiter. Kleinkinder kopieren Tätigkeiten ihrer Eltern (kochen etc.).

Das Regelspiel
Beispiele: Brettspiele wie „Erster Obstgarten" können Kinder bereits ab etwa 2,5 Jahren spielen. Es gelten einfache Regeln, die eingehalten werden müssen, und zwar von allen Spieler*innen. Meistens gibt es Gewinner*innen und Verlierer*innen.

Das Bewegungsspiel
Beispiele: Spiele, bei denen sich dein Kind aktiv bewegen muss, wie „Fischer, wie tief ist das Wasser?"

So stärken Spiele dein Kind

- Im Freispiel wird wie im Rollenspiel die Kreativität, die Improvisationsfähigkeit und das Hineinversetzen in unterschiedliche Situationen gefördert.
- Bei Bewegungsspielen kommt die körperliche Koordination dazu; dazu Fairness und Regeln, die eingehalten werden müssen.
- Im Konstruktionsspiel wird die Motorik, die Kombinationsfähigkeit und auch die Frustrationstoleranz geschärft.
- Beim Funktionsspiel lernt dein Kind, dass eine Handlung (ich greife, ich trete) eine Auswirkung hat.
- Bei Regelspielen (Gesellschaftsspiele etc.) mit anderen Personen werden folgende Themenschwerpunkte gestärkt: Frustrationstoleranz, Ehrgeiz, Strategiedenken und Lösungsorientierung.

So motivierst du dein Kind

- Lass verschiedene Erfahrungen im Spiel zu. Nur so kann dein Kind bereits gemachte Erfahrungen festigen und Neues lernen, üben und verbessern. Achte aber darauf, dass du dein Kind nicht mit Reizen überflutest. Das Freispiel sollte immer den größeren Anteil am Tag haben im Vergleich zum vorgegebenen, angeleiteten Spiel.
- Achte darauf, dass die Spiele auch für dein Kind passen. Spiele, die noch zu schwierig sind, können zwar einerseits den Ehrgeiz anstacheln, andererseits aber auch unnötig frustrieren.
- Lass dein Kind die Spielauswahl treffen. Es ist okay, wenn du nicht hundertmal am Tag das gleiche Spiel mit deinem Kind spielen möchtest – dann suche eine Alternative, aber werte das (Lieblings-)Spiel deines Kindes dadurch nicht ab („Ich habe jetzt keine Lust mehr. Ich möchte gerne eine Pause machen.“ statt „Och, ich möchte dieses langweilige Spiel nicht nochmal spielen.“).

- Gib deinem Kind die nötigen Freiräume und zwinge ihm kein Spiel auf. Nur weil du ein Spiel toll findest, muss es noch lange nicht deinem Kind gefallen, auch wenn du ein Spiel doof findest, kann es trotzdem das Lieblingsspiel deines Kindes sein.
- Verbinde Spiel immer mit Spaß – auch wenn so gut wie jedes Spiel auch einen Lerneffekt hat, sollte dieser nicht im Vordergrund stehen.

Vorlesen und Bilderbücher betrachten

Vorlesen schafft Vertrauen und Geborgenheit sowie gemeinsame Momente mit deinem Kind. Wenn du deinem Kind vorliest, taucht ihr gemeinsam in eine Geschichte ein. Das könnt ihr auf unterschiedliche Art und Weise gestalten. Ihr könnt zum Beispiel gemeinsam eigene Geschichten kreieren oder am Abend eine Erzählstunde vom Tag mit einbauen und die Bücher gemeinsam auswählen.

Bilderbücher machen nicht nur Spaß, sie haben oft einen pädagogischen Hintergrund und behandeln Themen, die Kinder im jeweiligen Alter beschäftigen.

Vorzulesen und Bilderbücher zu betrachten ist an keine feste Zeit gebunden, ihr könnt das jederzeit machen. Der Klassiker ist die Gute-Nacht-Geschichte zum Abschluss eines Tages. Als Ritual ist das gut geeignet. Natürlich könnt ihr auch zu jeder anderen Tageszeit eine kleine Vorlesephase einbauen.

Wenn du nicht oder nicht gerne liest oder nicht jeden Abend vorlesen kannst oder möchtest, dein Kind aber gerne Geschichten hört, kannst du auf Hörspiele ausweichen. Am besten hörst du dir bei sehr kleinen Kindern die Geschichte jedoch vorher an, sodass du weißt, was darin passiert und damit du dein Kind gut begleiten kann. Manchmal gibt es Elemente, die Kinder ängstigen. Wenn du weißt, worum es geht, hilft es dir, dein Kind entsprechend zu beruhigen.

Vorlesen und gemeinsames Betrachten von Bilderbüchern sind der erste eigene literarische Zugang deines Kindes. Erzählungen werden durch Bilder veranschaulicht, oft erzählen die Bilder eine Geschichte, die ohne oder mit wenig Text auskommt. Dein Kind wird diese Bilder kommentieren und weitererzählen, verschiedene Dinge in den Büchern entdecken und sich somit geistig und sprachlich immer weiterentwickeln. Bücher können aktuelle Situationen deines Kindes aufgreifen und dabei helfen, Erlebtes zu verarbeiten oder sich auf Zukünftiges vorzubereiten. Beispiele wären hier:

- Urlaub/Umzug
- Kitastart/Schuleintritt
- Arztbesuche
- Ereignisse wie Geburt eines Geschwisterchens, Trennung der Eltern, Krankheiten, Tod etc.
- Themen wie Wut, Ängste, Freundschaften, Nein-Sagen, Lügen, Glück etc.
- Aktuelle Ereignisse aus den Nachrichten (je nach Alter) wie Krieg etc.
- oder einfach nur lustige Geschichten, die Spaß machen sollen.

So stärkt Vorlesen dein Kind

- Durch Vorlesen wird das Sprachverständnis deines Kindes gestärkt.
- Ebenso wird die Fantasie angeregt. Dein Kind kann in eine Geschichte eintauchen und sie interaktiv weiterführen bzw. sich Bilder, Geräusche etc. zur jeweiligen Geschichte kreieren.
- Somit wird auch die Kreativität gefördert.
- Durch das Vorlesen von Geschichten lernt dein Kind verschiedene Charaktere kennen und setzt sich mit ihnen auseinander.

- Leidet dein Kind mit einer Figur aus einem Buch mit oder kann sich auch sonst gut in unterschiedliche Situationen versetzen, ist das ein Zeichen für seine wachsende Empathie.
- Themen, die dein Kind beschäftigen, können mit Büchern unterstützt werden. Dein Kind identifiziert sich mit der Person aus dem Buch, lernt, dass es nicht allein mit einem Problem oder einer Thematik ist, und fühlt sich verstanden.
- Die Bindung zwischen Kind und Vorlesendem wird positiv gestärkt und intensiviert. Macht es euch kuschelig und gemütlich und lasst euch beide auf die Geschichte ein.
- Dein Kind wird gehört, wenn es eine Szene kommentieren oder selbst weitererzählen möchte. Das stärkt das Selbstbewusstsein und das Selbstwertgefühl.
- Durch Bücher lernt dein Kind und erwirbt Wissen.
- Vorlesen erhöht die Wahrscheinlichkeit, dass dein Kind auch später gerne liest.

Vorschläge für → „Starke Bücher für dich und dein Kind" findest du im gleichnamigen Kapitel am Ende dieses Buches.

So motivierst du dein Kind

- Lesen geht fast immer. Ein Buch ist schnell eingepackt und ihr könnt es überall hin mitnehmen. Überlegt gemeinsam, welche Bücher dein Kind interessieren. Geht zusammen in die Buchhandlung oder in die Bücherei und stöbert gemeinsam. Biete deinem Kind aktiv Bücher an, bei denen du weißt, dass sie auf Interesse stoßen (könnten).
- Sorge für eine entspannte Atmosphäre beim Vorlesen, so wird es mit einem wohligen Gefühl verbunden.

- Achte darauf, dass dein Kind immer Zugang zu den Bilderbüchern hat, platziere sie im Kinderzimmer so, dass es jederzeit selbst ein Buch in die Hand nehmen kann.
- Gestalte die Vorlesezeit spannend und spiele mit deiner Sprache. Je weniger monoton du liest, desto lebendiger wird die Geschichte für dein Kind.
- Gestaltet euer eigenes Buch. Denkt euch eine Geschichte aus, bringt sie zu Papier (du kannst schreiben, dein Kind dazu malen) und lasst es binden. So hat dein Kind sein ganz eigenes Buch und bekommt so viel mehr Lust auch auf andere Bücher.
- Sei Vorbild. Wenn du nicht gerne liest oder es nicht gut kannst, dann suche dir Menschen aus deinem Umfeld, die mit deinem Kind regelmäßig lesen.

BITTE NICHT

- Ein Buch ist ein Buch. Es sollte nicht in Konkurrenz mit anderen Medien stehen. Für dein Kind ist ein Video vielleicht im ersten Moment interessanter, Bücher können aber durch gute Begleitung und Heranführen schnell genauso interessant werden. Vermeide Vergleiche und Wertungen („Ein Buch ist doch viel toller!" oder „Heute schauen wir ein Buch und morgen darfst du dann (das tollere) Hörspiel anhören." Jedes Medium hat seine Besonderheiten, spiele sie nicht gegeneinander aus.
- Vermeide bitte auch Vorwürfe und behalte deine Enttäuschung für dich, wenn dein Kind momentan kein Interesse an Büchern zeigt. Animiere es jedoch weiterhin, allerdings wie immer ohne Druck.

Fantasiereisen

Fantasiereisen sind Geschichten, die du deinem Kind vorlesen kannst und die es animieren sollen, in Gedanken voll bei der Geschichte zu sein. Das geht natürlich auch mit jedem Bilder- oder Vorlesebuch. Bei Fantasiereisen gibst du aber genaue Anweisungen, wohin die Gedanken nun schweifen sollen, zum Beispiel: „Lege dich ganz entspannt hin und mach die Augen zu. Stell dir jetzt vor, es hat gerade geregnet. Du bist barfuß und läufst über eine grüne Wiese. Wie fühlt sich das nasse Gras an deinen Füßen an? Kannst du den Regen noch riechen? Es beginnt wieder zu tröpfeln. Spürst du die Tropfen auf deiner Haut? Schnell, lauf zu deinem Fahrrad, das du am Rande der Wiese abgestellt hast. Du setzt dich aufs Rad und fährst nach Hause. Hui, jetzt aber wirst du richtig nass!“

Mit Fantasiereisen kannst du verschiedene Themen aufgreifen und dein Kind sich hineinversetzen lassen. Das können Aktionen, Gefühle, Sinne aber auch Situationen sein. („Wirst du gerade wütend? Wie fühlt sich die Wut an?“) All das findet in einer angenehmen, kuscheligen und gemütlichen Atmosphäre statt. Ein sicherer Rahmen, in dem sich dein Kind ausprobieren kann.

So stärken Fantasiereisen dein Kind

- Du sensibilisierst dein Kind durch Fantasiereisen dafür, sich auf sich selbst zu konzentrieren und genau in sich hineinzuspüren. Kann sich dein Kind gut selbst wahrnehmen, ist es in der Lage, Gefühl, Sinne etc. gut zu spüren und zu differenzieren – du stärkst es also auf vielen Ebenen.
- Das kreative Denken deines Kindes wird ebenfalls angeregt. Es stellt sich Szenarien vor und malt gedanklich Bilder.

- Dein Kind kann dabei auch je nach Fantasiereise zur Ruhe kommen und entspannen – und somit neue Kraft tanken.
- Es lernt außerdem dabei, sich zu konzentrieren und zu fokussieren.

So motivierst du dein Kind

- Überlegt euch gemeinsam, welche Art von Fantasiereisen dein Kind am liebsten mag. Es gibt Geschichten zu kaufen (als Buch oder Audio), ihr könnt euch aber auch gemeinsam eine Geschichte ausdenken.
- Macht es auch mal umgekehrt – lass dein Kind eine Geschichte erzählen und lass dich auf die Reise schicken.
- Ihr könnt gemeinsam auch ein richtiges Buch dazu gestalten – dein Kind malt die Bilder dazu.
- Es gibt kein „richtig" oder „falsch" – das, was dein Kind sieht oder sich vorstellt, ist das, was zählt. Bewerte und beurteile also nicht, wenn ihr darüber sprecht.
- Lass dein Kind an deiner Fantasie teilhaben, wenn es das möchte (und du das möchtest). So inspiriert ihr euch vielleicht gegenseitig. Lasst euch treiben.
- Macht es euch gemütlich und sorge für eine Atmosphäre, in der sich dein Kind auch wirklich fallen lassen kann (warmes und/oder gedämpftes Licht, leise ruhige Musik als Hintergrund, weiche Decken, angenehme Temperatur im Zimmer etc.).

STARKE ELTERN, STARKE KINDER

„Starke Eltern führen zu starken Kindern!“ Ein Spruch, der Angst machen kann. Man hört ihn aber sehr oft und ich möchte den Druck herausnehmen, indem ich ihn für dich ein bisschen einordne. Stark sein hat so viele Facetten und Gesichter und kann auch innerhalb der einzelnen Familienmitglieder unterschiedlich gelebt werden.

Ja, du bist ein sehr großes Vorbild für dein Kind. Deine Stärke kann sich auf dein Kind übertragen. Gehst du stark und selbstbewusst durch die Welt, wird es deinem Kind von Haus aus so vorgelebt. Das heißt aber nicht, dass dein Kind automatisch selbstbewusst wird, nur weil du es bist. Und genauso wenig auch umgekehrt – bist du selbst nicht besonders selbstbewusst, kann dein Kind trotzdem ein sehr selbstbewusster Mensch werden. Denn: Es ist eine eigenständige Persönlichkeit. Im besten Falle werdet ihr gemeinsam stark. Als Familie, als Team, als Einheit. Du kannst wie dein Kind von dir viel von deinem Kind lernen und dich jederzeit auch weiterentwickeln.

Kennst du deine Stärken? Lass dich vom Buch inspirieren und finde sie heraus. Kennst du auch deine Schwächen? Wie begegnest du ihnen? Allein die Auseinandersetzung mit diesen Fragen lässt dich ein gutes Stück weit sicherer mit deinem Kind umgehen und deine Vorbildrolle wird erleichtert.

Der Alltag mit Kind ist anstrengend. Die Bewertungen von außen oft erdrückend. Es gilt so viele Entscheidungen zu treffen, jeden Tag gleich mehrere. Immer wird suggeriert, dass jede Entscheidung, jede Bewegung, jede Interaktion dein Kind fürs Leben prägt. Ja, es orientiert sich an dir. Aber dabei ist ein wichtiger Punkt, dass du authentisch bleibst. Niemand muss perfekt sein. Perfekt gibt es nicht. Vertrau auf dich. Vertrau auf dein Kind. Vertrau auf euch. Allein das macht dein Kind unglaublich stark! Groß werden zu dürfen in einer authentischen Umgebung, die von Liebe und Respekt geprägt wird, ist eine unglaublich starke Basis.

Stark durch Selbstfürsorge

Kümmere dich um dein Kind, aber kümmere dich auch um dich selbst. Vermutlich weißt du schon selbst, wie wichtig Selbstfürsorge ist, und vermutlich hast du schon viele gute Tipps gehört – die kleine Auszeit am Tag, den Abend zur Paarzeit nutzen, sich etwas Gutes tun, eine Massage buchen, ein Buch lesen und den Wäschekorb auch mal stehen lassen. Klingt alles gut und nicht verkehrt. Vielleicht baust du das alles bereits in deinen Alltag ein, hast Anker wie Alltagsrituale oder andere Ausgleichsmöglichkeiten.

Das ist wunderbar. Bitte mach weiter so.

Vielleicht hast du dies alles aber auch noch nicht. Dann nimm dir am besten jetzt vor, damit anzufangen.

Bedürfnisse sind unterschiedlich, Zeitfenster auch. Die Möglichkeiten, Zeit für sich zu genießen, ebenfalls. Trotzdem möchte ich dir ein paar Gedanken und Anregungen mit auf den Weg geben, wie du dich stärken und für dich sorgen kannst.

- **Achte auf deine Bedürfnisse**
  Auch wenn sie gerade nicht einfach zu erfüllen sind, wichtig ist doch, dass du sie überhaupt kennst. Achte auf dich. So banal es klingt: Wenn dir kalt ist, zieh dir einen Pulli an, wenn du Hunger hast, iss etwas, und wenn du Durst hast, organisiere dir was zu trinken. Diese Zeit wirst du immer haben, dadurch wird dein Kind nicht vernachlässigt und alles andere auch nicht. Oft gehen

wir aber schon über solche Grundbedürfnisse hinweg und achten nicht auf uns selbst. Wenn uns schon solche alltäglichen Dinge nicht gelingen, wie soll man dann auf größere, intensivere Bedürfnisse achten? Stelle dir dein Handy, um dich zwei- oder dreimal am Tag bewusst mit solchen Bedürfnissen zu befassen. Wenn du es schaffst, diesbezüglich mehr auf dich zu achten, ebnest du den Weg für mehr.

- **Sei nicht selbstkritisch mit dir**
  Du stehst dir selbst im Weg, weil du alles perfekt machen möchtest? Hör auf damit. Wenn dein Kind am Abend einschläft und es weder Hunger noch Durst hat, einigermaßen sauber ist und mit Kuscheln und einem Gute-Nacht-Kuss eingeschlafen ist (sofern es das Kind möchte, natürlich), hast du alles richtig gemacht. Alles andere kommt on top und darf an manchen Tagen auch zurückstehen.
  Sag etwas Nettes zu dir – Negatives gelingt dir ja auch. Richtig? Das kannst du üben. Im Prinzip kannst du alles, was du über das Stärken bei deinem Kind aus diesem Buch mitnimmst, bei dir selbst anwenden. Glaubst du mir nicht? Versuch es doch einfach mal.
- **Konzentriere dich auf das Notwendige**
  Essen, Trinken, Schlafen, Kleidung, Kuscheln, Liebe, Zeit.
  Die perfekt gepackte Brotbox, die aufwendig gebastelte Einladungskarte für den Geburtstag deines Kindes, das klinisch saubere Bad, der insgesamt perfekte Haushalt, die vielen Verpflichtungen im privaten Bereich, die vielen Aktivitäten deines Kindes (zu denen es vielleicht noch nicht mal Lust hat ...) – überlege dir gut, ob du das alles tust, weil „man es eben so macht" und „du jemandem gefallen möchtest" oder ob es dir wirklich so wichtig ist, dass DU deine Zeit dafür gerne verwendest. Kommst du bei einer Sache (oder auch bei allen!) zu einem Nein, dann lass sie. Alles, was nice to have, aber nicht lebensnotwendig ist und dich eher stresst als befriedigt, lass weg. Dein Kind ist nicht so streng wie du mit dir

selbst. Du kannst von ihm einiges lernen. Mach dir eine Liste mit all den Dingen, die dich eher stressen und überlege sorgsam, was du davon weglassen oder zumindest reduzieren kannst. Deinem Kind schmeckt der Marmorkuchen oder auch die Muffins vom Bäcker genauso wie die Einhorntorte, für die du drei Tage Vorbereitungszeit brauchst. Ehrlich.

- **Unternimm mit deinem Kind Dinge, die auch dir Spaß machen**
  Du puzzelst nicht gerne, der Opa dafür aber leidenschaftlich? Prima. Du bist kein schlechter Elternteil, wenn du deinem Kind ehrlich sagst, wenn du auf eine Aktion keine Lust hast. Du musst nicht alles genauso gut finden wie dein Kind. Manches kann dein Kind auch super in der Kita, bei der Tagesmutter oder bei Freunden machen, du musst dich zu nichts zwingen, was dir absolut keinen Spaß macht.
  Lieber verbringst du authentisch eine halbe Stunde Zeit mit deinem Kind bei einer Sache, die ihr beide gut findet, als wenn du dich eine Stunde mit Dingen beschäftigst, die du eigentlich überhaupt nicht magst. Dein Kind wird dir nicht böse sein, wenn du das ehrlich kommunizierst. Es geht um die Zeit mit deinem Kind, nicht um die Sache an sich. Und auch hier darf dein Kind Verständnis zeigen, wenn du mal eine kleine Auszeit brauchst und dich für einen Moment gar nicht mit deinem Kind beschäftigen möchtest – je älter dein Kind, desto mehr wird es auch mit sich selbst spielen können. Bitte ohne schlechtes Gewissen! Ist dein Kind in Not oder hat es ein dringendes Anliegen, ist das natürlich etwas anderes. Im Alltag jedoch darfst du dir wie jedes andere Familienmitglied deine Auszeit nehmen. Das Stichwort ist hier „Grenzen benennen“. Das muss dein Kind auch lernen – am besten lebst du es verantwortungsbewusst vor.
- **Schaffe dir ein Netzwerk**
  Du musst nicht alles allein schaffen!
  Ein Netzwerk, das können die Großeltern sein, aber auch andere Mütter, Nachbarn, Freunde. Bildet Fahrgemeinschaften zur Kita,

wechselt euch mit den Playdates ab und organisiert euren Alltag ums Kind herum so gut es geht zusammen. Selbst wenn du das Gefühl hast, da gibt es niemanden, kannst du dennoch die Augen und Ohren offenhalten – vielleicht gibt es doch noch eine Mama oder einen Papa aus der Kita, der oder die vor der gleichen Situation steht. Schwierig, sich Fremden zu offenbaren, aber daraus können sich ganz ungeahnte Möglichkeiten ergeben. Die nette Omi aus der Nachbarschaft, die einsam ist, wäre vielleicht eine wunderbare Leihoma für dein Kind, falls du keine Familie in der Nähe hast. Organisiere dich mit deiner Partnerperson. Es ist euer Kind, nicht deines allein.

- **Gib Aufgaben ab**
  Aufgaben abgeben zu können, Überforderung erkennen und damit umgehen zu können, indem du delegierst und dich so auch selbst schützt, ist eine große Stärke – die lebst du so deinem Kind vor. Wichtig ist auch, manchmal die Kontrolle abzugeben. Der Papa, die Oma, der Opa, die Freundin, die ab und zu babysittet, ... machen manche Dinge anders und auch das ist okay so. Natürlich solltet ihr euch grundsätzlich einig sein, aber die Umsetzung darf individuell erfolgen. Nicht immer einfach, loszulassen, aber dein Kind profitiert von den unterschiedlichen Herangehensweisen. Und du auch, denn du darfst loslassen.
  Stark sein bedeutet nicht, alles allein wuppen zu können. Es bedeutet nicht, ständig und immer jederzeit sofort auf alles reagieren zu können. Stark sein bedeutet schon gar nicht, nicht auch mal schwach sein zu dürfen. Hilfe holen und diese auch zulassen zu können, ist keine Schwäche, sondern Stärke.
  Wenn du Mama bist und mehr über das Thema *Mamafürsorge* erfahren möchtest, dann lege ich dir die Bücher „Die Klügere gibt ab“ und „Täglich grüßt das Schuldgefühl“ von Michèle Liussi und Katharina Spangler ans Herz. Auch Papas finden dort Inspiration.

KINDERRECHTE

Jeder Mensch hat Rechte! Damit befasst sich das letzte Kapitel dieses Buches, das das Thema „Stärken" von der individuellen Ebene aus weiterdenkt und die Stärkung der Rechte einer ganzen Generation beziehungsweise vieler Generationen in den Blick nimmt. Schauen wir uns also gemeinsam die Kinderrechte an, die die Menschenrechte ergänzen. Denn Kinder brauchen besonderen Schutz und haben somit besondere Rechte.

Kinder, die ihre Rechte kennen und dafür einstehen können, haben eine sehr gute Basis dafür, sich im Leben schützen zu können. Sie wissen in der Regel, was Recht und Unrecht ist, und können für ihre Bedürfnisse einstehen. Weltweit kämpfen verschiedene Organisationen wie beispielsweise Unicef dafür, dass alle Kinder diese Rechte nicht nur kennen, sondern auch leben dürfen. Kinder, die in einem Land groß werden, in dem die Kinderrechte auch beachtet werden, haben eine gute Grundlage dafür, stark und *gesehen* groß werden zu dürfen, da die Rahmenbedingungen in der Regel entsprechend ausgelegt sind.

Kinderrechte der UN-Kinderrechtskonvention

Die Kinderrechte sind in der UN-Kinderrechtskonvention verankert. Am 2. April 1990 traten sie in Kraft und sind bis heute weltweit gültig. Alle Mitgliedsstaaten bis auf die USA sind ihr beigetreten. Insgesamt findest du dort 56 einzelne Artikel, daraus ergaben sich 41 einzelne Rechte für Kinder.

DIE 10 WICHTIGSTEN KINDERRECHTE

1. Das Recht auf Gleichbehandlung und Schutz vor Diskriminierung unabhängig von Religion, Herkunft und Geschlecht.
2. Das Recht auf einen Namen und eine Staatszugehörigkeit.
3. Das Recht auf Gesundheit.
4. Das Recht auf Bildung und Ausbildung.
5. Das Recht auf Freizeit, Spiel und Erholung.
6. Das Recht, sich zu informieren, sich mitzuteilen, gehört zu werden und sich zu versammeln.
7. Das Recht auf eine Privatsphäre und eine gewaltfreie Erziehung im Sinne der Gleichberechtigung und des Friedens.
8. Das Recht auf sofortige Hilfe in Katastrophen und Notlagen und auf Schutz vor Grausamkeit, Vernachlässigung, Ausnutzung und Verfolgung.
9. Das Recht auf eine Familie, elterliche Fürsorge und ein sicheres Zuhause.
10. Das Recht auf Betreuung bei Behinderung.

Deutschland hat die internationalen Kinderrechte ebenfalls unterzeichnet. Sie stehen bei Veröffentlichung dieses Buches leider noch nicht im Grundgesetz, werden aber gelebt und ernst genommen, denn Deutschland hat sich mit der Unterzeichnung verpflichtet, die Kinderrechte zu achten. Die Übernahme ins Grundgesetz ist in Planung.

So stärken weitere Gesetze und Institutionen

Neben den Kinderrechten der UN-Kinderrechtskonvention gibt es in Deutschland weitere Gesetze, die Kindern eine gute Grundlage zum Aufwachsen sichern sollen.

Allen voran das **Kinder- und Jugendstärkungsgesetz (KJSG)**, das im Sozialgesetzbuch verankert ist. Ziel des Gesetzes ist laut dem Ministerium für Familie, Senioren, Frauen und Jugend, mit einer modernen Kinder- und Jugendhilfe vor allem diejenigen Kinder, Jugendlichen und jungen Volljährigen zu stärken, die besonderen Unterstützungsbedarf haben. Weiter heißt es dort: „Das neue Kinder- und Jugendstärkungsgesetz steht für Verbesserungen vor allem für diejenigen jungen Menschen, die benachteiligt sind, die unter belastenden Lebensbedingungen aufwachsen oder die Gefahr laufen, von der sozialen Teilhabe abgehängt zu werden."

Ein weiterer wichtiger Punkt ist das Thema **Kindeswohlgefährdung**. Im § 8a SGB VIII – Schutzauftrag bei Kindeswohlgefährdung – ist genau geregelt, in welchen Fällen Kindswohlgefährdung vorliegt, und welche Schritte einzuleiten sind. Es handelt sich dabei um körperliche oder psychische Gefährdungen von Kindern und Jugendlichen – dies kann Gewalt, Vernachlässigung oder sonstiges schädliches Verhalten der Sorgeberechtigten oder auch weiterer Dritter dem Kind oder dem*der Jugendlichen gegenüber sein. Wird eine Kindswohlgefährdung angezeigt, so muss das Jugendamt tätig werden.

In der Regel sind mehrere Personen involviert, um das Wohl des Kindes zu schützen.

In den **Jugendämtern und bei freien Trägern** sind viele Abteilungen und Einrichtungen verankert, die Familien und somit Kinder mit unterschiedlichen Angeboten (Frühe Hilfen etc.) unterstützen.

All diese Maßnahmen stärken auf den ersten Blick vielleicht nicht immer das einzelne Kind. Sie sind aber enorm wichtig, um den Stellenwert von Kindern in der Gesellschaft zu verankern und zu festigen. Allein dieses zum Glück in den meisten Fällen nicht gebrauchte und somit unsichtbare Netzwerk stärkt die Generation unserer Kinder immens. Vom Schutz mal ganz abgesehen.

Aber auch Eltern sind in einem Netzwerk von Hilfen geborgen. Es geht nie darum, Kinder losgelöst von ihren Familien zu begleiten. Das beste Ziel ist immer, Eltern einen Weg aufzuzeigen, wie sie gut mit ihren Kindern umgehen können, um diese beschützt und stark aufwachsen lassen zu können.

Wertvolle Tipps, an wen du dich wenden kannst, wenn es bei dir und einer Familie gerade nicht so rund läuft, findest du unter → „Starke Adressen“.

ZU GUTER LETZT …

Ich hoffe, ich konnte dir mit diesem Buch viele Inspirationen geben, wie du dein Kind im Alltag stärken kannst. Mir ist klar, dass ein Buch nur einen Ausschnitt und nicht jede individuelle Situation beleuchten kann. Mir war wichtig, dich mit auf eine Reise zu nehmen, die dir zeigt, an wie vielen kleinen oder auch großen Stellen du im Alltag darauf achten kannst, dein Kind zu unterstützen und somit auch zu stärken.

Ich weiß, dass du nicht immer alles in jedem Moment sofort umsetzen kannst – du wirst auch Tage haben, da machst du gar nichts davon. Das nennt sich Leben und das ist völlig normal und in Ordnung. Es ist schier unmöglich und lebensfremd, in jeder Kommunikation mit deinem Kind die Giraffensprache anzuwenden. Es wird nicht realisierbar sein, jeden Abend mit deinem Kind den Tag zu reflektieren, und es wird Tage geben, da wirst du Sätze sagen, die du im Nachhinein vielleicht anders formulieren würdest. Und all das ist okay! Du begleitest dein Kind stark und authentisch und es erwartet von dir nicht, dass du perfekt bist. Niemand ist perfekt. Dein Kind wächst also in einer liebevollen, authentischen und ehrlichen Umgebung auf, in der auch Mama oder Papa nicht immer alles richtig machen. Das ist wichtig für die Wahrnehmung und Einordnung der Welt. Also sei bitte nie zu streng mit dir. Liebe dein Kind groß und damit ist schon viel getan.

Mir ist es wichtig, ein Bewusstsein zu schaffen, Impulse zu geben, dich zum Reflektieren und Nachdenken anzuregen und dich zu inspirieren. Dir praktische Tipps und Anregungen an die Hand zu geben und dich einzuladen, das eine oder andere auszuprobieren.

Ich wünsche dir eine zauberschöne Zeit gemeinsam mit deinem Kind auf dem Weg zu einem starken Ich.

Alles Liebe, Barbara

MITWIRKENDE & DANKSAGUNG

Mitwirkende

Inke Hummel
Inke Hummel ist Pädagogin, Bestsellerautorin und Elterncoach. Besonders häufig berät sie Eltern mit schüchternen oder gefühlsstarken Kindern. Sie arbeitet online und telefonisch mit Familien in ganz Deutschland und darüber hinaus.

Julia Theeg
Julia Theeg ist niedergelassen in einer Schwerpunktpraxis für Traumatherapie in der Region Hannover. Sie ist Kinder- und Jugendlichenpsychotherapeutin, Dozentin, Supervisorin und Gründerin von Trauma Impuls Hannover.

Yvonne Kopf
Yvonne Kopf ist Rektorin einer Grundschule. Sie liebt ihren Beruf genauso heiß und innig wie das Schreiben. Sie lebt mit ihrem Mann und ihrem Hund in Karlsruhe. In ihrem Garten denkt sie oft über Bildung, ihre Geschichten oder die Menschheit nach.

Anne Berger
Anne Berger ist staatlich anerkannte Ergotherapeutin und Mutter von zwei Kindern. Nach langjähriger Tätigkeit in einer Förderstätte für Menschen mit komplexer Behinderung legte sie ihren Schwerpunkt auf den Fachbereich Pädiatrie. Ihre erste eigene Praxis für Ergotherapie hat sie im Oktober 2022 eröffnet.

Susanne Mierau

Susanne Mierau ist Bestsellerautorin, Kleindkindpädagogin und Feministin. In ihren Büchern schreibt sie über die bedürfnisorientierte Begleitung von Kindern sowie über feministische und sozialkritische Themen. Sie leitet Workshops, hält Vorträge für Eltern und Fachpersonen und betreibt erfolgreich das Online-Magazin „Geborgen wachsen“.

Danksagung

Danke – an meine Oase. Das ist mein Mann Mirko, der mir so oft den Rücken freigehalten hat, kritische Fragen stellte, die mich weitergebracht haben, und immer an mich glaubt. Meine Tochter, die für mich das wunderbarste Wesen auf dieser Welt ist und an der ich tagtäglich sehen kann, wie wichtig es ist, Kinder liebevoll zu begleiten. Ich liebe euch.

Danke – an mein humboldt-Team. Das sind in erster Linie Mark Wachsmann, der mich immer wieder bestärkt, mir die Chance zum Schreiben gibt und mit dem ich die lustigsten und produktivsten Videochats führe. Katharina Spangler, meine Seele im Lektorat – ich lerne so viel von dir, danke! Melanie Asche für deine kreativen und so unterstützenden Ideen! Das humboldt-Autor*innenteam, das aus großartigen Persönlichkeiten besteht. Wir unterstützen uns gegenseitig und arbeiten für die gleiche Herzenssache, das ist wunderbar.

Danke – an meine weitere Familie. Meine Schwiegereltern, meine Geschwister, meine Schwager und meine Schwägerinnen, meine Nichten und Neffen. Ihr seid mein Hafen.

Danke – an meine engsten Freund*innen. Ihr haltet mich teilweise für verrückt, unterstützt mich aber immer und jederzeit und habt ein offenes Ohr für so vieles. Ich kann euch nicht alle einzeln aufzählen, aber genau du bist damit gemeint.

Danke – an Inke Hummel für ihren Beitrag im Buch aber auch nach wie vor für deine Motivation, Unterstützung und Freundschaft. Pommes und Marzipan stehen immer für dich bereit.

Danke – an alle, die an diesem Buch mitgewirkt haben, mich inspiriert haben und mit denen ich einen wunderbaren Austausch hatte. Danke also an Julia Theeg, Anne Berger, Yvonne Kopf und natürlich Susanne Mierau für das Vorwort.

Danke – an meine Freundin und Co-Autorin des letzten Buches Lisa Wurzbach. Für deinen fachlichen Input, deine Unterstützung und für dich. Du bist die Patentante dieses Buches und du weißt, warum!

Danke – an Jana Geiger und Michèle Liussi für euren wertvollen Input, eure Gedanken und Anregungen und für eure Zeit.

Danke an meine Twitter- und Instagram-Bubble. Ihr inspiriert mich.

Danke an alle Leser*innen, die dieses Buch kaufen und lesen. Ich hoffe, ich kann euch ein Stück auf eurem Weg begleiten.

STARKE BÜCHER & STARKE ADRESSEN

Starke Bücher für dich und dein Kind

Hier findest du eine kleine Auswahl an Büchern, die dein Kind entweder gemeinsam mit dir oder allein anschauen kann. Manche eignen sich auch gut zum Vorlesen. Du kannst diese Bücher einfach so anbieten, aber auch einzelne Situationen oder Themen gezielt mit deinem Kind aufgreifen und angehen. Oft helfen Bücher, dass Kinder eine Situation mit etwas Abstand betrachten können und dennoch eine Identifikationsfigur finden. („Dem Kind/Protagonisten im Buch geht es genauso wie mir!") Das hilft unglaublich und stärkt das Gefühl, nicht allein mit einem bestimmten Problem zu sein. Gemeinsam mit den Charakteren im Buch kann dein Kind also Lösungen finden und diese auf die eigene Situation herunterbrechen – mit deiner Unterstützung. Bei älteren Kindern unterstützen diese Bücher auch ohne den Impuls von Erwachsenen. Eine gemeinsame Buchbetrachtung kann dennoch ein unglaublich intensiver Austausch zwischen dir und deinem Kind bedeuten. Siehe dazu auch das Kapitel → „Vorlesen und Bilderbücher betrachten".

Liebe und Gefühle

Geisler, Dagmar: Wie ist das mit dem Ärgern? Loewe, 2020.

Geisler, Dagmar: Mein erstes Buch der Gefühle. Von Wut, Streit und Gummibärchen. Loewe, 2019.

Geisler, Dagmar: Manchmal gibt es einfach Streit. Loewe, 2015.

Geisler, Dagmar: Wohin mit meiner Wut? Loewe, 2012.

Geisler, Dagmar: Wann habe ich eigentlich genug? Loewe, 2012.

Handke, Elisabeth/Meißner, Luisa: Maxi und die Gefühle-Helfer. Gefühle wahrnehmen, benennen und mit ihnen umgehen. Sonoma Verlag, 2022.

Imlau, Nora: Und was fühlst du, Känguru? Carlsen, 2022.

Kreul, Holde et al: Ich und meine Gefühle. Emotionale Entwicklung für Kinder ab 5. Loewe, 2011.

McBratney, Sam/Jeram, Anita: Weißt du eigentlich, wie lieb ich Dich hab? Sauerländer, 2012.

von Holleber, Jan/Isermeyer, Jörg/Kjosbakken, Arne Jørgen: Meine wilde Wut. Beltz & Gelberg, 2018.

Wittek, Jo/Roussey, Christine et al.: In meinem kleinen Herzen. Sauerländer, 2014.

Young, Karen/Dovidonyte, Norvile: Hey, kleiner Kämpfer: Ein Buch über Angst. Carl-Auer, 2022.

Körper/Nein sagen

Apenrade, Susa/Cordes, Miriam: Ich bin stark, ich sag laut Nein! So werden Kinder selbstbewusst. Arena, 2021.

Braun, Giesela/Wolters, Dorothee: Das große und das kleine Nein. Verlag an der Ruhr, 1997.

Geisler, Dagmar: Mein Körper gehört mir! Loewe, 2011.

Geisler, Dagmar: Mein erstes Aufklärungsbuch. Loewe, 2012-

Geisler, Dagmar: Ich geh doch nicht mit jedem mit! Loewe, 2009.

Kling, Marc Uwe/Henn, Astrid: Das Neinhorn. Carlsen, 2019.

Bücher über Stärke/sich selbst finden/zutrauen

Alexander, Claire: Ein klein wenig anders. Loewe, 2021.

Brichzin, Kerstin/Kuprin, Igor: Der Junge im Rock. minedition, 2021.

Gries, Sarah Kim/Herken, Sophie Lucie: Der kleine Floh kann noch nicht so. 360 Grad Verlag GmbH, 2022.

Lobe, Mira/Weigel, Susi: Das kleine Ich bin ich. Jungbrunnen, 1987.

Stickley, Frances: Ich kann einfach alles sein! Loewe, 2022.

Yamada, Kobi: vielleicht. adrian Verla, 2019.

Freundschaft

Böhme, Julia/Dahle, Stefanie: Wassili Waschbär. Zum Glück hat man Freunde. Arena, 2020.

Fischer, Ziska: Lenja und der Löwe. Lesewurm, 2021.

Holzwarth, Werner/Westphal, Catharina: Mein Freund Fred. Thienemann Verlag, 2021.

Olten, Manuela: Wahre Freunde. Beltz & Gelberg, 2012.

Schöne, Kerstin: Ein Haufen Freunde ganz schön stark! Thienemann Verlag, 2017.

Übergang Kita und Schule

Gliori, Debi et al.: Die kleine Eule kommt in den Kindergarten; Loewe, 2019.

Jörg, Dr. Sabine/Drescher, Antje: Der Ernst des Lebens. Thienemann Verlag, 2017.

Kunkel, Daniela: Das kleine WIR im Kindergarten. Carlsen, 2021.

Rübel, Doris: Wieso, weshalb, warum? Mein Kindergarten. Ravensburger Verlag GmbH, 2008.

Rübel, Doris: Wieso, weshalb, warum? Ich komme in die Schule. Ravensburger Verlag GmbH, 2013.

Weiling-Bäcker, Mechthild/Schumann, Sibylle: Mein allererstes Wimmelbuch – Ein Tag in der Kita. Esslinger Verlag, 2018

Umgang mit Macht

Winkelmann, Anne Sophie et al.: Machtgeschichten. edition claus, 2022.

Starke Bücher für dich

Starke Kinder

Stärkung der psychischen Gesundheit von Kindern und Jugendlichen im Rahmen des Elternbildungsprogramms „Starke Eltern – Starke Kinder“; Deutscher Kinderschutzbund Bundesverband, pdf

https://mama-akademie.de/starke-kinder/

https://starkekids.com/selbstbewusstsein-staerken-kinder/

Stärken durch Bindungsorientierte Begleitung

Hummel, Inke: Mein wunderbares schüchternes Kind. Mut machen, Selbstvertrauen stärken, liebevoll begleiten. humboldt, 2021.

Hummel, Inke: Mein wunderbar wildes Kind. Zu laut, zu unbequem, zu anders. Was lebhafte Eltern und ihre Kinder brauchen. humboldt, 2021.

Hummel, Inke: Nicht zu streng, nicht zu eng. Dein sicherer Weg zwischen Schimpfen und falschem Verwöhnen. humboldt, 2022.

Imlau, Nora: Mein Familienkompass: Was brauch ich und was brauchst du? Ullstein, 2020.

Juul, Jesper: Grenzen, Nähe, Respekt. Auf dem Weg zur kompetenten Eltern-Kind-Beziehung. Rowohlt, 2009.

Mierau, Susanne: Frei und unverbogen. Kinder ohne Druck begleiten und bedingungslos annehmen. Beltz, 2021.

Pikler, Emmy/Tardos, Anna: Lasst mir Zeit. Die selbstständige Bewegungsentwicklung des Kindes bis zum freien Gehen. Richard Pflaum Verlag GmbH & Co. KG, 2018

https://pikler-hengstenberg.at/pikler-aus-und-weiterbildung/pikler-kleinkindpaedagogik

Selbstvertrauen

https://www.gewuenschtestes-wunschkind.de/2015/02/selbstbewusstsein-selbstwertgefuehl-selbstvertrauen-wie-kann-man-sein-kind-staerken-und-foerdern.html

https://www.prokita-portal.de/bildungsbereiche-entwicklungsziele-kita/selbstwertgefuehl-identitaet-kinder/

Kommunikation

Hoppe, Elisabeth: Erziehen ohne Schimpfen und Schreien. Pappas Brothers UG, 2021.

Virit, Hilal: Miteinander sprechen – miteinander wachsen: Liebevolle Kommunikation mit deinem Kind. Beziehung stärken, Konflikte lösen. Humboldt, 2022.

Starke Adressen

Wenn du Unterstützung brauchst, um stark für dein Kind zu bleiben:
Müttertelefon:
0800 3332111
https://www.muettertelefon.de/

Nummer gegen Kummer:
Für Eltern: 0800 1110550
Für Kinder und Jugendliche: 0800 116111
https://www.nummergegenkummer.de/elternberatung/elterntelefon/

Frühe Hilfen:
https://www.fruehehilfen.de/
https://www.stmas.bayern.de/kinderschutz/koki-netzwerke/
(nur für Bayern)

Gewalt/sexueller Missbrauch:
Auf der Webseite der **Deutschen Gesellschaft für Prävention und Intervention bei Kindesmisshandlung und -vernachlässigung (DGfPI)** findest du Adressen sämtlicher Hilfsorganisationen in Deutschland, Österreich, der Schweiz und den Niederlanden, die Mitglieder dieses Dachverbandes sind. Es gibt auch kostenlose Info-Broschüren zum Herunterladen. www.dgfpi.de

Den **Unabhängigen Beauftragten der Bundesregierung zu Fragen des sexuellen Kindesmissbrauchs** erreichst du unter folgender Internetadresse: www.beauftragter-missbrauch.de

Es gibt auch eine kostenlose Hotline, bei der du anrufen kannst unter 0800/2255530. Informationen bekommst du auch beim **Deutschen Kinderschutzbund**: https://www.dksb.de

Umfassende Aufklärungsarbeitet leistet außerdem die Webseite www.missbrauch-verhindern.de

Die Deutsche Kinderschutzstiftung Hänsel+Gretel schützt und stärkt Kinder vor körperlicher, seelischer und sexualisierter Gewalt. www.Haensel-Gretel.de

Projekt Faustlos für Kitas und Grundschulen: Fortbildungen für pädagogische Fachkräfte und Eltern in den Bereichen frühe Prävention, psychische Gesundheit, Ressourcenorientierung und die Förderung sozial-emotionaler Kompetenzen. https://www.h-p-z.de/

Bibliografische Information der Deutschen Nationalbibliothek
Die Deutsche Nationalbibliothek verzeichnet diese Publikation in der deutschen Nationalbibliografie; detaillierte bibliografische Daten sind im Internet über https://dnb.de abrufbar.

ISBN 978–3-8426-1702-5 (Print)
ISBN 978-3-8426-1703-2 (PDF)
ISBN 978-3-8426-1704-9 (EPUB)

2. Auflage

Die Ratgebermarke der Schlütersche Fachmedien GmbH
Hans-Böckler-Allee 7, 30173 Hannover
www.humboldt.de
www.schluetersche.de

Gedruckt mit mineralölfrei hergestellten Druckfarben und Strom aus erneuerbaren Energien. Die eingesetzten Klebe- und Bindestoffe entsprechen den derzeitigen Umweltstandards, die vom RAL-Institut für Gütesicherung und Kennzeichnung geprüft wurden.

Lektorat:	Katharina Spangler, Neumarkt i.d.OPf.
Korrektorat:	Miriam Buchmann, Hannover
Covergestaltung:	ZERO, München
Covermotiv:	shutterstock.com – Paladin12, yusufdemirci
Icons:	Stock.adobe.com/AAVAA, Evolvect
Grafiken:	S. 70, 97: PER MEDIEN & MARKETING GmbH, Braunschweig
Satz:	PER MEDIEN & MARKETING GmbH, Braunschweig
Druck und Bindung:	gutenberg beuys feindruckerei GmbH, Langenhagen